# 中华传统美德文言类纂

ZHONGHUA CHUANTONGMEIDE WENYAN LEIZUAN

王艳峰 ◎ 著

黑龙江人民出版社

图书在版编目(CIP)数据

中华传统美德文言类纂 / 王艳峰著. —哈尔滨:黑龙江人民出版社,2015.8(2021.8重印)
ISBN 978-7-207-10436-6

Ⅰ.①中… Ⅱ.①王… Ⅲ.①品德教育—中国—通俗读物 Ⅳ.①D648-49

中国版本图书馆 CIP 数据核字(2015)第 214538 号

责任编辑：姚虹云
封面设计：王凯宏

## 中华传统美德文言类纂

王艳峰　著

| | |
|---|---|
| 出版发行 | 黑龙江人民出版社 |
| 通讯地址 | 哈尔滨市南岗区宣庆小区1号楼 |
| 邮　　编 | 150008 |
| 网　　址 | www.longpress.com |
| 电子邮箱 | hljrmcbs@yeah.net |
| 印　　刷 | 北京一鑫印务有限责任公司 |
| 开　　本 | 787×1092 毫米　1/16 |
| 印　　张 | 19.5 |
| 字　　数 | 370 千字 |
| 版　　次 | 2015 年 11 月第 1 版　2021 年 8 月第 2 次印刷 |
| 书　　号 | ISBN 978-7-207-10436-6 |
| 定　　价 | 75.00 元 |

版权所有　侵权必究　　　　　　　　　举报电话:82308054
法律顾问:北京市大成律师事务所哈尔滨分所律师赵学利、赵景波

# 前　　言

一、本书共从七十余部古书中遴选出二百三十七篇文章,所选多为正史,如《史记》《汉书》《后汉书》《三国志》《晋书》《宋书》《旧唐书》《宋史》等。亦有少数文章选自汉魏时文及后代笔记小说,如《淮南子》《新序》《说苑》《世说新语》《唐摭言》《归田录》《老学庵笔记》《鹤林玉露》《郎潜纪闻》《新世说》等。

二、所选文章按照内容或所及旨意分为十篇:爱国篇、孝悌篇、诚信篇、志向篇、奉公篇、俭朴篇、重义篇、学习篇、交友篇、更过篇。

三、每篇中选文均按照主人公生活的时间由早及晚顺序排列,如不能确定其准确时间,则列于所属朝代之末。

四、每篇选文后皆标明文章出处及作者朝代、姓名。

五、每篇选文皆用四字标题,按照原文、注释、译文的顺序编排内容。

六、对文章注释时所涉及的用字使用统一术语:古今字为"这个意义后来写作",异体字为"同",通假字为"通"。

七、本书注释时以直音法注音,如"阗:音田""歔欷:音需西",有时也用直音加声调,如"尻:音考平声""吮:音顺上声"等。

八、本书的出版得到了佳木斯大学重点学科经费资助,在此深表谢意。

# 目 录

## 第一·爱国篇

弦高退师 ············································ (2)

易水送别 ············································ (3)

持节不失 ············································ (4)

灭奴为家 ············································ (5)

杖节牧羊 ············································ (6)

酌酒而缢 ············································ (7)

忠若赤子 ············································ (9)

心无二主 ············································ (10)

五岳祠盟 ············································ (12)

孤愤忧国 ············································ (14)

制衣就焚 ············································ (16)

死不负国 ············································ (17)

绝食拒降 ············································ (19)

负王赴海 ············································ (20)

以家许国 ············································ (22)

留取丹心 ············································ (24)

土室余论 ············································ (25)

## 第二·孝悌篇

伯俞泣杖 …………………… (30)

浣亲中裙 …………………… (30)

自缚争死 …………………… (31)

庐门取朽 …………………… (32)

迎盗乞济 …………………… (34)

抱树而泣 …………………… (35)

怀橘遗母 …………………… (36)

独坐守母 …………………… (37)

焦饭奉母 …………………… (37)

绝身随父 …………………… (38)

兄弟相代 …………………… (40)

亲尝粪便 …………………… (41)

赐食遗母 …………………… (42)

庐墓喑默 …………………… (43)

代使绝域 …………………… (44)

躬事继母 …………………… (45)

泣祷取鳜 …………………… (46)

绝酒孝母 …………………… (47)

弃官寻母 …………………… (48)

涤亲溺器 …………………… (50)

剖果争狱 …………………… (51)

摩掌热父 …………………… (52)

绘容思父 …………………… (53)

一门四孝 …………………… (54)

## 第三·诚信篇

曹沫迫齐 …………………… (57)

守信得原 …………………… (58)

季札挂剑 …………………… (59)

曾子杀彘 …………………… (61)

魏侯期猎 …………………… (62)

待友而食 …………………… (63)

市肉啖子 …………………… (64)

郭伋待期 …………………… (65)

陈寔期友 …………………… (66)

千里结言 …………………… (67)

贱值卖猪 …………………… (68)

一言便定 …………………… (69)

世道还钱 …………………… (70)

不侮暗室 …………………… (71)

临死不移 …………………… (72)

妄语一缣 …………………… (74)

售牛语病 …………………… (75)

孟信追牛 …………………… (76)

杖身励己 …………………… (77)

唐主不诈 …………………… (78)

少保诚告 …………………… (80)

郭进赏官 …………………… (80)

取马偿直 …………………… (81)

以实言对 …………………………… (83)

文正归金 …………………………… (84)

晏殊诚实 …………………………… (85)

宋濂实对 …………………………… (87)

许金不酬 …………………………… (88)

## 第四·志向篇

石甫绝晏 …………………………… (92)

论语二则 …………………………… (93)

四方之志 …………………………… (95)

鸿鹄之志 …………………………… (96)

投笔从戎 …………………………… (98)

扫除天下 …………………………… (99)

澄清天下 …………………………… (100)

松柏志存 …………………………… (101)

志存高远 …………………………… (102)

中流击楫 …………………………… (103)

解印归田 …………………………… (104)

乘风破浪 …………………………… (105)

不为瓦全 …………………………… (107)

弱冠自誓 …………………………… (108)

有志天下 …………………………… (109)

相见无愧 …………………………… (111)

死志早定 …………………………… (112)

## 第五·奉公篇

法斩后至 …………………………（115）
奉公如法 …………………………（117）
天子按辔 …………………………（118）
舍头护玺 …………………………（120）
奉法不避 …………………………（121）
郅恽拒关 …………………………（122）
董宣击楹 …………………………（124）
以头为轫 …………………………（126）
忠臣不私 …………………………（127）
私恩公法 …………………………（128）
埋轮都亭 …………………………（129）
徐胤当门 …………………………（131）
效恽执门 …………………………（133）
置笏谏君 …………………………（134）
文本官忧 …………………………（135）
执法一心 …………………………（136）
依法拒旨 …………………………（138）
鹞死怀中 …………………………（139）
犯颜执法 …………………………（140）
帝瘦民肥 …………………………（141）
孟容守正 …………………………（143）
大公无私 …………………………（144）
法杖豪贵 …………………………（146）

太祖弹雀 …………………………… (148)

委版弃官 …………………………… (149)

面折廷争 …………………………… (150)

郭永守职 …………………………… (152)

为民请命 …………………………… (154)

拒婿调迁 …………………………… (155)

发谷济民 …………………………… (157)

## 第六·俭朴篇

不美妾马 …………………………… (160)

文帝罢台 …………………………… (161)

不别治生 …………………………… (162)

范宣受绢 …………………………… (163)

身无长物 …………………………… (164)

仲堪拾粒 …………………………… (165)

卖狗嫁女 …………………………… (166)

岂可竞利 …………………………… (167)

清贫无此 …………………………… (168)

独以官贫 …………………………… (169)

迎奉无具 …………………………… (171)

无楼台公 …………………………… (172)

邵子勤训 …………………………… (174)

卖田葬妻 …………………………… (176)

饼羹待客 …………………………… (176)

青菜于公 …………………………… (178)

蹙额珍馔 …………………………（180）
环堵萧然 …………………………（182）

## 第七·重义篇

李离伏剑 …………………………（184）
解扬守信 …………………………（185）
子鱼尸谏 …………………………（187）
石奢纵父 …………………………（188）
曾参拒衣 …………………………（189）
不弃糟糠 …………………………（190）
有信于心 …………………………（191）
梁鸿尚节 …………………………（192）
义孕囚妻 …………………………（194）
仲弓责吏 …………………………（195）
暮夜却金 …………………………（196）
雷义还金 …………………………（197）
弃子存侄 …………………………（198）
庾亮留马 …………………………（199）
刘悛拒肴 …………………………（200）
直言不讳 …………………………（201）
王华沉金 …………………………（202）
更适自经 …………………………（203）
富不易妻 …………………………（204）
断发守志 …………………………（205）
倾钱相济 …………………………（207）

李勉埋金 ……………………………… (208)

姚坦直言 ……………………………… (210)

断指拒画 ……………………………… (211)

王质独饯 ……………………………… (211)

济盗成良 ……………………………… (212)

不负初心 ……………………………… (214)

义不啖梨 ……………………………… (215)

不爱此金 ……………………………… (216)

蔡磷归金 ……………………………… (216)

## 第八·学习篇

师旷论学 ……………………………… (219)

断织诫子 ……………………………… (220)

悬梁刺股 ……………………………… (221)

不观舍园 ……………………………… (221)

凿壁借光 ……………………………… (222)

负笈从师 ……………………………… (223)

拾薪执苦 ……………………………… (224)

失冠队阮 ……………………………… (225)

邴原泣学 ……………………………… (226)

潦水流麦 ……………………………… (227)

孙权劝学 ……………………………… (228)

佣书供学 ……………………………… (229)

丐食诵诗 ……………………………… (230)

然火披览 ……………………………… (231)

囊萤映雪 …………………… (232)

燃糠自照 …………………… (232)

随月升屋 …………………… (234)

爇发复读 …………………… (234)

书不释手 …………………… (235)

不遽称善 …………………… (236)

以荻教字 …………………… (237)

下帷绝编 …………………… (238)

程门立雪 …………………… (239)

就明窗下 …………………… (240)

拾薪继晷 …………………… (241)

僧寺夜读 …………………… (241)

假书笔录 …………………… (243)

指掌成茧 …………………… (245)

文石痴学 …………………… (246)

严母课子 …………………… (247)

## 第九·交友篇

管鲍之交 …………………… (250)

高山流水 …………………… (251)

脱衣并粮 …………………… (252)

莫逆之交 …………………… (253)

观人之友 …………………… (254)

刎颈之交 …………………… (255)

贵贱交情 …………………… (256)

相知恨晚 ………………………………… (257)

操异交亲 ………………………………… (258)

为友遮仇 ………………………………… (258)

胶漆之交 ………………………………… (259)

并交平正 ………………………………… (260)

身代友命 ………………………………… (261)

割席分坐 ………………………………… (262)

于何闻过 ………………………………… (263)

去隙存友 ………………………………… (264)

杵臼之交 ………………………………… (265)

推车归墓 ………………………………… (266)

千里得期 ………………………………… (266)

千里命驾 ………………………………… (267)

千万买邻 ………………………………… (268)

欣戚不改 ………………………………… (269)

卖琴殓友 ………………………………… (270)

包捷笃谊 ………………………………… (271)

俭岁粱肉 ………………………………… (272)

# 第十·更过篇

师旷援琴 ………………………………… (274)

晏婴逐属 ………………………………… (275)

简子待谏 ………………………………… (276)

师经撞君 ………………………………… (277)

何待来年 ………………………………… (278)

梁上君子 …………………………… (279)
盗牛改过 …………………………… (280)
周处改励 …………………………… (281)
戴渊投剑 …………………………… (283)
修身改节 …………………………… (284)
废弈向学 …………………………… (286)
帝悔责臣 …………………………… (287)
赵母训子 …………………………… (290)
扪痕思母 …………………………… (291)
吝于改过 …………………………… (292)
啮乳杀母 …………………………… (293)
宽吏迁善 …………………………… (294)
更新洗室 …………………………… (295)

参考文献 …………………………… (297)

# 第一 · 爱国篇

爱国就是一个人对自己的祖国无限的忠诚和热爱。祖国是每一个炎黄子孙心中最神圣最亲切的字眼。热爱祖国是每一个炎黄子孙的生命之源、情感归宿和奋斗的动力。数千年来,伟大的中华民族经历了一次次的磨难挫折和内忧外患,但始终没有屈服,傲然屹立于世界的东方,凭的就是每一个炎黄子孙内心中对祖国的那种深厚、质朴的热爱!

爱国包括热爱自己的国家;热爱祖国的大好河山;热爱自己的骨肉同胞;热爱祖国的光辉灿烂的传统文化。中华民族从古至今流传着优良的爱国传统:热爱祖国,矢志不渝;天下兴亡,匹夫有责;维护统一,反对分裂;同仇敌忾,抗御外侮等等。

在当下,作为一个中国人,爱国就是要强化自己的历史使命感与社会责任感,关心民族命运与国家发展,心系人民福祉,不断坚定战胜困难的信心,恪尽职守,努力工作,以自己实际行动推进中国经济科学发展、和谐发展,推进全面小康社会建设,实现中华民族的伟大复兴。

所以,在今天爱国仍然是每个中国人实现人生价值的力量源泉,也是实现中华民族伟大复兴的不朽动力。

本篇共选文十七章。

# 弦高退师

**【原文】**

秦穆公[1]使孟明[2]举兵袭郑,过周以[3]东[4]。郑之贾人[5]弦高[6]、蹇他相与谋曰:"师行数千里,数[7]绝[8]诸侯之地,其势必袭郑。凡袭国者,以为无备也。今示以知其情,必不敢进。"乃矫[9]郑伯[10]之命,以十二牛劳[11]之。三率[12]相与谋曰:"凡袭人者,以为弗[13]知,今已知之矣,守备必固,进必无功。"乃还师而反[14]。(西汉·刘安《淮南子·人间训》)

**【注释】**

[1]秦穆公:春秋时期秦国国君,公元前659年至公元前620年在位,春秋五霸之一。

[2]孟明:即百里孟明,秦国贤臣百里奚之子。

[3]以:而。

[4]东:名词活用为动词。向东进军。

[5]贾人:商人。贾:音古。

[6]弦高:与蹇他同为郑国商人。

[7]数:音硕。副词。数次,多次。

[8]绝:经过,跨过。

[9]矫:假托,假传命令。

[10]郑伯:春秋时期郑国君主郑穆公,公元前627年至公元前605年在位。

[11]劳:慰劳,犒劳。

[12]率:主将。这个意思又写作"帅"。

[13]弗:不。

[14]反:返回。这个意义后来写作"返"。

**【译文】**

秦穆公派孟明发动军队袭击郑国,经过周地就往东走。郑国的商人弦高和蹇他一起商量说:"秦国的军队行军千里,又几次经过各诸侯国的土地,他们的势头一定是要袭击郑国。大凡偷袭别国的,都认为别国没有防备。如果让他们看出我们知道了他们的真情,他们一定不敢前进了。"于是假托郑伯的命令,用十二头牛犒劳他们。秦国的三个将领一起商量说:"大凡袭击别人的,都认为别人不知道情况,现在郑国已经知道了,防备一定很坚固,进兵一定不会取胜。"于是率领军队返回秦国了。

# 易水送别

【原文】

太子[1]及宾客知其事[2]者,皆白衣冠[3]以送之。至易水[4]上,既祖[5],取道。高渐离[6]击筑[7],荆轲[8]和而歌,为变徵[9]之声,士皆垂泪涕泣。又前而为歌曰:"风萧萧兮易水寒,壮士一去兮不复还!"复为慷慨羽声[10],士皆瞋目[11],发尽上指冠。于是荆轲遂就[12]车而去,终已不顾[13]。(《战国策·燕策三》)

【注释】

[1]太子:燕国太子,名丹。

[2]知其事:指的是荆轲要带着秦武阳入秦刺杀秦王的事情。

[3]白衣冠:名词活用为动词。穿着白色衣服,戴着白色帽子。

[4]易水:河流名,也叫易河,位于今河北省易县境内。

[5]祖:饯行的一种隆重仪式,祭过路神之后在路上设宴送行。

[6]高渐离:荆轲好友,擅长击筑。荆轲死后,为替荆轲报仇,以筑击杀秦王,未中而被杀。

[7]筑:古代的一种弦乐器,形似琴,颈细肩圆,中空,十三弦。

[8]荆轲:战国末期卫国人,著名刺客,也叫庆卿、荆卿、庆轲。受燕国太子丹之托入秦刺秦王,因为被夏无且的药囊击中,被秦王拔剑所杀。

[9]变徵:古时音乐分为宫、商、角、徵、羽、变徵、变宫等七音,变徵是徵音的变调,声调悲凉。

[10]慷慨羽声:古七音中羽声声调激愤慨然。

[11]瞋目:形容发怒时瞪大眼睛的样子。瞋:音抻。

[12]就:这里指上或登。

[13]顾:回头看。

【译文】

太子和他的宾客中知道这件事的人,都穿着白衣、戴着白帽给他(荆轲)送行。

到易水上,祭过路神饯行后要上路。高渐离敲着筑,荆轲和着节拍唱歌,发出低沉悲凉的声音,众宾客都流着眼泪小声地哭。荆轲又上前作歌唱道:"风声萧萧悲鸣啊易水彻骨寒冷,壮士这一离去啊就永远不再回还!"又发出悲壮激昂的羽声。众宾客都悲愤地张大眼睛,头发都向上竖起顶住了帽子。于是荆轲就上车离去,始终不曾回头看一眼。

## 持节不失

**【原文】**

张骞[1],汉中人也,建元[2]中为郎[3]。时匈奴降者言匈奴破月氏[4]王,以其头为饮器[5],月氏遁[6]而怨匈奴,无与共击之。汉方欲事[7]灭胡,闻此言,欲通使,道必更[8]匈奴中,乃募[9]能使者。骞以郎应募,使月氏,与堂邑[10]氏奴甘父俱出陇西[11]。径[12]匈奴,匈奴得之,传[13]诣[14]单于[15]。单于曰:"月氏在吾北,汉何以得往使?吾欲使越[16],汉肯听我乎?"留骞十余岁,予妻,有子,然骞持汉节不失。(东汉·班固《汉书·张骞传》)

**【注释】**

[1]张骞:约生于公元前164年,卒于公元前114年。字子文。汉中郡城固(今陕西省城固县博望镇)人。汉武帝时卓越的外交家,开拓汉朝通往西域的南北道路,并从西域诸国引进了汗血马、葡萄、苜蓿、石榴、胡麻、芝麻等等。曾经奉命出使西域,为丝绸之路的开辟奠定了基础。

[2]建元:汉武帝年号,始于公元前140年,止于公元前135年。

[3]郎:皇帝的侍从官。

[4]月氏:我国古代西北部的一个少数民族。氏:音之。

[5]饮器:侧耳杯。其形如人面,故匈奴以月氏王头为饮器,取其形似。

[6]遁:逃跑,逃遁。

[7]事:从事,做。

[8]更:经过,经历。

[9]募:招募。

[10]堂邑:汉人之姓,其奴名甘父。

[11]陇西:汉郡名,属雍州。今甘肃省定西市陇西县。

[12]径:取道,经过。

[13]传:音撰。驿车,古代供传递公文的人乘坐的车子。

[14]诣:音易。到……去。

[15]单于:匈奴君长称号。单:音蝉。

[16]越:汉代长江下游及以南地区。

【译文】

张骞是汉中人,汉武帝建元年间被任命为郎官。那时匈奴投降过来的人说匈奴攻破月氏王,并且用月氏王的头颅做酒器。月氏因此逃避而且怨恨匈奴,就是苦于没有人和他们一起打击匈奴。汉王朝正想从事消灭匈奴的战争,听说此言,就想派人出使月氏,可匈奴国又是必经之路,于是就招募能够出使的人。张骞以郎官的身份应募出使月氏。与堂邑氏的奴仆甘父等人一起离开陇西。途经匈奴,被匈奴人截获,用传车送到单于那里。单于说:"月氏在我的北边,汉朝人怎么能往那儿出使呢?我如果想派人出使南越,汉朝肯任凭我们的人经过吗?"于是扣留张骞十多年。给他娶妻,并生了儿子,然而张骞仍持汉节不失使者身份。

## 灭奴为家

【原文】

去病[1]为人少言不泄[2],有气敢往。上[3]尝[4]欲教之吴[5]、孙[6]兵法,对曰:"顾[7]方略何如[8]耳[9],不至学古兵法。"上为治第[10],令视之,对曰:"匈奴不灭,无以为家也。"由此上益[11]重爱之。(东汉·班固《汉书·霍去病传》)

【注释】

[1]去病:即霍去病,生于公元前140年,卒于公元前117年。西汉时期著名抗击匈奴将领,武帝时名将卫青的外甥,任大司马骠骑将军。

[2]泄:泄露,这里指随意说话。

[3]上:皇帝,这里指汉武帝。

[4]尝:副词。曾,曾经。

[5]吴:即吴起,战国时期著名的政治家、军事家,兵家主要代表人物,后世将之与孙武合称"孙吴"。

[6]孙:即孙武,春秋时期著名的政治家、军事家,兵家主要代表人物,后世将

之与吴起合称"孙吴"。其所著之《孙子兵法》十三篇,为后世兵法家所推崇,被誉为"兵学圣典"。

[7]顾:看。

[8]何如:怎么样。

[9]耳:句末语气词。相当于"罢了"。

[10]第:按一定等级建造的大宅院。

[11]益:副词。更加。

**【译文】**

霍去病为人寡言少语,但是非常有勇气且敢作敢为。汉武帝曾经想教他学习吴起、孙武兵法,他回答说:"打仗的时候要看韬略怎么样罢了,不在于学古代的兵法。"汉武帝为奖励他的军功给他建造了一座豪华的宅第,让他去看一看,他却说:"强敌匈奴尚未消灭,就没有理由去考虑自己的房宅府邸。"因此汉武帝更加重视宠爱他了。

## 杖节牧羊

**【原文】**

律[1]知武[2]终不可胁[3],白[4]单于[5]。单于愈益欲降[6]之,乃幽[7]武,置大窖中,绝不饮食。天雨[8]雪,武卧啮[9]雪,与毡毛并咽之,数日不死。匈奴以为神,乃徙[10]武北海[11]上无人处,使牧羝[12],羝乳[13]乃得归。别[14]其官属常惠[15]等,各置他所。武既至海上,廪食[16]不至,掘野鼠去[17]草实而食之。杖[18]汉节[19]牧羊,卧起操持,节旄[20]尽落。(东汉·班固《汉书·苏武传》)

**【注释】**

[1]律:即卫律,本为汉将,后投降匈奴,成为匈奴贵族。

[2]武:即苏武,生年不详,卒于公元前60年。汉武帝时出使匈奴被扣,长达十九年。汉昭帝时迎回,后因参与拥立汉宣帝而封爵关内侯。

[3]胁:威胁,胁迫。

[4]白:报告,禀告。

[5]单于:匈奴君长的称号。单:音婵。

[6]降:使动用法。使苏武投降。

[7]幽:拘押,囚禁。
[8]雨:音玉。像雨一样落下来。
[9]啮:音聂。咬,吃。
[10]徙:转移,迁移。
[11]北海:指现在的俄罗斯贝加尔湖。
[12]羝:音低。公羊。
[13]乳:生子,这里指生下羊羔。
[14]别:指分开安置。
[15]常惠:西汉著名外交家,生卒年不详。历仕汉武帝、汉昭帝、汉宣帝三朝,曾随苏武出使匈奴被困,十九年方归。
[16]廪食:官方供给的粮食。廪:音林上声。
[17]去:通"弆"(音举)。贮藏,收藏。
[18]杖:名词活用为动词。持,握持。
[19]节:符节,似弯柄的手杖,汉朝皇帝给苏武出使匈奴时的凭证。
[20]旄:音毛。指牦牛尾毛,常作为"节"上部的装饰物。

【译文】

卫律知道苏武最终不能胁迫,报告了单于。单于更加想使苏武投降,就囚禁苏武,关在地窖里,不给他一点喝的吃的。天下雪,苏武伏在雪地里嚼着雪,同毡毛一起吞下充饥,过了好几天没有死。匈奴认为这是神奇的事,于是就把苏武迁移到北海没有人居住的地方,让他放牧公羊,公羊生了小羊才能回汉朝。把他与他的属官常惠等隔开,各自关押在不同的地方。苏武囚禁在北海后,单于那边发放的粮食不到,就挖掘野鼠所储藏的野草果实来吃。拄着汉廷的符节牧羊,睡觉和起身都拿着它,符节上的旄全都掉落了。

## 酌酒而缢

【原文】

京城不守[1],始遣使金营,金人命仆射[2]韩正[3]馆[4]之[5]僧舍。正曰:"国相知君,今用君矣。"翰曰:"偷生以事[6]二姓,有死,不为也。"正曰:"军中议立异姓,欲以君为正代[7],得以家属行,与其徒[8]死,不若[9]北去取富贵。"翰仰天大呼曰:

"有是乎!"归书[10]片纸曰:"金人不以予[11]为有罪,而以予为可用。夫[12]贞女不事二夫,忠臣不事两君;况主忧臣辱,主辱臣死,以顺为正者,妾妇之道,此予所以必死也。"使亲信持归报诸子。即沐浴更衣,酌[13]卮[14]酒而缢[15]。(元·脱脱《宋史·忠义传·刘韐》)

【注释】

[1]京城不守:公元1127年,金国将要攻打北宋都城汴梁,汴梁将要失守。

[2]仆射:官职名称,即尚书仆射,相当于宰相。射:音业。

[3]韩正:原为宋人,后降金,金人予重职。

[4]馆:名词活用为动词。指安排住宿。

[5]之:指刘韐(音格),生于公元1067年,卒于公元1127年。字仲偃。崇安(今福建省武夷山市)人。北宋名臣,曾于军中提拔岳飞。靖康二年(公元1127年),京城汴梁不守,被遣出使金营,金人欲用之,不屈,自缢死,时年六十一岁。

[6]事:侍奉。

[7]代:代替。"正代"是"代正(代替韩正)"的倒装结构。

[8]徒:白白地。

[9]不若:不如。

[10]书:写。

[11]予:第一人称代词。我。

[12]夫:表示议论的发语词,不译。

[13]酌:饮,喝。

[14]卮:音之。古代盛酒的器皿。

[15]缢:音易。上吊。

【译文】

京城即将被攻陷,朝廷才派他出使金营,金人派尚书仆射韩正安排他住僧舍。韩正说:"国相了解你的才能,马上就要重用你了。"刘韐说:"苟且偷生去侍奉两个君主,即使我死了,也不会去做的。"韩正说:"军中讨论设立异姓皇帝,想让你代替我的官职,你还可以把家眷都带来,与其白白地死去,还不如来北方求得富贵。"刘韐仰天大叫说:"哪里有这种事情!"回去后在一张纸上写道:"金国人不认为我有罪,却认为我可以任用。贞洁的女子不侍奉两个丈夫,忠贞的臣子不侍奉两个君主;况且君主有外忧是臣子的耻辱,君主受侮辱臣子就该死去,把一味的顺从看做是正道的,那是妇女所为,这是我一定要死去的原因。"他让手下的亲信带着它回去告诉他的儿子们。随即便沐浴更衣,喝了一杯酒便自缢死去。

# 忠若赤子

【原文】

纲[1]负[2]天下之望,以一身用舍[3]为社稷[4]生民安危。虽身或[5]不用,用有不久,而其忠诚义气,凛然[6]动乎远迩[7]。每宋使至燕山,必问李纲、赵鼎[8]安否,其为远人所畏服如此。

……纲虽屡斥,忠诚不少贬,不以用舍为语默[9],若赤子之慕其母,怒呵犹[10]嗷嗷[11]焉挽其裳裾[12]而从之。呜呼,中兴功业之不振,君子固归之天,若纲之心,其可谓非诸葛孔明[13]之用心欤[14]?(元·脱脱《宋史·李纲传》)

【注释】

[1]纲:即李纲,生于公元1083年,卒于公元1140年。字伯纪,号梁溪先生。无锡(今江苏省无锡市)人。南宋初抗金名臣,民族英雄。宋徽宗政和二年(公元1112年)进士,官至太常少卿。宋钦宗时授兵部侍郎、尚书右丞。

[2]负:背着,担任。

[3]用舍:指被任用或不被任用。

[4]社稷:土神和谷神,古时君主都祭祀社稷,后来就用社稷代表国家。稷:音计。

[5]或:肯定性无定代词。有时,有时候。

[6]凛然:令人敬畏的样子。

[7]迩:音耳。近。

[8]赵鼎:生于公元1085年,卒于公元1147年。字元镇,自号得全居士。解州闻喜(今山西省运城市闻喜县)人。南宋著名政治家、词人。宋高宗时任宰相。

[9]语默:说话或沉默。

[10]犹:还,尚且。

[11]嗷嗷:哭声。嗷:音窖。

[12]裾:音驹。衣襟。

[13]诸葛孔明:即三国时蜀国名相诸葛亮,字孔明,所以也称诸葛孔明。

[14]欤:语气词。表示疑问、感叹、反诘等语气。

## 【译文】

李纲担负着天下老百姓对他的期望,以自己一个人的身家性命为国家社稷、生民的安危而奋斗。虽然有时还会不为朝廷所用,就是用了时间也不长,然而李纲对国家社稷的忠诚义气,令人敬畏的样子远近震动。每当宋朝派使者到燕山,必然会被问及李纲、赵鼎身体是否健康,他被金人害怕到如此程度。

……李纲虽然多次批驳,然而忠诚却多次遭贬,他不会因为朝廷对自己重用或不重用而说话或沉默不语,就像小孩子依恋自己的母亲,被母亲怒斥后还哭着拽母亲的衣襟紧紧跟随一样。可叹啊,复兴大宋江山的大业不振兴,君子虽说是天命,像李纲的心,不正是诸葛孔明的用心吗?

# 心无二主

## 【原文】

二年[1],金人再邀帝[2]出郊,帝殊[3]有难色,若水[4]以为无他虑,扈从[5]以行。金人计中变,逼帝易[6]服,若水抱持而哭,诋[7]金人为狗辈。金人曳[8]出,击之败面,气结仆地,众皆散,留铁骑数十守视。粘罕[9]令曰:"必使李侍郎[10]无恙。"若水绝不食,或[11]勉[12]之曰:"事无可为者,公昨虽言,国相无怒心,今日顺从,明日富贵矣。"若水叹曰:"天无二日,若水宁有二主哉!"其仆亦来慰解曰:"公父母春秋[13]高,若少屈,冀[14]得一归觐[15]。"若水叱[16]之曰:"吾不复[17]顾家矣!忠臣事君,有死无二。然吾亲老,汝归勿遽[18]言,令兄弟徐[19]言之可也。"

后旬日[20],粘罕召计事,且问不肯立异姓状[21]。若水曰:"上皇[22]为生灵计,罪己内禅[23],主上仁孝慈俭,未有过行,岂宜轻议废立?"粘罕指宋朝失信。若水曰:"若以失信为过,公其尤[24]也。"历数其五事曰:"汝为封豕长蛇[25],真一剧[26]贼,灭亡无日矣。"粘罕令拥之去,反顾骂益甚。至郊坛下,谓其仆谢宁曰:"我为国死,职耳,奈并累若属[27]何!"又骂不绝口,监军者挝[28]破其唇,噀[29]血骂愈切[30],至以刃裂颈断舌而死,年三十五。(元·脱脱《宋史·忠义传·李若水》)

## 【注释】

[1]二年:指靖康二年,即公元1127年。

[2]帝:指宋钦宗赵桓,北宋最末皇帝。

[3]殊:很,非常。

[4]若水：即李若水，生于公元1093年，卒于公元1127年。原名若冰，字清卿。洺州广平曲周(今河北省曲周县)人。

[5]扈从：皇帝出巡时的护从、侍卫人员。

[6]易：换，改换。

[7]诟：音抵。骂，责骂。

[8]曳：音业。拉，牵引。

[9]粘罕：金国名将完颜宗翰，本名黏没喝，又名粘罕，小名鸟家奴。勇猛善战，颇有谋略。年三十五岁时参与拥立金太祖完颜旻称帝，后倍受信用。

[10]侍郎：公元1126年，李若水出使金国，回朝后擢为尚书吏部侍郎兼开封府尹，故金人称"李侍郎"。

[11]或：肯定性无定代词。有人，有的人。

[12]勉：劝。

[13]春秋：变义复词。指人的年龄。

[14]冀：希望。

[15]觐：音进。原为朝见帝王，这里指见父母。

[16]叱：音赤。大声呵斥。

[17]复：再。

[18]遽：音拒。迅速，急速。

[19]徐：慢，缓慢。

[20]旬日：十天。

[21]状：情形。

[22]上皇：指宋徽宗赵佶。

[23]禅：音善。让位，禅让。

[24]尤：甚，厉害。

[25]封豕长蛇：贪婪如大猪，残暴如大蛇。用来比喻贪暴者或侵略者。封：大。豕：猪。长蛇：大蛇。

[26]剧：厉害，严重。

[27]属：辈，等辈。

[28]挝：音抓。打，击打。

[29]噀：音迅。喷，喷出。

[30]切：去声。急迫，急切。

**【译文】**

靖康二年,金国人再次邀请皇上到郊外,皇上感到很为难,李若水认为没有其他的顾虑,随从皇上前去。金国人中途改变计划,逼迫皇上改换衣服,李若水抱着皇上哭泣,骂金国人像狗类。金国人把他拖出,把他的脸都打烂了,他气得闷倒在地,众人都散去了,留下几十名骑兵看守他。粘罕下令说:"一定要让李侍郎活着。"李若水拒绝吃饭,有人就劝他说:"事情没办法了,昨天虽然你说了一些话,但是国相没有发怒之心,如果你今天顺从他,以后就会富贵了。"李若水慨叹说:"天上没有两个太阳,那么我李若水难道可以有两个君主吗?"他的仆人也来劝慰他说:"您的父亲和母亲年事已高,如果您能稍稍屈服,就有能够回去看望他们的希望。"李若水大声呵斥地说:"我已经不再考虑自己的家了!忠臣侍奉自己的君主,可以为他死却不能背叛他。但是我的父母年老了,你回去后不要马上告诉他们,让我的兄弟们慢慢告诉他们吧。"

后来过了十天,粘罕召见李若水商量事情,并且询问他不肯让异姓的人做皇帝的情况。李若水说:"太上皇为天下苍生考虑,怪罪自己而让位。当今皇上仁义忠孝恭慈简朴,没有错误的行为,怎么能轻易地谈论废立的事情呢?"粘罕指责宋朝不讲信用。李若水说:"如果认为不守信用是过错的话,你就更厉害了。"他历数了粘罕的五件事说:"你是一个暴虐的元凶首恶,真正残暴的恶贼,你的灭亡没有几天了。"粘罕命令把他架出去,他边走边回过头来骂得更厉害了。到了郊坛下面,对他的仆人谢宁说:"我为了国家而死,这是我的职责,为什么要连累你们呢?"又不停地骂。监军的人打破了他的嘴唇,他嘴里喷着血骂得更厉害了,一直到金人用刀刃割断他的脖颈和舌头而死去,年仅三十五岁。

# 五岳祠盟

**【原文】**

自中原板荡[1],夷狄[2]交[3]侵,余发愤河朔[4],起自相台[5]。总发[6]从军,历二百余战。虽未能远入夷荒,洗荡巢穴,亦且快[7]国仇之万一。今又提[8]一旅[9]孤军,振起宜兴[10]。建康[11]之役,一鼓败虏,恨[12]未能使匹马不回耳!故且养兵休卒,蓄锐待敌。嗣[13]当激励士卒,功期再战,北逾[14]沙漠,蹀血[15]虏廷[16],尽屠夷种,迎二圣[17]归京阙[18],取故地上版图,朝廷无虞[19],主上奠枕[20],余之愿也。

河朔岳飞题。(南宋·岳珂《金陀粹编》)

【注释】

[1]板荡:这里指社会动乱。因《诗经·大雅》中有《板》、《荡》二篇,都是反映周朝社会动乱的,后人遂以"板荡"一词形容社会动乱。

[2]夷狄:中国古代对少数民族的称呼,这里指金国。

[3]交:并,一起。

[4]河朔:古代泛指黄河以北地区。

[5]相台:指相州,今河南省安阳市,岳飞是相州汤阴县人。曹操曾在相州筑铜雀台,故唐以后相州又称相台。

[6]总发:束发,指刚成年。古代男子二十岁束发加冠,表示成年。总:聚束。

[7]快:解除。

[8]提:带领,率领。

[9]一旅:古代军队以五百人为一旅,这里指军队人数较少。

[10]宜兴:古地名,在今江苏省常州市附近。

[11]建康:古地名,今江苏省南京市。

[12]恨:遗憾。

[13]嗣:音四。接着,然后。

[14]逾:越过,度过。

[15]蹀血:本指踏血而行,形容激战杀人很多,血流满地。蹀:踩,踏。

[16]虏廷:指金人在会宁府所置国都(今黑龙江省哈尔滨市阿城区附近)。虏:对敌人的蔑称。

[17]二圣:指被金人掳去的宋徽宗、宋钦宗。

[18]阙:朝廷。

[19]虞:忧虑,忧患。

[20]奠枕:即安枕。

【译文】

自从中原局势动荡,夷族狄族交替入侵,我立志发愤,从河朔相州奋起从军。自从军开始,经历两百多次战斗。虽然不能远入夷荒,洗荡巢穴,但也能报得国仇的万分之一。现在我又带领一旅军队,从宜兴出发。建康一仗,一口气击败了胡虏,只可惜不能使他们连一匹马也不能逃走。所以就停止战斗,养足精力准备再次迎击敌人。然后应该激励士兵,致力于下一次的战斗,向北越过沙漠,杀入胡虏的宫廷，把夷人全部消灭，迎接两位皇帝回京，取回以前被侵占的土地，使朝廷没有忧患，使主上能够安枕而眠，这就是我的愿望了。河朔岳飞题。

# 孤愤忧国

【原文】

杨万里[1]为人刚而偏。孝宗[2]始爱其才，以问周必大[3]，必大无善语，由此不见[4]用。韩侂胄[5]用事，欲网罗四方知名士相羽翼[6]，尝[7]筑南园。属[8]万里为之记，许以掖垣[9]。万里曰："官可弃，记不作可。"侂胄恚[10]，改命他人。卧家十五年，皆其柄国[11]之日也。侂胄专僭[12]日益[13]甚，万里忧愤怏怏[14]成疾。家人知其忧国也，凡邸[15]吏之报时政者皆不以告。忽族子[16]自外至，遽[17]言侂胄用兵事。万里恸哭失声[18]，亟[19]呼纸书曰："韩侂胄奸臣，专权无上，动兵残民，谋危社稷[20]，吾头颅如许[21]，报国无路，惟有孤愤！"又书十四言[22]别妻子[23]，落笔而逝。（元·脱脱《宋史·杨万里传》）

【注释】

[1]杨万里：生于公元1127年，卒于公元1206年。字廷秀，号诚斋。吉州吉水（今江西省吉水县）人。南宋著名爱国诗人、文学家，与陆游、尤袤、范成大并称"南宋四大家""中兴四大诗人"，被誉为一代诗宗。杨万里的诗歌语言浅近明白，清新自然，富有幽默情趣，被称为"诚斋体"。

[2]孝宗：指宋孝宗赵昚（音慎），公元1163年至公元1174年在位。

[3]周必大：生于公元1126年，卒于公元1204年。字子充，一字洪道，自号平园老叟。吉州庐陵（今江西省吉安县）人。南宋名相，著名政治家、文学家。

[4]见：被。

[5]韩侂胄：生于公元1152年，卒于公元1207年。字节夫。相州安阳（今河南省安阳市）人。北宋名臣韩琦之曾孙。曾任宋宁宗宰相，任内追封岳飞为鄂王，追夺秦桧官爵，力主北伐抗金，因将帅乏人而功亏一篑。侂：音拖。

[6]羽翼：本为鸟的翅膀和羽毛。这里指辅佐。

[7]尝：副词。曾，曾经。

[8]属：嘱托，委托。这个意义后来写作"嘱"。

[9]掖垣：音业元。唐代称门下、中书两省。因分别在禁中左右掖，故称。后

世亦用以称类似的其他中央部门。

[10]恚:音惠。恨,愤怒。

[11]柄国:执掌国政。柄:执掌。

[12]专僭:专擅僭越。僭:音建。超越本分。

[13]益:更加。

[14]怏怏:不高兴,不满意。怏:音样。

[15]邸:音抵。高级官员的住所,这里指官府。

[16]族子:同宗族兄弟之子。

[17]遽:音拒。立刻,马上。

[18]恸哭失声:因悲伤过度而哭不出声。形容悲痛到极点。

[19]亟:音及。赶快,急忙。

[20]社稷:土神和谷神,古时君主都祭祀社稷,后来就用社稷代表国家。稷:音计。

[21]如许:这么,这样。

[22]言:字。

[23]妻子:妻子与儿女。

【译文】

　　杨万里为人刚正而固执。宋孝宗爱惜他的才干,向周必大打听杨万里的情况,周必大没有说杨万里的好处,因此他没有被起用。韩侂胄专权之后,想要网罗四方的知名人士来辅佐他。有一次修筑了南园,韩侂胄嘱咐杨万里为南园写一篇记文,并答应让杨万里到朝中做高官。杨万里说:"官可以不做,记是不能写的。"侂胄很生气,改叫他人去写。杨万里在家闲居十五年,都是韩侂胄执掌国政的日子。韩侂胄日益权高,杨万里心中忧愤,怏怏不乐,终于病倒了。家人知他是忧虑国事,凡是和时政有关的事情都不告诉他。有一天同族里兄弟家的儿子忽然从外面回来了,说起韩侂胄用兵的事情。杨万里失声痛哭,急忙叫人拿来纸写道:"韩侂胄是个奸臣,擅自专权,目无皇上,大动干戈,残害人民,图谋危害国家,我的脑袋白成这样了,没有办法再报效国家,只有愤愤不平!"又写下了十四个字告别妻子儿女,写完就去世了。

## 制衣就焚

**【原文】**

秦钜[1]字子野,丞相桧[2]曾孙。通判蕲州。金人犯境,与郡守李诚之协力捍御[3]。求援于武昌、安庆,月余,兵不至。策应兵徐挥、常用等弃城遁[4]。城破,钜与诚之各以自随之兵巷战,死伤略[5]尽。钜归署[6],疾呼吏人刘迪,令火[7]诸仓库,乃赴一室自焚。有老卒见烟焰中著[8]白战袍者,识其钜也,冒火挽[9]出之。钜叱[10]曰:"我为国死,汝辈可自求生。"制衣[11]就焚而死。(元·脱脱《宋史·忠义传·秦钜》)

**【注释】**

[1]秦钜:生年不详,卒于公元1221年。字子野。南宋抗金名将,秦桧的曾孙。

[2]桧:即秦桧,南宋奸相。生于公元1090年,卒于公元1155年。字会之。江宁府(今江苏省南京市)人。

[3]捍御:捍守,抵御。

[4]遁:逃遁,逃跑。

[5]略:大概,大致。

[6]署:衙门,官吏办公的场所。

[7]火:名词活用为动词。放火烧。

[8]著:音浊。穿。

[9]挽:牵引,拉。

[10]叱:音赤。大声呵斥。

[11]制衣:这里指整理好衣装。

**【译文】**

秦钜字子野,是南宋丞相秦桧的曾孙。作蕲州的通判。金国人入侵边境,他和郡守李诚之齐心协力捍守防御。后来向武昌、安庆等地请求救兵,一个多月救兵没有来。他们手下的策应兵徐挥、常用等人还弃城逃跑了。城被攻破,秦钜和郡守李诚之各自率领手下的士兵与金兵进行巷战,后来大致都要战死了。秦钜回到自己的官衙,大声喊叫手下的官吏刘迪,命令他放火烧掉仓库,于是自己进入一个房间自焚。有个年老的兵卒看见浓烟中有个穿着白色战袍的人,认出是秦钜,冒着大火把他拉出来。秦钜大声呵斥这个老卒说:"我必须为了国家而死,你们可以自己寻求生路。"于是整理好衣装又走回到烈火中死去。

# 死不负国

【原文】

陈寅[1]……北兵[2]入境,属都统何进[3]出守大安,独统制官王锐[4]与忠义千人城守而已。寅誓与其民共守此土。居民始以进留家城中,恃[5]以为固,已而[6]进徙[7]它郡,遂无固志。寅独留其二子并阖门[8]二十八口,曰:"人各顾其家,将谁共守?"乃散资财以结忠义,为必守之计。

北兵十万攻城东南门,以降者为先驱。寅草檄文[9]喻之,自执旗鼓[10],激厉将士,迎敌力战,矢石如雨。师退,诘旦[11],增兵复来,寅帅忠义民兵与敢死士力战,昼夜数十合,兵退。制置司以寅功徧[12]告列郡。北兵伐木为攻具,增兵至数十万,围州城。进素[13]与寅不协[14],寅有功,尤[15]为诸将所忌……寅率民兵昼夜苦战,援兵不至,城遂陷。

寅顾[16]其妻杜氏曰:"若[17]速自为计。"杜厉[18]声曰:"安[19]有生同君禄,死不共王事者?"即[20]登高堡[21]自饮药。二子及妇俱[22]死母傍[23]。寅敛而焚之,乃朝服登战楼,望阙[24]焚香,号泣曰:"臣始谋守此城,为蜀藩篱[25],城之不存,臣死分[26]也。臣不负国!臣不负国!"再拜伏剑[27]而死。宾客同死者二十有[28]八人。(元·脱脱《宋史·忠义传·陈寅》)

【注释】

[1]陈寅:南宋人,宝谟阁待制陈咸之子。宋理宗端平元年(公元1234年),蒙古兵入侵西和州城,陈寅率领忠义敢死勇士千余人奋力迎战,终因援兵不至,兵力耗尽,州城失守。陈寅全家及幕僚和朋友二十八口自尽殉国,壮烈牺牲。明太祖朱元璋时,陈寅被封为西和州城隍。

[2]北兵:指蒙古兵。

[3]何进:人名。

[4]王锐:人名,忠义之士。

[5]恃:音事。依靠,依赖。

[6]已而:不久。

[7] 徙:调职。

[8] 阖门:全家。阖:音何。全。

[9] 檄文:古代用来征召或声讨的文书。

[10] 鼓:同"鼓"。

[11] 诘旦:次日早晨,也作"诘朝"。诘:音杰。

[12] 徧:同"遍"。全。

[13] 素:平素,平日。

[14] 协:和,和睦。

[15] 尤:更加。

[16] 顾:看,回头看。

[17] 若:第二人称代词。你。

[18] 厉:严肃,严厉。

[19] 安:表示疑问的副词。怎么,哪里。

[20] 即:随即,马上。

[21] 堡:城堡,小土城。

[22] 俱:副词。全,都。

[23] 傍:通"旁"。旁边,身边。

[24] 阙:音确。宫殿,这里的意思是朝廷。

[25] 藩篱:篱笆,这里指屏障。

[26] 分:音份。名分,职分。

[27] 伏剑:以剑自刎。

[28] 有:用在整数与零数之间,相当于"又"。

## 【译文】

陈寅……蒙古大军进攻,属都统何进离此戍守大安,只有统制官王锐和忠义之士一千多人留下守城。陈寅发誓和城中的百姓共同守城。百姓原来以为何进把自己的家留在了城中,就依赖于他固守城池,不久何进调职到其他郡县,于是都没有了固守的信心。陈寅只留下两个儿子和全家的二十八口人,对他们说:"现在城中每个人都只顾自己的家,我们还和谁来共同守城呢?"就分发家中的钱财物资找寻忠义之士,做好了坚守城池的打算。

蒙古大兵十多万人进攻东南城门,把投降的人作为先头部队。陈寅起草檄文晓谕他们,并且激励城中的将士奋力和敌人激战,箭和石头密密麻麻像下雨一样落下。蒙古兵退去,次日早晨增加兵马又来进攻,陈寅率领忠义城中的民兵和有志于拼命杀敌的勇士拼死力战,一天一夜双方激战几十回合,蒙古兵又退去。制置司把陈寅的战功全都告知其他各郡。蒙古兵砍伐树木作为进攻的器具,增兵到几十万人,包围了州城。何进平日与陈寅相处不融洽,陈寅有战功,更加被何进手下将领忌妒……陈寅率领民兵昼夜苦战,救援的宋军迟迟不到,于是州城被蒙古兵攻陷。

陈寅回头看他的妻子杜氏说:"你快点儿自己想办法吧!"妻子严厉地大声说:"哪里有活着同吃君王俸禄、死不同为君王事业的呢?"于是就登上城中高地自己喝药自杀。她的两个儿子和媳妇也都自杀在她的身边。陈寅将他们的遗体装殓好用火烧掉,就穿好上朝的服装登上战楼,对着朝廷的方向点好香烛,嚎哭流着泪说:"我开始想坚守此城,成为蜀地的屏障,现在城已不在,我也只有死去了。我没有对不起国家!我没有对不起国家!"行两次拜礼后以剑自刎而死。手下宾客及家人和他一起死的一共有二十八个人。

## 绝食拒降

【原文】

……遂发民兵自守[1],城中兵不满千,大兵来攻不克[2],使其姻家[3]持书招降之,文龙焚书斩其使。有风[4]其纳款[5]者,文龙曰:"诸君特[6]畏死耳,未知此生能不死乎?"乃使其将林华[7]侦伺境上。华即降,且导兵至城下,通判曹澄孙开门降,执文龙与其家人至军中,欲降[8]之,不屈,左右凌[9]挫之,文龙指其腹曰:"此皆节义文章也,可相逼邪?"强之,卒不屈,乃械系[10]送杭州。文龙去[11]兴化即不食,至杭饿死。其母系福州尼寺中,病甚,无医药,左右视之泣下。母曰:"吾与吾儿同死,又何恨[12]哉?"亦死。众叹曰:"有斯母,宜[13]有是儿。"为收葬之。(元·脱脱《宋史·忠义传·陈文龙》)

【注释】

[1]自守:指文龙退守兴化城。陈文龙,南宋名臣,生于公元1232年,卒于公元1276年。

[2]克:战胜,攻破。

[3]姻家:由婚姻关系所成的亲戚,也就是亲家。

[4]风:通"讽"。含蓄地暗示、劝告。

[5]款:款待,招待。

[6]特：只不过是。

[7]林华：与下文的曹澄孙均为陈文龙部将，后降元。

[8]降：使动用法。使……投降。

[9]凌：侵犯，欺侮。

[10]系：拘囚。

[11]去：离开。

[12]恨：遗憾，不满意。

[13]宜：应该，应当。

## 【译文】

于是就发动民兵守城，城中士兵已经不足千人，元兵来进攻不能攻克，便让他的亲家拿着书信来招降他。陈文龙烧掉书信杀掉他们的使者。有人暗示他应该接纳对方使者并好好款待，陈文龙说："你们只是怕死罢了，不知道人这一生会不死吗？"就派手下大将林华在两军边境侦察。林华很快就投降了，而且引导元兵来到城下，通判曹澄孙也开门投降了，把陈文龙和他的家人一起抓到大军中，想要让他投降，陈文龙不屈服。左右的人凌辱殴打他，陈文龙指着自己的腹部说："这里面都是节义文章，你们能够逼迫得了吗？"元兵强迫他，他最终也不屈服，就把他捆绑上押送杭州。陈文龙离开兴化后就不吃东西，到杭州就饿死了。他的母亲被囚禁在福州的尼寺中，病得太厉害了，也没有医生和药物，左右看到后都掉下眼泪。陈文龙的母亲说："我和我的儿子一起死，又有什么遗憾的呢？"不久也死了。众人感叹说："有这样的母亲，就应当有这样的儿子！"把她收敛埋葬了。

# 负王赴海

## 【原文】

时君臣播[1]越[2]海滨，庶[3]事疏略，杨太妃垂帘，与群臣语犹自称奴。每时节朝会，秀夫[4]俨然[5]正笏[6]立，如治朝。或时在行中，凄然泣下，以朝衣拭泪，衣尽浥[7]，左右无不悲动者。属[8]井澳[9]风，王以惊疾殂[10]，群臣皆欲散去。秀夫曰："度宗[11]皇帝一子尚在，将焉置之？古人有以一旅一成中兴者，今百官有司[12]皆具，士卒数万，天若未欲绝宋，此岂不可为国邪？"乃与众共立卫王[13]。时陈宜中[14]往占城，以与世杰[15]不协，屡召不至。乃以秀夫为左丞相，与世杰共秉[16]政。

时世杰驻兵崖山,秀夫外筹军旅,内调工役,凡有所述作,又尽出其手。虽匆遽[17]流离中,犹日书《大学章句》以劝讲。

至元[18]十六年二月,崖山破,秀夫走卫王舟,而世杰、刘义各断维[19]去,秀夫度[20]不可脱,乃杖[21]剑驱妻子入海,即负王赴海死,年四十四。(元·脱脱《宋史·忠义传·陆秀夫》)

**【注释】**

[1]播:迁移,流亡。

[2]越:离,散。

[3]庶:诸,众。

[4]秀夫:即陆秀夫,生于公元1236年,卒于公元1279年。字君实,一字宴翁,别号东江。楚州盐城(今江苏省建湖县)人。南宋左丞相,抗元名臣,与文天祥、张世杰并称为"宋末三杰"。

[5]俨然:庄重的样子。

[6]笏:音户。古代朝见时大臣所执的手板,用以记事。

[7]浥:音意。湿润。

[8]属:音主。副词。恰逢。

[9]井澳:即今天的大横琴岛,位于广东省珠海市南部,毗邻港澳。

[10]殂:音粗阳平。死亡。

[11]度宗:即宋度宗赵禥(音齐),公元1265年至公元1275年在位。

[12]有司:指官吏。古代设官分职,各有专司,故称有司。

[13]卫王:宋端宗赵昰(音是)之弟赵昺(音丙)。

[14]陈宜中:南宋末名相,字与权。

[15]张世杰:南宋抗元名将,与文天祥、陆秀夫并称"宋末三杰"。

[16]秉:把持,执掌。

[17]遽:音拒。匆忙,仓促。

[18]至元:元世祖忽必烈年号,始于公元1264年,止于公元1295年。

[19]维:系物的大绳子,这里指船绳。

[20]度:音夺。思量,考虑。

[21]杖:名词活用为动词。持,拿。

**【译文】**

当时君臣流亡海滨,大小政事都疏于治理,杨太妃垂帘听政,与臣下说话仍然自称为奴。每当群臣朝会的时候,陆秀夫仍端持着手板,俨然像过去上朝一样。有时走在途中,凄然泪下,用朝衣擦拭眼泪,衣服都湿透了,左右的人没有不悲痛欲绝的。因赶上了井澳海岛大风的原因,益王惊惧而死,群臣都想借此机会离开。陆秀夫说:"度宗皇帝有一个儿子还在,把他怎么办呢?古人中曾有过仅凭借一旅即成就中兴的,而我们现今百官都在,还有数万军队,上天如果还没想灭绝大宋,难道就不能凭此振兴国家吗?"于是与众大臣共同拥立卫王。当时陈宜中前往占城去了,因与张世杰不合,所以屡次征召他都不到。于是以陆秀夫为左丞相,与张世杰共同秉政。那个时候张世杰领兵驻守崖山,陆秀夫则既要筹措军旅,又要调集工役,而且凡是有什么需要写的,也都由他亲自动手。虽然在颠沛流离之中,事务繁多,时间匆忙,他每天都还是要写《大学章句》以劝讲别人。

至元十六年(公元 1279 年)二月,崖山被攻破,陆秀夫护卫卫王的船一起逃走,而张世杰、刘义则各自砍断船上的大绳逃生去了,陆秀夫考虑到难以逃脱,就拿着宝剑把自己的妻子儿女赶下海去,自己背着卫王赴海而死,当时他年仅四十四岁。

## 以家许国

【原文】

时湖北州郡皆已归附[1],其友劝苪[2]勿行[3],曰:"无已[4],即以身行可也。"苪泣曰:"吾岂昧[5]于谋身[6]哉?第[7]以[8]世受国恩,虽废弃[9]中犹思所以报者,今幸用我,我以家许[10]国矣。"时其所爱女死,一恸[11]而行。

十二月,城围益[12]急,孝忠[13]中炮,风[14]不能起,诸将泣请曰:"事急矣,吾属[15]为国死可也,如[16]民何?"苪骂曰:"国家平时所以厚养汝者,为今日也。汝第[17]死守,有后言者吾先戮汝。"除夕,大兵登城,战少却[18],旋[19]蚁[20]附而登,衡守尹谷[21]及其家人自焚,苪命酒酹[22]之。因留宾佐[23]会饮,夜传令,犹手书"尽忠"字为号。饮达旦,诸宾佐出,参议杨震[24]赴园池死。苪坐熊湘阁召帐下沈忠遗[25]之金曰:"吾力竭,分[26]当死,吾家人亦不可辱于俘,汝尽杀之,而后杀我。"忠伏地叩头,辞以不能。苪固[27]命之,忠泣而诺,取酒饮其家人尽醉,乃遍刃[28]之。苪亦引颈受刃。忠纵火焚其居,还家杀其妻子,复至火所,大恸,举身投地,乃自刎。(元·脱脱《宋史·忠义传·李苪》)

【注释】

[1] 归附:指归附蒙古军队。

[2]芾:即李芾,生年不详,卒于公元1276年。字叔章。南宋末名臣。音服。
[3]勿行:这里指南宋朝廷让李芾临危出任潭州知州兼湖南安抚使,以抗击元军。
[4]无已:意思是实在不能停止、一定要去的话。已:停止。
[5]昧:愚昧,混乱。
[6]谋身:为自身谋划。
[7]第:只,仅仅。
[8]以:因为。
[9]废弃:指罢黜或不被任用。
[10]许:献。
[11]恸:痛哭。
[12]益:更加。
[13]孝忠:李芾部下刘孝忠。
[14]风:势头。
[15]属:等辈。
[16]如:至于。
[17]第:只,尽管。
[18]却:退,退却。
[19]旋:随即,马上。
[20]蚁:名词作状语。像蚂蚁一样。
[21]尹谷:时衡州守臣,南宋名儒,号务实。
[22]酹:音泪。把酒洒在地上表示祭奠。
[23]佐:这里指副将或助手。
[24]杨震:和下文沈忠皆为李芾部将。
[25]遗:音卫。给,送给。
[26]分:情分,职分。
[27]固:坚决。
[28]刃:名词活用为动词。杀。

**【译文】**

当时湖北各州郡都已经归附了元朝,李芾的朋友都劝他不要去赴任,说:"实在不得已的话,即便是只身而行也可以。"李芾哭着说:"我难道不知道为自己打算吗?只是因为世代蒙受国恩,即使是在废弃不被任用时也在想着如何报答国家,现在有幸朝廷任用我,我把自己的家全都献给国家了。"当时他最宠爱的女儿死了,他大哭一场马上就出发了。

十二月,城被围困得更加危急,刘孝忠被炮石打中,势头是不能起来了,众将领哭着请求说:"情况非常危急了,我们这些人为国家死是可以的,可百姓得怎么办呢?"李芾骂道:"国家平时之所以优厚地供养你们,就是为了今天。你们尽管死死地守住,谁敢再这样说我就先杀了你们。"除夕夜晚,蒙古大兵登城,打得稍稍后退一点儿随即便会像蚂蚁一样又登上来,衡州守臣尹谷和家人一起自焚了,李芾命人用酒祭奠他们。趁机留下宾客和副手们一同饮酒,夜里传令,仍然手书"尽忠"二字作为号令。喝到天亮的时候,众宾客副手出来,参议杨震跳到园池里死了。李芾坐在熊湘阁召来帐下的沈忠,给了他一些黄金说:"我的力气已经耗尽了,看这情势必当一死,但是我的家人决不能被俘受辱,你把他们全都杀了,然后杀我。"沈忠趴在地上磕头,回绝说不能杀。李芾坚决地命令他,沈忠哭泣着答应了。拿酒给李芾的家人喝,全都醉了,于是把他们全都杀了。李芾也伸过脖子受刃而死。李忠放火烧掉李芾的住所,回到自己家杀了妻子和儿女,又回到放火的地方,大哭,跳起身子摔在地上,于是自杀而死。

## 留取丹心

【原文】

天祥[1]至潮阳,见弘范[2]。左右命之拜,不拜。弘范遂以客礼见之,与俱入厓山,使为书[3]招张世杰[4]。天祥曰:"吾不能捍[5]父母,乃教人叛父母,可乎?"索[6]之固[7],乃书所过零丁洋诗与之。其末有云:"人生自古谁无死,留取丹心照汗青。"弘范笑而置之。厓山破,军中置酒大会[8],弘范曰:"国亡,丞相忠孝尽矣,能改心以事[9]宋者事皇上,将不失为宰相也。"天祥泫然[10]出涕,曰:"国亡不能救,为人臣者死有余罪,况敢逃其死而二[11]其心乎。"弘范义[12]之,遣使护送天祥至京师。(元·脱脱《宋史·文天祥传》)

【注释】

[1]天祥:即文天祥,生于公元1236年,卒于公元1283年。字履善,又字宋瑞,自号文山、浮休道人。江西吉州庐陵(今江西省吉安市)人。南宋末大臣,杰出的政治家、文学家,伟大的民族英雄和爱国诗人。

第一·爱国篇

[2]弘范：即张弘范，生于公元1238年，卒于公元1280年。字仲畴。元朝著名的军事家、统帅。

[3]为书：写信。

[4]张世杰：生年不详，卒于公元1279年。涿州范阳（今河北省范阳县）人。南宋末民族英雄，与陆秀夫、文天祥并称"宋末三杰"。先后拥立南宋二帝，誓不降元，最终兵败崖山海战，因飓风毁船，溺死于平章山下。

[5]捍：捍卫，保卫。

[6]索：讨取，索求。

[7]固：坚持，固执。

[8]会：聚会。

[9]事：服侍，侍奉。

[10]泫然：泪水滴落的样子。泫：音炫。水珠下滴。

[11]二：数词活用为动词。改变。

[12]义：名词活用为动词的意动用法。认为……合于道义。

**【译文】**

文天祥被押到潮阳，见到张弘范。张弘范的手下让文天祥跪拜张弘范，文天祥不跪拜。张弘范就像招待客人一样对待文天祥，和文天祥一起到崖山，张弘范让文天祥写信招降张世杰。文天祥说："我不能保护父母，却让别人背叛父母，那样可以吗？"张弘范坚持让文天祥写信。文天祥就把经过零丁洋时所写的一首诗给张弘范。诗的末尾有一句写道："人生自古谁无死，留取丹心照汗青。"张弘范看过笑着作罢，不再强逼文天祥了。崖山被攻陷后，张弘范在军中置酒大摆庆功会，张弘范说："你的国家已经灭亡，你作为丞相忠孝已经两全了，如果能用侍奉大宋的忠心来侍奉我大元皇帝，将不会失去你宰相的位置。"文天祥泪水落下，说："国家灭亡不能救，作为臣子就算死也仍有罪，哪里还敢逃脱一死而改变自己的忠心呢？"张弘范认为文天祥极其重义，派遣使者护送文天祥到达京城。

# 土室余论[1]

**【原文】**

淳[2]之生也，十有[3]七年。昊天不吊[4]，宇宙祸盈[5]。生之不辰[6]，非我先后[7]。先文忠[8]投渊殉节,便而无家。湖海飘零,于今三载。风胼霜胝[9],捉衿[10]短衣,倍人世之艰辛,极君亲之冤酷[11]。穷途歧路,断梗飞蓬[12]。日既如流,天犹共戴[13]。呜呼!淳自知生不如死久矣。特[14]以国难家仇未能图报,忠臣孝子自当笑人[15],故饮恨吞声,苟全性命。湖中之起[16],身在行间[17],不忘丧元[18],独当一面。江东岭表[19],日月双悬[20]。先文忠为国死,淳也为国生。于是七尺受一命之荣[21],九重蒙三锡之典[22],恨不灭此朝食[23],下报幽冥[24]。噫!以淳拜命蜡丸[25],执戈幕府,成仁一死,抑亦[26]何言?呜呼!家仇未报,臣功未成,赍志重泉[27],流恨千古。今生已矣,来世为期。万岁千秋,不销毅魄[28];九天八表[29],永厉英魂[30]!先文忠得为皇明臣,淳也得为先文忠子,吞声归冥,含笑入地。呜呼!淳今死矣,抑又何言?(清·夏完淳)

**【注释】**

[1]土室余论:监狱里的遗言。土室:这里指监狱。余论:本论之外的议论,这里指遗言。

[2]淳:即夏完淳,生于公元1631年,卒于公元1647年。明末松江府华亭县(今上海市松江区)人。民族英雄,著名诗人,夏允彝子。

[3]有:用在整数与零数之间,相当于"又"。

[4]昊天不吊:上天不怜悯。昊:大,常用来指天。吊:怜悯。

[5]宇宙祸盈:国家充满了灾祸。盈:满。

[6]不辰:不得其时,不是时候。辰:名词活用为动词。

[7]非我先后:意思是说不光我一个人前辈之后生得不是时候,别人亦是如此。

[8]先文忠:夏完淳的父亲夏允彝。1645年,夏允彝投水自杀,谥为"文忠"。

[9]风胼霜胝:饱受风霜之苦,手脚生了茧子。胼胝:音骈之。手上脚上因为劳动等被摩擦变硬了的皮肤。

[10]捉衿短衣:指衣服破旧简陋,义同"捉襟见肘"。衿:衣襟。

[11]极君亲之冤酷:经历了皇帝和亲人极度的冤仇惨痛。

[12]断梗飞蓬:如同折断的枝茎、飘飞的蓬蒿一般。形容作者的生活像断梗飞蓬一般到处飘荡,极其不固定。梗:植物的枝茎。蓬:蓬蒿,遇风则离根飞转。

[13]天犹共戴:天还在我们的头上顶着。

[14]特:只,仅,不过。

[15]笑人:即笑我,也就是被忠臣孝子耻笑。

[16]湖中之起:指1646年作者随同父亲夏允彝参加太湖地区的吴易抗清义军,被任为参谋。

[17]行间:行阵之间,也就是身在军旅。行:音航。古代军队编制,二十五人为一行。

[18]丧元:掉脑袋,这里是说没有忘记牺牲自己。《孟子·滕文公下》:"勇士不忘丧其元。"元:头。

[19]江东岭表:长江下游及五岭以南。江东:指长江下游一带。岭表:指五岭以南的地方。

[20]日月双悬:当时明王室鲁王朱以海监国绍兴,而唐王朱聿键改元隆武,都于福州,故云日月双悬。

[21]七尺受一命之荣:七尺指身体,是作者自称。受一命,指1646年春天夏完淳与老师陈子龙、岳父钱栴共谋介议,上书鲁王,鲁王任命夏完淳为中书舍人。

[22]九重蒙三锡之典:九重指天,此指鲁王。蒙:蒙受。锡:通"赐",赐予。三锡:指鲁王的三个封赐,即不仅封作者为中书舍人,而且封了作者的岳父,追赠了作者的父亲。

[23]灭此朝食:消灭敌人再吃早饭。语见《左传·成公二年》"余姑翦灭此而朝食",后人用"灭此朝食"表示斗志坚决。

[24]幽冥:旧指阴间,这里指作者死去的君父。

[25]拜命蜡丸:鲁王封作者为中书舍人时两人并不在一地,所下之重要公文是装在蜡丸中传递的。蜡丸:把蜡做成丸形,文件藏在里面以防泄露。

[26]抑亦:表示转折,还,还能。下文"抑又"义同。

[27]赍志重泉:把自己的志向带到阴间。赍:音机。携带,引申为怀着。重泉:九泉之下,指阴间。

[28]毅魄:英灵。语出《楚辞·九歌·国殇》。

[29]九天八表:九重天上,四面八荒,也就是天上地下。八表:八方外面极远之地。

[30]永厉英魂:即英魂永厉,即使死去,英魂也当永远奋发有为。厉:磨炼。

**【译文】**

我夏完淳出生到现在已经十七年了。由于苍天不怜悯,国家充满了灾祸。生的不是时候,这不仅指我前人之后。先父文忠投水自杀,从此我也没有家了。四海飘零,已经三年了。饱受风霜之苦,手脚都生了茧子,衣裳破旧简陋,备尝人世的艰辛,经历了皇帝和亲人极度的冤仇惨痛。前途渺茫诸多歧路,生活如同折断的枝茎和飘飞的蓬蒿一般到处飘荡。日子像流水一样过去,老天尚且在人们头上高悬。唉!我自己知道生还不如死已经很长时间了。只是因为国难家仇还没报,那些忠臣和孝子肯定会嘲笑我，所以我饮恨吞声，暂且保全性命。后来我随父亲参加太湖地区的吴易抗清义军，加入到军旅行列，有机会舍生忘死独当一面。长江下游一带及五岭以南的地方鲁王和唐王双主执政。先父文忠为国而死，我夏完淳也为国而生。后来鲁王任命我为中书舍人，同时封了我的岳父、追赠了我的父亲。我恨不得马上消灭敌首来报答黄泉中的君父。唉！我夏完淳能够在危急关头承蒙重任，在将军府下率兵征战，就算是死了也已成仁，还有什么话说呢？家中的仇还没报，做臣子的功劳还没显现，很快就要怀志奔赴九泉，今生留下无限仇恨。今生就这样要结束了，相约来世吧。万年千载我的英灵也不会消散，就算飘到九重天上、八方四极也会继续奋斗！先父文忠能够成为明皇室之臣，我也能是先父文忠的儿子，大声高喊归入冥间，笑着走入地府。唉！我夏完淳今天就要死了，还有什么话说呢？

# 第二 · 孝悌篇

　　孝，就是对父母尽心奉养并努力顺从；悌，就是敬爱兄长。孝悌是中华民族的基本美德。中国古代儒家文化所倡导的孝，主要是指子女对父母的尊与养，主要体现在五个方面："孝子之事亲也，居则致其敬，养则致其乐，病则致其忧，丧则致其哀，祭则致其严。五者备矣，然后能事亲。"(《孝经·纪孝行章》)也就是说，儿女在孝敬父母时，平常要有恭敬的态度，侍奉时要和颜悦色，父母生病时要有忧虑的心情，父母去世时要有心痛的表现，祭祀父母时要有庄严肃穆的仪态。

　　在中国古代社会，人们在对父母孝敬顺从的基础上，将这种家庭伦理关系自然延伸为敬老爱幼，表现为"出入相友，守望相助，疾病相扶持"(《孟子·滕文公上》)、"敬老慈幼，无忘宾旅"(《孟子·告子下》)。在现代社会，家庭伦理关系和道德标准发生了较大的变化，但是儿女对父母的孝仍然是我们每一个人都应该信守的道义。这对提升个人素质、敦厚社会风气、维护社会稳定、促进社会发展均有着积极、重要的作用。

　　本篇共选文二十四章。

## 伯俞泣杖

**【原文】**

伯俞[1]有过,其母笞[2]之,泣。其母曰:"他日笞子未尝[3]见泣,今泣何也?"对曰:"他日俞得罪,笞尝痛,今母之力不能使痛,是以[4]泣。"(西汉·刘向《说苑·建本》)

**【注释】**

[1]伯俞:西汉人韩伯俞,生卒年不详。以孝行闻于世。
[2]笞:音吃。用竹板或荆条等打。
[3]尝:副词。曾,曾经。
[4]是以:因此。

**【译文】**

西汉人韩伯俞犯了过错,他的母亲用竹杖打他,他哭了。他的母亲问他:"以前用竹杖打你从没见你哭过,今天打你为什么哭了呢?"他回答说:"以前我犯了错,您用竹杖打我时很疼,现在母亲的力气不能把我打疼了,所以我才哭。"

## 浣亲中裙

**【原文】**

建[1]老白首,万石君[2]尚无恙[3]。建为郎中令[4],每五日洗沐[5]归谒亲[6],入子舍[7],窃[8]问侍者,取亲中裙[9]厕腧[10],身自浣涤[11],复与[12]侍者,不敢令万石君知,以为常。(西汉·司马迁《史记·万石张叔列传》)

**【注释】**

[1]建:即石建,生年不详,卒于公元前123年。万石君石奋之子。汉武帝时任郎中令,以孝行及恭谨而著称。

[2]万石君:石建的父亲石奋,生年不详,卒于公元前124年。字天威,号万石君。河内温(今河南省温县)人。恭谨无比。文帝时官至太中大夫。景帝即位,列

为九卿,身为二千石,四子皆官至二千石,故号为万石君。

[3] 恙:疾病。

[4] 郎中令:汉代为皇帝左右亲近的高级官职。主要职责包括宿卫警备、管理郎官、备顾问应对等。

[5] 五日洗沐:汉制,官吏五天休假一天以沐浴。

[6] 谒亲:拜谒父母。谒:音业。拜见,请见。

[7] 子舍:小房。

[8] 窃:偷偷地。

[9] 中裙:内衣。

[10] 厕牏:便器。牏:音鱼。

[11] 浣涤:浣洗,洗涤。

[12] 与:给,交给。

【译文】

石建年老发白,他的父亲万石君石奋身体还健康无病。石建做了郎中令,每五天休假一天回家拜见父亲,先是进入侍者的小屋,私下向侍者询问父亲情况,拿走父亲的内衣和便器亲自洗涤,再交给侍者,不敢让父亲知道,让父亲认为是跟往常一样。

# 自缚争死

【原文】

及[1]天下乱,人相食。孝[2]弟礼[3]为饿贼所得,孝闻之,即自缚诣[4]贼,曰:"礼久饿羸[5]瘦,不如孝肥饱[6]。"贼大惊,并放之,谓曰:"可且[7]归,更[8]持米糒[9]来。"孝求不能得,复往报贼,愿就亨[10]。众异[11]之,遂不害。(南朝·宋·范晔《后汉书·赵孝传》)

【注释】

[1] 及:等到,到。

[2] 孝:即赵孝,汉明帝刘庄时人,生卒年不详。字长平。沛国蕲(今湖北省蕲春县)人。

[3] 礼:赵礼,赵孝之弟。

[4] 诣：音易。到，到……去。

[5] 羸：音雷。羸弱，瘦弱。

[6] 肥饱：偏义复词。义在"肥"，"饱"无义。

[7] 且：副词。暂且，暂时。

[8] 更：再。

[9] 糒：音贝。干粮。

[10] 亨：煮。这个意义后来写作"烹"。

[11] 异：形容词的意动用法。认为……奇异。

【译文】

到了天下大乱的时候，人们互相吃对方。赵孝的弟弟赵礼被饥饿的盗贼抓到了，赵孝听说了，就捆上自己到贼人那里去，说："赵礼饿得时间太长了，过于瘦弱，不像我赵孝这样肥胖。"贼人很是吃惊，就把兄弟二人全都放了，对他们说："你们可以暂且回家，但你们需要再拿些干粮来。"赵孝找了很久不能得到，就又跑到贼人那里去，愿意被煮着吃了。贼人认为赵孝很是奇特感人，于是就没有害他。

# 庐门取朽

【原文】

薛包[1]好学笃行[2]，丧母，以至孝闻。及[3]父娶后妻而憎[4]包，分出之[5]。包夜号泣，不能去[6]，至被殴仗[7]。不得已，庐[8]于舍外，且[9]入而洒扫。父怒，又逐[10]之。乃庐于里[11]门，昏晨不废[12]。积岁余，父母惭而还[13]之。后行[14]六年，服丧[15]过乎哀。既而[16]弟子求分财异居，包不能止，乃中分[17]其财。奴婢引[18]其老者，曰："与我共事久，若[19]不能使也。"田庐取其荒顿[20]者，曰："吾少时所理，意所恋也。"器物取朽败[21]者，曰："我素[22]所服食，身口所安也。"（南朝·宋·范晔《后汉书·刘平传序》）

【注释】

[1] 薛包：生卒年不详。东汉安帝时人，以孝著称于世。

[2] 笃行：品行诚实忠厚。

[3] 及：等到。

[4] 憎：音增。厌恶，不喜欢。

[5]分出之:让薛包离开家分出去居住。

[6]去:离去,离开。

[7]仗:通"杖"。名词活用为动词。用木杖打。

[8]庐:草屋。这里是名词活用为动词。建小草屋。

[9]旦:清晨,早晨。

[10]逐:驱赶,驱逐。

[11]里:里巷,里弄。

[12]废:废止,停止。这里指停止"入而洒扫"。

[13]还:不及物动词的使动用法。让他回家。

[14]行:将,接近。

[15]服丧:戴孝守丧。

[16]既而:不久以后。

[17]中分:均分。

[18]引:领,带走。

[19]若:第二人称代词。你,你们。

[20]荒顿:荒废。

[21]朽败:腐烂,败坏。

[22]素:向来,一向。

【译文】

薛包喜好学习品行诚实,失去母亲,以特别孝顺而闻名。等到父亲娶了后妻就厌恶薛包,让薛包离开家分出去居住。薛包在夜里哭泣,不想离开,直至被殴打杖责。不得已了,就在屋外搭了一个小草屋住下,早晨回家打扫院落。父亲愤怒,又赶薛包出家门。于是薛包就在里巷搭草屋住下,等到清晨及黄昏时分仍然回家打扫院落。过了一年多的时间,父母感到惭愧就让薛包回家住了。后来将近六年父母去世,薛包戴孝守丧过度悲哀。此后不久弟弟们要分财产分开住,薛包制止不住,于是便平均分配财产。薛包把老年的奴婢都留下了,说:"他们同我在一起的时间久了,你们使唤不了的。"留下荒废的田地和废弃的房屋,说:"这些都是我小时候治理过的,我很留恋。"家庭中使用的器物他只留腐烂坏掉的东西,说:"这是我平时使用惯了的,我的身体和饮食习惯已经适应了。"

## 迎盗乞济

**【原文】**

(赵咨[1])以病免还,躬[2]率子孙耕农为养。盗尝[3]夜往劫之,咨恐母惊惧,乃先至门迎盗,因[4]请为设[5]食,谢[6]曰:"老母八十,疾病须养,居贫,朝夕无储,乞[7]少置[8]衣粮。"妻子[9]物余,一无所请。盗皆惭叹,跪而辞曰:"所犯无状[10],干暴[11]贤者。"言毕奔出,咨追以物与[12]之,不及[13]。由此[14]益[15]知名。(南朝·宋·范晔《后汉书·赵咨传》)

**【注释】**

[1]赵咨:东汉桓、灵帝时人,生卒年不详。字文楚。东郡燕(今河南省新乡市延津县)人。少有孝行,后官任敦煌太守、东海相。居官清廉,有清名。

[2]躬:亲身,亲自。

[3]尝:副词。曾,曾经。

[4]因:副词。于是,就。

[5]设:准备,布置。

[6]谢:谢罪,请求。

[7]乞:求。

[8]置:放,这里的意思是留。

[9]妻子:妻子与儿女。

[10]无状:指所行丑恶无善状。

[11]干暴:干犯,欺凌。

[12]与:给。

[13]及:赶上,赶得上。

[14]由此:因此,从此。

[15]益:更加。

**【译文】**

赵咨因为生病罢官回家,亲自率领子孙种田养家糊口。曾经有盗贼夜晚到赵咨家抢劫,赵咨害怕惊吓到母亲,就先到门口迎接盗贼,接着请求给盗贼们准备饭食,向他们道歉说:"我的老母亲已经八十多岁了,身体有病需要奉养,家中贫困,没有隔夜的粮食,请求稍微留下点衣服粮食。"妻子儿女和其他物品,全都没有提出要求。强盗都惭愧叹息,跪下拒绝赵咨说:"我们所犯的罪行太丑恶了,真不该侵犯贤良。"说完都跑出门去,赵咨追出去送给他们东西,但没有赶上。从此赵咨更加出名。

# 抱树而泣

【原文】

王祥[1]事[2]后母朱夫人甚谨[3]。家有一李树,结子殊[4]好,母恒[5]使守之。时风雨忽至,祥抱树而泣。祥尝[6]在别床眠,母自往暗斫[7]之。值[8]祥私起[9],空斫得被。既还,知母憾[10]之不已,因跪前请死。母于是感悟,爱之如己子。(南朝·宋·刘义庆《世说新语·德行》)

【注释】

[1]王祥:生于公元185年,卒于公元269年。字休征。西晋琅邪(今山东省青岛市)人。因为侍奉后母,隐居二十余年。后仕晋,官至太常、太保。"二十四孝"记载其事迹为"卧冰求鲤"。

[2]事:侍奉,对待。

[3]谨:谨慎,小心。

[4]殊:很,特别。

[5]恒:经常,常常。

[6]尝:副词。曾,曾经。

[7]斫:音卓。砍杀。

[8]值:正好,赶上。

[9]私起:起来小便。

[10]憾:遗憾,不满意。

【译文】

王祥对待他的后母朱夫人非常谦恭谨慎。他家有一棵李树,结的果实很好,后母一直让他看守那棵树。有一次,王祥正看守李树时忽然起了风雨,王祥就抱着树哭泣。王祥曾经在别的床上睡觉,后母亲自前往,准备暗中砍死王祥。正好那时王祥起床小解,后母空砍在被子上。等到王祥回来,知道后母因为没能杀死他而遗憾不已,因而跪在后母面前请求一死。后母终于被王祥所感动,从此爱护他如同自己的亲生儿子一般。

# 怀橘遗母

**【原文】**

绩[1]年六岁,于九江[2]见袁术[3]。术出橘,绩怀[4]三枚,去[5],拜辞,坠地。术谓曰:"陆郎作宾客而怀橘乎?"绩跪答曰:"欲归遗[6]母。"术大奇[7]之。(西晋·陈寿《三国志·吴书·陆绩传》)

**【注释】**

[1]绩:即陆绩,生于公元187年,卒于公元219年。字公纪。吴郡吴县(今江苏省苏州市)人。汉末庐江太守陆康之子。博学多识,通晓天文、历算等。孙权时为郁林太守。三十二岁英年早逝。

[2]九江:古地名,今江西省九江市。

[3]袁术:生年不详,卒于公元199年。汝南汝阳(今河南省周口市商水县)人。字公路。袁绍之弟。

[4]怀:名词活用为动词。怀里装着。

[5]去:离开。

[6]遗:音未。给,送给。

[7]奇:形容词的意动用法。认为……奇特。

**【译文】**

陆绩六岁时,在九江见到了袁术。袁术让人拿出橘子招待他。陆绩怀里装起三只橘子,临走时,陆绩告辞,橘子坠落在地上。袁术说:"陆家的儿郎来别人家做客怀里还藏了主人的橘子吗?"陆绩跪在地上,回答道:"我想把它藏在怀里回家给母亲吃。"袁术对此感到特别惊奇。

## 独坐守母

【原文】

司马芝[1],字子华,河内温人也。少为书生,避乱荆州,于鲁阳山遇贼,同行者皆弃老弱走,芝独坐守老母。贼至,以刃临芝,芝叩头曰:"母老,唯在诸君!"贼曰:"此孝子也,杀之不义[2]。"遂得免害,以鹿车[3]推载母。居南方十余年,躬[4]耕守节。(西晋·陈寿《三国志·魏书·司马芝传》)

【注释】

[1]司马芝:三国时期曹魏大臣,生卒年不详。字子华。河内温(今河南省温县)人。以遵守礼义著名。曹操平定荆州后历任大理正、甘陵等郡太守、大司农、河南尹等。为人正直,不惧权势,是魏国历任河南尹中最杰出的清正官员。

[2]义:名词活用为动词。合于道义。

[3]鹿车:古代的一种小车,即独轮车。

[4]躬:亲身,亲自。

【译文】

司马芝,字子华,是河内温县人。少年时是书生,到荆州去躲避战乱,在鲁阳山里遇到了强盗。一起的人都丢下老人和弱小逃走了。司马芝一个人坐在那里守护老母亲。强盗来到后,用刀逼着司马芝。司马芝叩头说道:"母亲老了,她的死活就由诸位决定了。"强盗说:"这是个孝子!杀他是不合道义的。"司马芝因此免于死,用独轮车把母亲推走。后来居住在南方十多年,亲身耕作,保持自己的节操。

## 焦饭奉母

【原文】

吴郡[1]陈遗[2],家至孝。母好[3]食铛[4]底焦饭,遗作郡主簿[5],恒[6]装一囊,每煮食,辄[7]贮录[8]焦饭,归以遗[9]母。后值[10]孙恩[11]贼出吴郡,袁府君[12]即日便征。遗已聚敛得数斗焦饭,未展[13]归家,遂带以从军。战于沪渎[14],败,军人溃散,逃走[15]山泽,皆多饥死,遗独以焦饭得活。时人以为纯孝之报也。(南朝·宋

·刘义庆《世说新语·德行》)

【注释】

[1]吴郡:古地名,今江苏省苏州市。

[2]陈遗:东晋时人,生卒年不详。

[3]好:喜欢,爱好。

[4]铛:音撑。一种铁锅。

[5]主簿:掌管文书机要、主办事务的官吏。

[6]恒:经常,常常。

[7]辄:就。

[8]贮录:贮藏,储存。

[9]遗:音未。送,赠送。

[10]值:时值,赶上。

[11]孙恩:字灵秀。晋安帝隆安三年(公元399年),聚集数万人起义,攻克会稽等郡,后来攻打临海郡时遭败,投海而死。

[12]袁府君:时任吴郡太守袁山松,后被孙恩军队杀害。府君:汉代称太守为府君。

[13]未展:来不及。

[14]沪渎:古水名。指吴淞江下游近海处一段(今黄浦江下游)。

[15]走:跑。

【译文】

吴郡人陈遗,在家非常孝顺。他的母亲喜欢吃锅巴,陈遗在郡里做主簿的时候,经常装好一个口袋,每逢煮饭,就把锅巴储存起来,等到回家时,就带给母亲。后来正值孙恩贼兵侵入吴郡,吴郡太守袁山松马上要出兵征讨。这时候陈遗已经积攒了几斗锅巴,来不及回家,便带着锅巴随军出征。双方在沪渎开战,袁山松战败了,军队溃散,士兵们都逃跑到山林沼泽地带,没有吃的,多数人都饿死了,唯独陈遗靠锅巴活了下来。当时人认为这是至纯至孝的回报。

## 绝身随父

【原文】

余齐民[1],晋陵人也。少有孝行,为邑书吏[2]。父殖[3],大明[4]二年,在家病亡,家人以父病报之。信未至,齐民谓人曰:"比者[5]肉痛心烦,有若割截,居常遑骇[6],必有异故。"信寻[7]至,便归,四百余里,一日而至。至门,方详父死,号踊[8]恸绝,良久[9]乃苏[10]。问母:"父所遗言[11]。"母曰:"汝父临终,恨[12]不见汝。"曰:"相见何难。"于是号叫殡所,须臾[13]便绝。(南朝·梁·沈约《宋书·孝义传·余齐民》)

【注释】

[1]余齐民:南朝宋孝武帝刘骏时名士,生卒年不详。晋陵(今江苏省常州市)人。

[2]书吏:文书、秘书一类的小官。

[3]殖:余齐民父亲余殖。

[4]大明:南朝宋孝武帝刘骏年号,始于公元457年,止于公元464年。

[5]比者:最近,进来。

[6]遑骇:惊慌,害怕。

[7]寻:马上,不久。

[8]号踊:号哭顿足。踊:音永。往上跳。

[9]良久:很久,过了很长时间。

[10]苏:醒。

[11]遗言:留下来的话语。

[12]恨:遗憾。

[13]须臾:随即,马上。

【译文】

余齐民,晋陵人。年少的时候就很孝顺,是县里的文书。父亲名叫余殖,宋孝武帝大明二年,死在了家里,家里人把父亲病危的消息说给了余齐民。书信还没到的时候,余齐民就对身边的人说:"这几天我总是肌肉疼痛内心烦乱,好像刀子割的一样,平时也总是惊慌害怕,家中肯定有变故。"书信不久就到了,他马上回家,四百多里地一天就赶到了。到了家门口,才知道父亲已经死了,他蹦跳号哭悲痛欲绝,过了很久才苏醒过来。问他的母亲:"父亲临死前说了什么。"母亲说:"你的父亲临死前,非常遗憾的就是没有见到你。"余齐民说:"相见有什么难的。"于是就到发殡的地方痛苦号叫,不久就气绝死去了。

# 兄弟相代

**【原文】**

孙棘[1]，彭城人也。世祖[2]大明[3]五年，发三五丁[4]，弟萨[5]应充行，坐[6]违期不至。依制，军法，人身付狱。未及结竟[7]，棘诣[8]郡辞："不忍令当一门之苦，乞[9]以身代萨。"萨又辞列："门户不建，罪应至此，狂愚犯法，实是萨身，自应依法受戮[10]。兄弟少孤[11]，萨三岁失父，一生恃[12]赖，唯在长兄。兄虽可垂愍[13]，有何心处世？"太守张岱[14]疑其不实，以棘、萨各置一处，语[15]棘云："已为谘详[16]，听其相代。"棘颜色甚悦，答云："得[17]尔[18]，且则为不死。"又语萨，亦欣然曰："死自分甘[19]，但令兄免，萨有何恨[20]！"棘妻许又寄语属[21]棘："君当[22]门户，岂可委罪[23]小郎[24]。且大家[25]临亡，以小郎属[26]君，竟未妻娶，家道不立，君已有二儿，死复何恨。"（南朝·梁·沈约《宋书·孝义传·孙棘》）

**【注释】**

[1]孙棘：南朝刘宋时人，生卒年不详。彭城(今江苏省徐州市)人。

[2]世祖：南朝宋孝武帝刘骏。

[3]大明：南朝宋孝武帝刘骏年号，始于公元457年，止于公元464年。

[4]发三五丁：征发十五岁以上的壮丁。三五：指十五岁。丁：壮丁。

[5]萨：孙萨，孙棘之弟。

[6]坐：因为。

[7]结竟：这里指结案。

[8]诣：音易。到，到……去。

[9]乞：求。

[10]戮：杀头。

[11]孤：年幼丧父。

[12]恃：依靠。

[13]愍：音敏。哀怜，怜悯。

[14]张岱：时人。

[15]语：音玉。告诉，对……说。

[16]谘详：询问，审查。

[17]得:表示情况允许,有"能够"、"可以"的意思。

[18]尔:这样,如此。

[19]分甘:"分甘绝少"的省略,意思是自己受苦、让别人享受到甘甜。

[20]恨:遗憾。

[21]属:嘱托。这个意义后来写作"嘱"。

[22]当:掌管,主持。

[23]委罪:把罪责推给别人。

[24]小郎:旧时女子称丈夫之弟。

[25]大家:古代女子称丈夫的母亲。家:音姑。

[26]属:音主。委托,托付。

【译文】

孙棘,彭城人。刘宋世祖大明五年,征发壮丁,他的弟弟孙萨应该去,因为违反了日期没有按时到达。依照当时的制度,按照军法,应该交付狱理。还没有结案时,孙棘到郡里禀告说:"我不忍心让他担当一家的痛苦,恳求用自己来替代孙萨。"孙萨也道出自己的说辞:"自家门户建立不起来,我罪应至此,狂愚犯法,真是怨我自己,本来就应该依法杀头的。我们兄弟年幼时就失去父亲,那时我孙萨才三岁,一生依靠的人就只有我的哥哥孙棘了。哥哥虽然怜悯我,我又怎么能安心活在世上呢?"太守张岱怀疑他们兄弟二人说的不是真的,把孙棘、孙萨分别安排在不同的地方,对孙棘说:"已经问得很详细了,你弟弟允许你代替他死。"孙棘特别高兴,回答说:"能够这样,明天早晨弟弟就不用死了。"又对孙萨说了相同的话,他也高兴地说:"要死就要自己承担痛苦,只要能让兄长免去一死,我孙萨有什么遗憾的呢!"孙棘的妻子许氏又转寄话语嘱咐孙棘:"先生您主管门户,怎么能够把责任推脱到弟弟身上去呢。况且婆婆临死前,把弟弟托付给先生您,到现在他还没有娶妻,家道还没有完全建立,先生您已经有两个儿子了,死又有什么遗憾的呢。"

## 亲尝粪便

【原文】

南齐庾黔娄[1],为孱陵[2]令。至县未旬日[3],忽心惊汗流,即弃官归,时父疾始二日。医曰:"欲知瘥[4]剧[5],但[6]尝粪苦则佳。"黔娄尝之甜,心甚忧之。至夕,

稽颡[7]北辰[8],求以身代父死。(唐·姚思廉等《梁书·孝行传·庚黔娄》)

**【注释】**

[1]庚黔娄:南齐和帝时名士,生卒年不详。字子贞。新野(今河南省南阳市)人。

[2]孱陵:古地名,今湖北省公安县。

[3]旬日:十日。

[4]瘥:音柴。病愈。

[5]剧:严重,加剧。

[6]但:只,只是。

[7]稽颡:古代一种跪拜礼,屈膝下拜,以额触地,表示极度虔诚。颡:音嗓。

[8]北辰:北极星。

**【译文】**

南齐朝的庚黔娄,在孱陵县当县令。到孱陵县就任县令还没到十天,忽然心惊汗流,就弃官归家,到家时父亲病重才两天。大夫说:"如果想知道你父亲的病会痊愈还是病情加剧,只要尝一尝他的粪便就行,如果粪便的味苦则病会好的。"庚黔娄尝了以后感觉是甜味,因此心里非常忧虑。到晚上,磕头跪拜北极星,拜求神明,请求以身代替父亲去死。

# 赐食遗母

**【原文】**

(陈叔达[1])尝[2]赐食于御前,得蒲萄,执而不食。高祖[3]问其故,对曰:"臣母患口乾,求之不能致[4],欲归以遗[5]母。"高祖喟然[6]流涕曰:"卿有母遗乎!"因[7]赐物三百段。(后晋·刘昫等《旧唐书·陈叔达传》)

**【注释】**

[1]陈叔达:生于公元573年,卒于公元635年。字子聪。吴兴长城(今浙江省湖州市长兴县)人。陈宣帝顼之第十六子。初唐宰相,贞观时拜礼部尚书。

[2]尝:副词。曾,曾经。

[3]高祖:唐高祖李渊。

[4]致:得到。

[5]遗:音未。给,送给。

[6]喟然:慨叹的样子。喟:音溃。

[7]因:副词。于是,就。

【译文】

陈叔达曾经在皇帝面前接受皇帝赐予的食物,其中就有葡萄,他拿在手里不吃。高祖皇帝李渊就问他不吃的原因,他回答说:"我的母亲患有口干病,想要吃葡萄找不到,我想要回家后将这些葡萄送给母亲吃。"高祖皇帝李渊流着眼泪慨叹说:"爱卿你有母亲可以把东西带回家给她啊!"于是又赏赐很多东西。

## 庐墓喑默

【原文】

梁文贞[1],虢州阌乡[2]人。少从军守边,逮[3]还,亲已亡。自伤不得养,即[4]穿圹[5]为门,晨夕汛[6]扫,庐[7]墓左,喑默[8]三十年,家人有所问,画文以对。(北宋·欧阳修、宋祁等《新唐书·孝友传·梁文贞》)

【注释】

[1]梁文贞:初唐大孝子,生卒年不详。

[2]虢州阌乡:古地名,今河南省灵宝市。阌:音文。

[3]逮:及,等到。

[4]即:就。

[5]圹:音况。坟墓,墓穴。

[6]汛:洒水,浇水。

[7]庐:茅屋。这里是名词活用为动词。建造茅屋。

[8]喑默:沉默不言。喑:音因。缄默,不说话。

【译文】

梁文贞,虢州阌乡人。少年参军戍守边关,等到从边关归来,父母都已经辞世。内心特别悲伤不能够奉养父母,就把父母的墓穴开凿出小门,早晚洒水扫除,在父母坟墓的左侧建造草庐,静默无声陪伴长达三十多年,家里人如果有什么问的,他就在地上画图或文字来答对。

## 代使绝域

**【原文】**

仁杰[1]孝友绝伦[2],在并州,有同府法曹[3]郑崇质[4],母老且病,当充使绝域[5]。仁杰谓曰:"太夫人[6]有危疾,而公远使,岂可贻[7]亲万里之忧!"乃诣[8]长史[9]蔺仁基[10],请代崇质而行。时仁基与司马[11]李孝廉[12]不协[13],因[14]谓曰:"吾等岂独无愧耶[15]?"由是[16]相待如初。(后晋·刘昫等《旧唐书·狄仁杰传》)

**【注释】**

[1]仁杰:即狄仁杰,生于公元630年,卒于公元700年。字怀英。并州太原(今山西省太原市)人。唐代著名政治家,以不畏权贵、犯颜直谏著称。死后谥号文惠,后又追赠司空、梁国公。

[2]绝伦:无与伦比,同类中无可比拟者。

[3]法曹:指古代的司法机关或司法官员。

[4]郑崇质:初唐人,生卒年不详。

[5]绝域:指遥远的边疆或远方的国家。

[6]太夫人:古代称官僚或豪绅的母亲为太夫人。

[7]贻:音姨。留下。

[8]诣:音易。禀报,禀告。

[9]长史:古代官名,亦称别驾,为幕僚之长。

[10]蔺仁基:初唐人,生卒年不详。

[11]司马:古官职名,与司徒、司空、司士、司寇并称五官,掌军政和军赋。隋唐以后为兵部尚书的别称。

[12]李孝廉:初唐人,生卒年不详。

[13]协:和谐,融洽。

[14]因:副词。于是,就。

[15]耶:音爷。句末语气词,表示疑问或反问,相当于现代汉语的"吗"或"呢"。

[16]由是:从此。

**【译文】**

狄仁杰对朋友仁义无与伦比。在并州的时候,有一位任法曹的同事叫郑崇质,他的母亲年老有病,这时朝廷让他去充当使者出使遥远的边疆国家。狄仁杰对他说:"您的母亲有重病在身,而你出使遥远,怎么可以留给母亲这么遥远距离的思念呢!"于是禀告长史蔺仁基,请帮忙替代崇质前往。以前蔺仁基与司马李孝廉不和,狄仁杰就对蔺仁基说:"我们这些人难道自己就没有愧对别人的地方吗?"从此蔺仁基与李孝廉相互对待如同以往。

## 躬事继母

【原文】

(江梦孙[1])既还家[2],门生弟子复[3]至,乃率身耕稼,躬[4]事[5]继母。旦[6]则冠带[7]入门温凊[8],亲馈[9]饮馔[10]。退更[11]常服,力操耒耜[12]耨耘[13]。暮而归,易[14]衣视膳毕,然后就庠序[15]集门生弟子说释经义如故。(北宋·龙衮《江南野史》)

【注释】

[1]江梦孙:生卒年不详。字聿条。浔阳(今江西省九江市)人。五代十国时名士。

[2]还家:这里指罢官回家。

[3]复:再,又。

[4]躬:亲身,亲自。

[5]事:侍奉。

[6]旦:清晨,早晨。

[7]冠带:名词活用为动词。戴帽子,系带子。

[8]温凊:"温凊定省"的省略。古代子女奉养父母之礼,这里形容对继母尽心侍奉。

[9]馈:送。

[10]饮馔:饮食。馔:音篆。

[11]更:换。

[12]耒耜:音垒四。农具的总称。

[13]耨耘:除草。

[14]易:更换。

[15]庠序:学校或书院等屋舍。庠:音祥。

【译文】

江梦孙已经罢官回到家中,以前的门生弟子等就又聚集在他身边,他就亲自率领他们从事农耕,亲身侍奉继母。早晨就穿好衣服系好衣带、戴好帽子进屋问候母亲,亲自服侍继母吃饭。退出后换掉日常穿的衣服,亲自拿起农具除草。晚上回来后,换衣服看着继母吃完饭,然后到学校去集合门生弟子们像以往一样给他们说解经义。

## 泣祷取鳜

【原文】

查道[1]字湛然,歙州休宁人。道幼沉嶷[2]不群[3],罕言笑,喜亲笔砚,文徽[4]特爱之。未冠[5],以词业称。侍母渡江,奉养以孝闻。母尝[6]病,思鳜[7]羹,方[8]冬苦寒,市[9]之不获。道泣祷于河,凿冰取之,得鳜尺许[10]以馈,母疾寻[11]愈。(元·脱脱等《宋史·查道传》)

【注释】

[1]查道:生于公元955年,卒于公元1018年。字湛然。北宋歙州休宁(今安徽省黄山市休宁县)人。查元方之子。幼沉静不群,罕言笑,喜亲笔砚,以词学著称。后举进士,寇准荐为著作佐郎,后迁刑部员外郎、龙图阁侍制。秉性纯厚,以孝闻名。

[2]嶷:通"疑"。安定,停止。

[3]不群:不平凡,高出同辈平常人。

[4]文徽:查道的爷爷查文徽,五代南唐大臣,侍后主李煜,官至枢密副使。

[5]冠:音贯。古代的一种礼仪。男子二十岁举行冠礼,表示已经成人。

[6]尝:副词。曾,曾经。

[7]鳜:音贵。鳜鱼。

[8]方:副词。正值。

[9]市:买。

[10]许:左右。

[11]寻:副词。马上,不久。

**【译文】**

　　查道,字湛然,安徽歙州休宁人。查道幼年时沉静稳重高于平常人,很少言谈嬉笑,但喜欢接近笔墨纸砚,他的爷爷查文徽特别喜爱他。未成年时便以诗词著称于世。后来,陪侍母亲渡过长江到别的地方居住,以孝闻名于天下。母亲曾生病,想吃鳜鱼汤,当时正值数九寒冬,买不到鳜鱼。查道到河边哭泣祷告河神,戳开河中坚冰,得到一尺左右长的鳜鱼献给母亲,母亲的疾病不久就痊愈了。

## 绝酒孝母

**【原文】**

　　郭琮[1],台州黄岩人。幼丧父,事[2]母极恭顺。娶妻有子,移居母室。凡母之所欲,必亲奉之。居常不过中食,绝饮酒茹[3]荤者三十年,以祈[4]母寿。母年百岁,耳目不衰,饮食不减,乡里异[5]之。至道[6]三年,诏书存恤孝悌,乡老陈赞[7]率同里四十人状[8]琮事于转运使以闻,有诏旌表[9]门闾[10],除其徭役。明年,母无疾而终。琮哀号几乎灭性,乡间[11]率[12]金帛[13]以助葬。(元·脱脱《宋史·孝义传·郭琮》)

**【注释】**

[1] 郭琮:北宋初人,生卒年不详。

[2] 事:侍奉。

[3] 茹:音如。吃。

[4] 祈:祈求,祈祷。

[5] 异:形容词的意动用法。感到惊异。

[6] 至道:宋太宗赵炅年号,始于公元995年,止于公元997年。

[7] 陈赞:人名,郭琮同乡之年长者。

[8] 状:文体的一种,用于下对上叙述事情。

[9] 旌表:古代官府为忠孝节义的人立牌坊赐匾额,以示表彰。

[10] 门闾:指门庭。闾:音驴。里巷的大门。

[11] 乡间:乡亲,同乡。

[12] 率:这里指拿。

[13] 金帛:偏义复词。义在"帛"。

**【译文】**

郭琮是浙江台州黄岩人。年幼的时候没有了父亲,侍奉母亲特别孝顺。等到娶妻生子以后,搬到母亲的房屋去居住。只要是母亲想要的东西,他就一定要亲自给母亲。平时吃饭的时候不会超过半饱,不喝酒不吃荤菜长达三十年的时间,为的就是祈求母亲能够长寿。母亲活到一百岁的时候,视力和听力都没有减退,饭量也没有减少,乡里人都觉得很惊奇。到了至道三年,皇帝下诏书恩存体恤那些孝悌人士,乡里德高望重的老人陈赞率领同乡的四十多人共同把郭琮的事情写成事状呈给转运使进而上呈使皇帝知道,皇帝下诏书表彰郭琮家门,还免除了他家应该缴纳的赋税及所服徭役。第二年,郭琮的母亲在没有疾病的情况下自然离世。郭琮悲痛号叫,几乎断了气,乡里人都拿着布帛给老人送行。

## 弃官寻母

**【原文】**

寿昌[1]母刘氏,巽[2]妾也。巽守京兆[3],刘氏方娠[4]而出[5]。寿昌生数岁始归父家,母子不相闻五十年。行四方求之不置[6],饮食罕御[7]酒肉,言辄[8]流涕。用浮屠[9]法灼背烧顶,刺血书佛经,力所可致,无不为者。熙宁[10]初,与家人辞诀[11],弃官入秦,曰:"不见母,吾不反[12]矣。"遂得之于同州。刘时年七十余矣,嫁党氏,有数子,悉[13]迎以归。京兆钱明逸[14]以其事闻[15],诏还就官,由是[16]以孝闻天下。自王安石、苏颂、苏轼以下,士大夫争为诗美[17]之。寿昌以养母故,求通判河中府。数岁母卒,寿昌居丧几[18]丧明。既葬,有白乌[19]集墓上。拊[20]同母弟妹益笃[21]。(元·脱脱等《宋史·孝义传·朱寿昌》)

**【注释】**

[1]寿昌:即朱寿昌,生于公元1014年,卒于公元1083。字康叔。北宋扬州天长(今安徽省天长市)人。

[2]巽:朱巽,朱寿昌的父亲。

[3]京兆:长安(今陕西省西安市)及其附近地区的古称。

[4]娠:音身。怀孕。

[5]出:使出,遗弃。

[6]置:放弃。

[7]御:用。

[8]辄:副词。就。

[9]浮屠:佛陀,佛。

[10]熙宁:宋神宗赵顼年号,始于1068年,止于1078年。

[11]诀:分别,辞别。

[12]反:返回。这个意义后来写作"返"。

[13]悉:皆,都。

[14]钱明逸:生于公元1015年,卒于公元1071年。字子飞。北宋钱塘(今浙江省杭州市)人。仕仁宗、英宗、神宗三朝,卒赠礼部尚书。

[15]闻:使动用法。使皇帝听闻。

[16]由是:因此。

[17]美:形容词的意动用法。赞美。

[18]几:几乎。

[19]乌:乌鸦。

[20]拊:同"抚"。抚养。

[21]笃:忠实,一心一意。

**【译文】**

朱寿昌的母亲刘氏是朱巽的妾。朱巽镇守京兆时,怀孕中的刘氏被朱巽休了。朱寿昌出生后好几年才回到朱巽家,从此母亲刘氏五十年没有了音讯。他四方打听生母刘氏的下落一直没有放弃,饮食基本没有酒肉,说起母亲就痛哭流涕。朱寿昌依照佛法,灼背烧顶,以示虔诚。只要是自己的力量能达到的,他什么都会去做。宋神宗熙宁初年,他与家人远别,辞官去寻找母亲,并对家人说:"找不到母亲,我发誓不会回来的。"于是朱寿昌终于在同州找到了自己的生身母亲。他的母亲刘氏已经七十多岁了,改嫁党氏,又有子女数人,寿昌把他们全部接回家。京兆官员钱明逸把朱寿昌的事迹上报给了皇上,皇上下诏书赐官,因此朱寿昌因为孝行闻名天下。从王安石、苏颂、苏轼等人往下,一些文人士大夫们都争着作诗赞颂他。朱寿昌为了奉养母亲方便,恳求做河中府的通判。几年后母亲去世了,他在守丧期间悲伤得几乎失明了。埋葬完毕后,有白色的乌鸦成群地停集在坟墓上。朱寿昌抚养同母的弟弟妹妹们一天比一天忠实用心。

## 涤亲溺器

**【原文】**

庭坚[1]性笃孝,母病弥[2]年,昼夜视颜色,衣不解带。及亡,庐[3]墓下,哀毁[4]得疾几[5]殆[6]。(元·脱脱《宋史·黄庭坚传》)

黄庭坚,字鲁直,号山谷。元符[7]中为太史[8]。性至孝,身虽贵显,奉母尽诚。每夕为亲涤[9]溺器[10],未一刻不供子职。(元·郭居敬《二十四孝》)

**【注释】**

[1]庭坚:即黄庭坚,生于公元1045年,卒于公元1105年。字鲁直,号山谷道人。洪州分宁(今江西省九江市修水县)人。北宋著名文学家、书法家,江西诗派开山之祖。与杜甫、陈师道、陈与义并称"一祖三宗"。诗歌与苏轼并称为"苏黄",书法与苏轼、米芾、蔡襄并称为"宋代四大家"。

[2]弥:整,满。

[3]庐:草屋。在这里是名词活用为动词,筑草屋。

[4]哀毁:因悲伤异常而毁损其身。

[5]几:几乎。

[6]殆:危险。这里指停止呼吸,极言特别悲切。

[7]元符:北宋哲宗赵煦年号,始于公元1098年,止于公元1101年。

[8]太史:古官名,宋代时主要掌管推算历法等。

[9]涤:洗涤。

[10]溺器:盛小便的器物。

**【译文】**

黄庭坚性情纯孝,母亲病了一年多,他日夜察看母亲的颜色,每日连衣带都不解。等到母亲死了以后,他筑草屋在坟墓旁守孝,哀伤成疾几乎丧命。

黄庭坚字鲁直,号山谷。在宋哲宗元符年间曾为太史。他情性至孝,虽然身为高官尊贵显赫,但侍奉母亲竭尽诚意。每天晚上,他都亲自为母亲洗涤便溺器皿,没有一刻不尽到孝子的职责。

## 剖果争狱

**【原文】**

郑濂[1],字仲德,浦江人。其家累世[2]同居,凡三百年。郑氏家法,代以一人主家政。濂受知于太祖[3],昆[4]弟由是[5]显[6]。濂诣[7]京师,太祖问治家长久之道。赐之果,濂拜赐怀归,剖分家人。帝闻嘉叹,欲官[8]之,以老辞。时富室多以罪倾宗[9],而郑氏数千指独完。会[10]有诉郑氏交通[11]者,吏捕之,兄弟六人争欲行,濂弟湜[12]竟往。时濂在京师,迎谓曰:"吾居长,当任罪。"湜曰:"兄年老,吾自往辩。"二人争入狱。太祖召见曰:"有人如此,肯从人为逆耶[13]?"宥[14]之。(清·张廷玉等《明史·郑濂传》)

**【注释】**

[1]郑濂:生卒年不详。字仲德,别号采苓子。浦江义门(今浙江省金华市浦江县)人。其家累世同居,几三百年。明惠帝朱允炆以"孝义家"三字表其门。兄弟共撰《家范》三卷刊行。

[2]累世:好几代,数代。

[3]太祖:明太祖朱元璋。

[4]昆:兄。

[5]由是:因此。

[6]显:尊贵,显扬。

[7]诣:音易。到,到……去。

[8]官:名词活用为动词的使动用法,使……做官。

[9]倾宗:倾覆宗族。

[10]会:恰逢,正赶上。

[11]交通:勾结,串通。

[12]湜:即郑湜,郑濂之弟。湜:音十。

[13]耶:音爷。句末语气词,表示疑问或反问。相当于现代汉语的"吗"或"呢"。

[14]宥:音又。宽宥,赦免。

**【译文】**

郑濂,字仲德,是明朝时浦江人。他的家族几代人在一起共同生活,总计将近有三百年。郑家的家法,每代用一个人主持家政。郑濂受知于明太祖朱元璋,兄弟因此比较显贵。郑濂到京师,太祖问他治家长久的方法。赐给他鲜果,郑濂拜谢恩赐在怀里装着回到家,把鲜果剖开分给家族中人。皇帝听说后赞美称叹,想要让他出来做官,郑濂因为年老就推辞了。当时有钱人家很多都因为什么宗族倾覆了,但郑家却拥有几百口人偏偏完好。赶上有人诬告郑家勾结犯罪的京城大官,官吏抓捕他们,郑家兄弟六人抢着去,郑濂的弟弟郑湜争着前往。当时郑濂在京师,迎着弟弟说:"我年纪大,应当受罪。"郑湜说:"哥哥年纪大了,我就应该去和他们辩解一下。"二人抢着入狱。太祖召见他们说:"如果有人能像这样,难道肯跟从别人做些忤逆的事情吗?"于是宽宥了他们。

# 摩掌热父

## 【原文】

雷显宗[1],河南陈州人。诸生[2]。父病瘓[3],显宗摩掌热拊[4]父四支[5],二十七昼夜不倦,父良愈[6]。居数年,复病剧[7],侍汤药两月余,竟卒[8],哀毁柴立[9]。居母丧亦如之。(民国·赵尔巽《清史稿·雷显宗传》)

## 【注释】

[1]雷显宗:清康熙年间人,生卒年不详。以孝行闻于世。

[2]诸生:指儒生。

[3]瘓:瘫痪。

[4]拊:同"抚"。抚摩,按摩。

[5]支:通"肢"。四肢。

[6]良愈:指病好。

[7]剧:加剧,严重。

[8]卒:死,去世。

[9]哀毁柴立:形容在父母丧葬中因过度悲伤而瘦得像干柴一样。哀:悲哀。毁:损坏身体。柴:名词作状语。像干柴一样。

## 【译文】

雷显宗,河南陈州人。是个儒生。父亲生病瘫痪不起,显宗摩热手掌按摩父亲四肢,连续二十七个白天黑夜没有停止,父亲的病居然好了。过了几年,父亲的病复发而且更加严重,他服侍父亲喂汤药两个多月,但最终父亲还是去世了,他悲痛伤心身体瘦得就像干柴一样。母亲去世的时候他也伤心成这样。

## 绘容思父

【原文】

先生[1]性至孝。会[2]其父思之,绘己容以寄,亦令先生绘己容寄父。先生闻命惊怵[3],晨夕不安。故事[4],京察六年俸满,方得[5]请假归,先生仅四年,不合例。乃上疏自陈曰:"臣父思子不见,思见子之仪容;呼子不来,频呼子之名字。臣而忍此,不可以为人子,亦何以为人臣?"世祖览奏恻然[6],特许终养。(清·陈康祺《郎潜纪闻》)

性至孝,以母病陈情终养,为当事所格[7],曰:"吾岂以一官易[8]一日之养乎?"遂家居十年。(清·王晫《今世说·政事》)

【注释】

[1]先生:指史立庵。生卒年不详。字大成。浙江鄞县(今浙江省宁波市鄞州区)人。顺治时任礼部侍郎。

[2]会:恰逢,正赶上。

[3]惊怵:惊惧。怵:音触。恐惧。

[4]故事:原来的制度。

[5]方得:才能,才能够。

[6]恻然:悲伤的样子。

[7]格:阻碍,阻隔。

[8]易:换,交换。

【译文】

史立庵先生性情特别孝顺。当他的父亲思念他的时候,绘画出自己的容貌寄给先生,也让先生画出自己的画像寄给父亲。先生听到命令后非常恐惧,早晚不能安定。依照当时的制度,接受京师俸禄的官职须满六年才能请假回家,先生才四年,不符合当时的惯例。就上疏陈述自己的情况说:"我的父亲思念我却见不到我,就想见到我的仪容;叫我时我不能到他身边,就频繁地呼喊我的名字。我如果能忍心一直这样下去,就不能再做他的儿子了,又怎么能做别人的臣子呢?"世祖皇帝看了奏折内心很是悲伤,特意恩准先生回家养老。

先生性情特别孝顺,因为母亲生病,所以向官员陈述自己的实际情况恳求回家给母亲养老,被上面的长官按规矩拒绝了,他说:"我怎么能因为做一天官而让母亲失去一天亲儿的奉养呢?"于是就辞官回家养老十年。

# 一门四孝

【原文】

汪灏[1],江南休宁人。晨[2]、日昂、日升,其弟也。父病咯血,灏年十六,割股和[3]药进,良愈[4]。后数年病足,晨割股炼为末,敷[5]治亦愈。又数年复咯血,晨复割臂以疗。更[6]数年,疾大作,灏复割臂,勿瘳[7]。晨病,日昂泣曰:"吾兄割臂愈[8]父,吾不能割以愈吾兄乎?"众尼[9]之。懞[10]且仆[11],匠治棺,日升持匠斧断指,血淋漓,调药以饮[12]晨。有司[13]表[14]其门曰"一门四孝友"。(民国·赵尔巽等《清史稿·汪灏传》)

【注释】

[1]汪灏:清康熙时人,生卒年不详。工诗画。

[2]晨:汪晨,与下文的日昂、日升均为汪灏弟。

[3]和:混合,和拌。

[4]良愈:指病好。

[5]敷:敷治,平敷。

[6]更:又,再。

[7]瘳:音抽。病好,病愈。

[8]愈:痊愈。这里是不及物动词的使动用法,使……痊愈。

[9]尼:音逆。阻止。

[10]懞:音猛。心乱,昏迷。

[11]仆:音扑。向前跌倒。

[12]饮:及物动词的使动用法。使……喝。

[13]有司:指官员。古代设官分职,各有专司,故称有司。

[14]表:表彰,表扬。

【译文】

汪灏,江南休宁人。晨、日昂、日升,是汪灏的弟弟。父亲生病咯血,汪灏十六岁，割下大腿的肉与药和在一起喂父亲，父亲的病好了。后来过了多年父亲的脚生病，汪晨又割大腿的肉制成粉末，敷治使脚病得以治愈。又过了多年父亲又咯血，汪晨再割胳膊上的肉进行治疗。又过了多年，父亲的病更加严重，汪灏再次割手臂上的肉治疗，但是病始终没有好转。后来汪晨生病，汪日昂哭着说："我的哥哥割手臂上的肉使父亲的病好了，我难道就不能割肉把哥哥的病治好了吗？"身边的人都阻止他。汪晨昏迷快要死过去了，工匠为他打造棺材，汪日升拿起工匠的斧子砍断了手指，鲜血淋漓，调好药喂汪晨。地方官员旌表他家"一门四孝友"。

## 第三·诚信篇

  汉代的许慎在《说文解字》中说:"信者,诚也,实也。"信即诚实,也就是说一个人的言语不能虚妄,必须要符合事实。在中国古代儒家的思想体系中,它既是个人道德品质的修养,同时又是为政立国的根本。对于个人来说,诚信是立身之本,如果失掉诚信,人就无法立足于社会。而对于一个国家而言,诚信是生存的命脉,既高于兵,又高于食。

  诚信是中华民族古老悠久的传统美德,所有的优良品德,如孝、悌、仁、义、忠、恭、俭等,都是以诚信为基础发展而来的,所以古人言"诚者物之终始,不诚无物"(《中庸》)。诚信是衡量一个人品行的尺子,无论在什么时候、什么地方都可以用于检验一个人。古代有很多关于诚信的经典语录,如"轻诺必寡信"(《老子》)、"不精不诚,不能动人"(《庄子·渔父》)、"有所许诺,纤毫必偿;有所期约,时刻不易"(《袁氏世范·处己》)等等。

  诚信既是一种个人修养,也是一种道德行为。只有内心诚实,才能善待父母、善待朋友,进而维护更高层次的社会关系。社会生活实际上是建立在诚信的基础之上的,诚信既是一个人的立身之本,也是一个集体、民族、国家的生存之基。诚实的人,才能心智清明,择善而从。"失信不立"是亘古不变的人生哲理。

  本篇共选文二十八章。

## 曹沫迫齐

【原文】

桓公[1]与庄公[2]既盟于坛上,曹沫[3]执匕首劫齐桓公,桓公左右莫[4]敢动,而问曰:"子将何欲?"曹沫曰:"齐强鲁弱,而大国侵鲁亦甚矣。今鲁城坏即压齐境,君其图[5]之。"桓公乃许尽归鲁之侵地。既已言,曹沫投其匕首,下坛,北面就群臣之位,颜色不变,辞令如故。桓公怒,欲倍[6]其约。管仲[7]曰:"不可。夫[8]贪小利以自快,弃信于诸侯,失天下之援,不如与[9]之。"于是桓公乃遂割鲁侵地。曹沫三战所亡[10]地尽复[11]予[12]鲁。(西汉·司马迁《史记·刺客列传》)

【注释】

[1]桓公:即齐桓公,生于公元前716年,卒于公元前643年。姜姓,吕氏,名小白。春秋五霸之首,公元前685年至公元前643年在位。在位期间任管仲为相,推行改革,实行军政合一、兵民合一的制度,使齐国大盛。

[2]庄公:即鲁庄公,生于公元前706年,卒于公元前662年。姬姓,鲁氏,名同。春秋时期鲁国第十六任君主,鲁桓公之子。

[3]曹沫:春秋时期鲁国人,庄公武将,以力大勇猛著称。一说即"曹刿"。

[4]莫:否定性无定代词。没有人,没有谁。

[5]图:谋划,计划。

[6]倍:背叛,违背。

[7]管仲:生年不详,卒于公元前645年。名夷吾,谥"敬仲",史称管子。春秋时期齐国著名政治家、军事家。经鲍叔牙力荐,为齐国上卿,人称"春秋第一相",辅佐齐桓公成为春秋时期第一任霸主。

[8]夫:表示议论的发语词。不译。

[9]与:给。

[10]亡:丢失。

[11]复:又,重新。

[12]予:给,给予。

【译文】

齐桓公和鲁庄公在筑坛上结盟以后,曹沫手里拿着匕首挟持齐桓公,齐桓公左右的侍从没有一个人敢动,齐桓公于是问曹沫说:"你想要做什么?"曹沫说:"齐国强大而鲁国弱小,可是你们强大的齐国侵略鲁国也已经太过分了。现在鲁国都城的城墙倒下来就会压到齐国的边境。您还是好好考虑一下该怎么做吧。"齐桓公于是答应全部归还鲁国被侵占的国土。齐桓公说完以后,曹沫扔下匕首,走下筑坛,面朝北方坐在群臣的位置,脸色没有改变,说话跟原来一样若无其事。齐桓公很生气,想违背约定。管仲说:"不能这样做。如果为了贪图小利来使自己痛快,就会在诸侯面前失去信义,最终失去天下的援助,不如把土地给他们。"于是齐桓公就把所侵占的鲁国土地归还鲁国。曹沫多次战败所失去的土地全部又给了鲁国。

## 守信得原

【原文】

晋文公[1]攻原[2],裹[3]十日粮,遂与大夫期[4]十日。至原十日而原不下,击金[5]而退,罢兵而去。士有从原中出者,曰:"原三日即下矣。"群臣左右谏曰:"夫[6]原之食竭力尽矣,君姑[7]待之。"公曰:"吾与士期十日,不去[8],是[9]亡[10]吾信也。得原失信,吾不为也。"遂罢兵而去。原人闻曰:"有君如彼其信也,可无[11]归乎?"乃降公。卫[12]人闻曰:"有君如彼其信也,可无从乎?"乃[13]降公。(战国·韩非《韩非子·外储说左上》)

【注释】

[1]晋文公:生于公元前697年,卒于公元前628年。姬姓,名重耳。春秋时期著名的政治家,晋国国君,春秋五霸之一。晋献公之子,因其父立幼子为嗣,曾流亡国外十九年。后在秦国援助之下,于六十二岁时回国继位,在位九年去世。

[2]原:原国,古代中国周朝中原诸侯国,故址位于今河南省济源市。

[3]裹:包,缠。这里指携带。

[4]期:约定。

[5]金:锣,战争中用来退本部之兵的金属器具。

[6]夫:音服。指事代词。那,那个。

[7]姑:姑且。

[8]去:离开。

[9]是:指事代词。这,指代上文之"不去"。

[10]亡:失去。

[11]无:不。

[12]卫:卫国,春秋时期诸侯国,后亡于魏国。

[13]乃:于是,就。

【译文】

晋文公攻打原国,只携带着可供十天食用的粮食,于是和大夫们约定十天做期限,要攻下原国。可是到原国十天了,却没有攻下原国,晋文公便下令敲锣退兵,准备收兵回晋国。这时,有士人从原国回来报告说:"再有三天就可以攻下原国了。"晋文公身边的群臣也劝谏说:"原国的粮食已经吃完了,兵力也用尽了,请国君再等待一些时日吧!"晋文公语重心长地说:"我跟大夫们约定十天的期限,如果不回去,这就是失去我的信用啊!为了得到原国而失去诚信,我办不到。"于是下令撤兵回晋国去了。原国的百姓听说这件事,都说:"有君主像晋文公这样讲信义的,怎么可以不归附他呢?"于是原国的百姓纷纷归顺了晋国。卫国的人也听到这个消息,便说:"有君主像晋文公这样讲信义的,怎可不跟随他呢?"于是投降了晋文公。

## 季札挂剑

【原文】

延陵季子[1]将西聘[2]晋,带宝剑以过[3]徐君[4]。徐君观剑,不言而色[5]欲之。延陵季子为有上国[6]之使,未献也,然其心许之矣。使于晋,顾[7]反[8],则徐君死于楚。于是脱[9]剑致[10]之嗣君[11]。从者止之曰:"此吴国之宝,非所以赠也。"延陵季子曰:"吾非赠之也,先日吾来,徐君观吾剑,不言而其色欲之。吾为有上国之使,未献也。虽然,吾心许之矣。今死而不进,是[12]欺心也。爱剑伪[13]心,廉[14]者不为也。"遂脱剑致之嗣君。嗣君曰:"先君无命,孤[15]不敢受剑。"于是季子以剑带[16]徐君墓树而去[17]。徐人嘉[18]而歌[19]之曰:"延陵季子兮不忘故[20],脱千金之剑兮带丘[21]墓。"(西汉·刘向《新序·杂事》)

【注释】

[1]延陵季子:即季札,生于公元前576年,卒于公元前484年。姬姓,名札,又称公子札、延陵季子。春秋时期吴国人,吴王寿梦少子。中国历史上南方第一位儒学大师,也被称为"南方第一圣人"。

[2]聘：访问，指古代诸侯之间或诸侯与天子之间派使节问候。

[3]过：探望，拜访。

[4]徐君：徐国国君。

[5]色：脸色，神情。

[6]上国：指春秋时期中原一带的诸侯国。

[7]顾：顾念，惦记。

[8]反：返回。这个意义后来写作"返"。

[9]脱：解下。

[10]致：送，送给。

[11]嗣君：指徐国继上文"徐君"即位的君主。

[12]是：指示代词。这。

[13]伪：欺诈。

[14]廉：正直。

[15]孤：幼年死去父亲的人。这里是徐国嗣君对自己的称谓。

[16]带：佩带。这里指挂。

[17]去：离开。

[18]嘉：形容词的意动用法。赞美。

[19]歌：为动用法。为之编歌。

[20]故：故旧。

[21]丘：坟墓。常"丘墓"、"丘陇"等连用。

## 【译文】

延陵季子要到西边去访问晋国，佩带宝剑拜访了徐国国君。徐国国君观赏季子的宝剑，不说话但脸色流露出想要宝剑的意思。延陵季子因为还有出使上国的任务，就没有把宝剑送给徐国国君，但是他心里已经答应给他了。季子出使晋国，心中想念着回来，可是徐君却已经死在楚国。于是，季子解下宝剑送给继位的徐国国君。随从人员阻止他说："这是吴国的宝物，不是用来作赠礼的。"延陵季子说："我不是赠给他的。前些日子我经过这里，徐国国君观赏我的宝剑，嘴上没有说什么，但是他的脸色流露出想要这把宝剑。我因为有出使上国的任务，就没有献给他。虽然是这样，但在我心里已经答应给他了。如今他死了，就不再把宝剑进献给他，这是欺骗我自己的良心。因为爱惜宝剑而违背自己的良心，正直的人是不会这样做的。"于是解下宝剑送给了继位的徐国国君。继位的徐国国君说："先君没有留下遗命，我不敢接受宝剑。"于是，季子把宝剑挂在了徐国国君坟墓边的树上就走了。徐国人赞美延陵季子，为他编做歌谣："延陵季子啊不忘记旧交，解下贵重的宝剑挂在坟边的树上。"

## 曾子杀彘

【原文】

曾子[1]之妻之[2]市[3]，其子随之而泣。其母曰："女[4]还，顾[5]反[6]为女杀彘[7]。"适[8]市来[9]，曾子欲捕彘杀之。妻止之曰："特[10]与婴儿戏[11]耳[12]。"曾子曰："婴儿非与戏也。婴儿非有知也，待[13]父母而学者也，听父母之教。今子[14]欺之，是[15]教子欺也。母欺子，子而[16]不信其母，非所以成教也[17]。"遂[18]烹[19]彘也。（战国·韩非《韩非子·外储说左上》）

【注释】

[1]曾子：即曾参，生于公元前505年，卒于公元前432年。字子舆。春秋末年鲁国人，孔子的弟子，后世尊称为曾子。性情沉静，举止稳重，为人谨慎，待人谦恭，以孝著称。曾提出"慎终追远，民德归厚"的主张和"吾日三省吾身"的修养方法。据传以修身为主要内容的《大学》是他的作品。

[2]之：到……去。

[3]市：集市。

[4]女：第二人称代词。你，你们。这个意义后来写作"汝"。

[5]顾：惦记，想着。

[6]反：回来，返回。这个意义后来写作"返"。

[7]彘：音至。猪。

[8]适：往，去。

[9]来：回，回来。

[10]特：不过，只是。

[11]戏：开玩笑。

[12]耳：语气词。相当于"而已"、"罢了"。

[13]待：依赖。

[14]子：你，对对方的尊称。

[15]是：代词。复指前文"今子欺之"，可译为"这"。

[16] 而:则,就。

[17] 非所以成教也:这样做就不能把孩子教育好。

[18] 遂:于是,就。

[19] 烹:音砰。烧煮。

## 【译文】

曾子的妻子到集市上去,她的儿子跟随着她在哭泣。他们的母亲说:"你们回去,我想着回来杀猪给你们吃。"她刚从集市上回来,曾子就要捉猪去杀。她就劝止说:"只不过是跟孩子们开玩笑罢了。"曾子说:"孩子是不能跟他们开玩笑的!小孩子没有思考和判断能力,要向父母学习,听从父母亲给予的正确的教导。今天你欺骗儿子,这是在教育孩子学习欺诈。母亲欺骗孩子,孩子就会不相信母亲。这样做就不能把孩子教育好。"于是杀了猪煮肉给孩子们吃。

# 魏侯期猎

## 【原文】

魏文侯[1]与虞人[2]期[3]猎。是日,饮酒乐,天雨[4]。文侯将出,左右曰:"今日饮酒乐,天又雨,公将焉[5]之[6]?"文侯曰:"吾与虞人期猎,虽乐,岂可不一[7]会期哉!"乃往,身自罢之[8]。魏于是乎始强。(北宋·司马光《资治通鉴·魏文侯书》)

## 【注释】

[1] 魏文侯:生于公元前472年,卒于公元前396年。姬姓,魏氏,名斯。战国时期魏国的建立者。公元前445年即位。礼贤下士,师事子夏、田子方、段干木等人,任用李悝、翟璜为相,乐羊、吴起为将,使魏国大盛。

[2] 虞人:管理山林的小官员。

[3] 期:约定。

[4] 雨:名词活用为动词。下雨。

[5] 焉:疑问代词。什么地方,哪里。

[6] 之:去。

[7] 一:语气助词。加强语气,不译。

[8] 身自罢之:亲自取消了这次活动。罢:停止,罢止。

【译文】

魏文侯与管理森林的一个小官约好了去打猎。这天,魏文侯与臣子饮酒,天又下起雨来。文侯将要出去赴约。左右官员们说:"今天您喝了酒,天又下雨,您还要去哪里呢?"文侯说:"我与管理森林的官员约好了去打猎,即使在这里饮酒很快乐,又怎么能不去赴约呢?"文侯于是前往,亲自去取消了打猎的活动。魏国于是开始变得强盛。

## 待友而食

【原文】

昔[1]吴起[2]出,遇故人,而止之食。故人曰:"诺。今反[3]而御[4]。"起曰:"待公而食。"故人至暮不来,起不食待之。明日早,令人求故人。故人来,方[5]与之食。(战国·韩非《韩非子·外储说左上》)

【注释】

[1]昔:往昔,当初。

[2]吴起:生于公元前440年,卒于公元前381年。战国初期著名军事家、政治家,兵家主要代表人物。一生历侍鲁、魏、楚三国,通晓兵家、法家、儒家思想,在内政、军事上都有极高的成就。后世把他和孙武并称为"孙吴",《孙子》与《吴子》又合称为《孙吴兵法》,在中国古代军事典籍中占有重要地位。

[3]反:返回,回来。这个意义后来写作"返"。

[4]御:这里的意思是吃饭。

[5]方:副词。才。

【译文】

从前吴起外出,遇到老朋友,就留他吃饭。老朋友说:"好啊。等我回来到你家吃饭。"吴起说:"我在家里等待您一起进餐。"可是老朋友到了傍晚还没有来,吴起不吃饭等他。第二天早晨,吴起派人去找老朋友,老朋友来了,才同他一起进餐。

## 市肉啖子

**【原文】**

孟子[1]少时,东家杀豚[2],孟子问其母曰:"东家杀豚何为?"母曰:"欲啖[3]汝。"其母自悔而言曰:"吾怀妊[4]是[5]子,席不正不坐,割[6]不正不食,胎教之也。今适[7]有知而欺之,是[8]教之不信也。"乃买其东家豚肉以食[9]之,明[10]不欺也。(西汉·韩婴《韩诗外传》)

**【注释】**

[1]孟子:生于公元前372年,卒于公元前289年。名轲,字子舆。战国时期邹国人。著名思想家、教育家,儒家思想主要代表人物。孟子及其门人著有《孟子》一书。孟子继承并发扬了孔子的思想,对后世中国文化的影响巨大,有"亚圣"之称,与孔子合称为"孔孟"。

[2]豚:音屯。猪。

[3]啖:吃。这里是使动用法,使……吃。

[4]妊:音认。怀孕。

[5]是:指示代词。这,这个。

[6]割:切肉。

[7]适:副词。刚刚。

[8]是:指示代词。复指前文之"有知而欺之"。

[9]食:使动用法。给……吃。

[10]明:表明,证明。

**【译文】**

孟子少年时,有一次邻居家杀猪。孟子问他的母亲说:"邻居家为什么杀猪?"孟子的母亲说:"要给你吃肉。"他的母亲说完就后悔了,说:"我怀着这个孩子的时候,席子摆得不正,我不坐,肉割得不正,我不吃,这都是对这个孩子的胎教。现在他刚刚懂事而我却欺骗他,这是在教他不讲信用啊。"于是买了邻居家的猪肉给孟子吃,以证明她没有欺骗他。

# 郭伋待期

**【原文】**

始至行部[1],到西河美稷[2],有童儿数百,各骑竹马,道次[3]迎拜。伋[4]问:"儿曹[5]何自远来?"对曰:"闻使君[6]到,喜,故来奉迎。"伋辞谢之。及[7]事讫[8],诸儿复送至郭[9]外,问:"使君何日当还?"伋谓别驾从事[10]计日告之。行部既还,先期一日,伋为违信于诸儿,遂止于野亭,须[11]期乃[12]入。(南朝·宋·范晔《后汉书·郭伋传》)

**【注释】**

[1]行部:巡行所属部域,考核政绩。

[2]西河美稷:汉西河郡美稷县,故城在今内蒙古自治区准格尔旗之北。

[3]道次:路旁,沿途。

[4]伋:即郭伋(音及),生于公元前39年,卒于公元47年。字细侯。东汉扶风茂陵(今陕西省兴平市)人。官至太中大夫。

[5]曹:辈,可译为现代汉语的"们"。

[6]使君:汉代称呼太守或刺史为使君。

[7]及:等到。

[8]讫:音气。终了,完毕。

[9]郭:城的外围加筑的城墙。

[10]别驾从事:官名,类似于今天的随行秘书。

[11]须:等待。

[12]乃:副词。才。

**【译文】**

郭伋到任不久巡行部属,到西河郡美稷县,有几百个儿童,每个人都骑着竹马,在路旁拜迎。郭伋问:"孩子们为什么自己远来?"孩子们回答说:"听说使君来到,很高兴,所以来欢迎。"郭伋辞让致谢。等到事情办完,孩子们又送到城外,问他:"使君哪一天能回来?"郭伋叫别驾从事计算日程告诉了他们。等到巡视回来,比原定日期早了一天。郭伋怕失信于孩子们,于是在野外亭中歇宿,等到预定时期才进城。

## 陈寔期友

**【原文】**

陈太丘[1]与友期行[2],期日中,过中不至,太丘舍去[3],去后乃至。元方[4]时年七岁,门外戏。客问元方:"尊君在不[5]?"答曰:"待君久不至,已去。"友人便怒:"非人哉!与人期行,相委[6]而去!"元方曰:"君与家君[7]期日中。日中不至,则是无信;对子骂父,则是无礼。"友人惭[8],下车引[9]之,元方入门不顾[10]。(南朝·宋·刘义庆《世说新语·方正》)

**【注释】**

[1]陈太丘:即陈寔,生于公元104年,卒于公元187年。名寔(音时),字仲弓。东汉颍川许(今河南省许昌市)人。做过太丘(古县名,故址在今河南省永城县西北)县令。

[2]期行:相约同行。期:约定。

[3]舍去:放弃等待而离开。舍:放弃,这里指放弃等待。去:离开。

[4]元方:陈纪,字元方,陈太丘的长子。

[5]尊君在不:你父亲在吗?尊君:对别人父亲的一种尊称。不:音否。相当于"否"。

[6]委:丢下,舍弃。

[7]家君:谦词。对人称自己的父亲。

[8]惭:形容词的意动用法。对元方的回答感到惭愧。

[9]引:拉,这里是表示友好的动作。

[10]顾:回头看。

**【译文】**

陈太丘和朋友相约同行,约定的时间是正午,过了正午后友人仍没有到达,陈太丘就不再等候自己走了,他离开以后友人才到。陈太丘的儿子陈元方这年七岁,当时正在门外玩耍。客人问元方说:"你父亲在不在?"他回答说:"父亲等您很久都不到,已经离开了。"友人听了便大怒说:"简直不是人啊!和人约好了同行,却丢下我就自己走了。"元方说:"您与家父约定正午,到了正午还不到,这就是不讲信义;对着儿子骂他的父亲,这就是没有礼貌。"友人感到惭愧,走下车来拉他,元方径直走入自己家门不回头看他。

# 千里结言

【原文】

范式[1],字巨卿,山阳金乡人也。少游太学[2],为诸生[3],与汝南张劭[4]为友。劭字元伯。二人并告[5]归乡里。式谓元伯曰:"后二年当还,将过[6]拜尊亲,见孺子[7]焉。"乃共克[8]期日。后期方[9]至,元伯具[10]以白[11]母,请设馔[12]以候之。母曰:"二年之别,千里结言[13],尔[14]何相信之审[15]邪[16]?"对曰:"巨卿信士,必不乖违[17]。"母曰:"若然,当为尔酝[18]酒。"至其日,巨卿果到,升堂拜饮,尽欢而别。(南朝·宋·范晔《后汉书·独行传》)

【注释】

[1]范式:生卒年不详。字巨卿。东汉山阳郡金乡(今山东省济宁市金乡县)人。东汉名士,曾任郡功曹、荆州刺史、庐江太守等职。重友情,讲信义,为时人所颂。

[2]太学:汉朝设在京城的最高学府。

[3]诸生:众多有知识学问的人,也就是儒生。

[4]张劭:东汉汝南人,生卒年不详,与范式友善。

[5]告:请假。

[6]过:拜访,探问。

[7]孺子:孩子,儿童。

[8]克:约定,限定。

[9]方:将,将要。

[10]具:完全,都。

[11]白:告诉,陈述。

[12]馔:音篆。食物,多指美食。

[13]结言:用言辞订约。

[14]尔:第二人称代词。你。

[15]审:确定,确实。

[16]邪:音爷。疑问语气词。相当于现代汉语的"吗"、"呢"。

[17]乖违:违背。乖:违背,不协调。

[18]酝:酿酒。

**【译文】**

范式,字巨卿,是山阳金乡人。年轻时在太学求学,是众多有知识有学问的年轻人中的一员,与汝南郡张劭是同窗好友。张劭字元伯。两人一起请假离开太学返乡。范式对张劭说:"二年后返回太学读书,我将到你家拜见你的父母,见一见你的孩子。"于是一起约定好了日期。当约好的日期将要到的时候,张劭把这件事都告诉了他的母亲,请求他母亲准备酒菜招待范式。母亲问:"两年前分手时,千里之外约定的话,你就那么确定他会来拜访吗?"张劭回答:"范式是一个讲信用的人,他一定不会违约的。"母亲说:"如果真的是这样,那我就为你们酿酒。"到了约好的那日,范式果然来到。大家登上大厅一起饮酒,尽情欢快然后分别了。

# 贱值卖猪

**【原文】**

穆[1]尝[2]养猪,猪有病,使人卖之于市,语[3]之言:"如售,当告买者言病,贱取其值,不可言无病,欺人取贵价也。"卖猪者到市即售,亦不言病,其值过价。穆怪之,问其故。赍[4]半值追以还买猪人。告语言:"猪实病,欲贱卖,不图[5]卖猪人相欺,乃取贵值。"买者言卖买私约,亦复辞钱不取。穆终不受钱而去[6]也。(南朝·宋·范晔《后汉书·方术传》)

**【注释】**

[1]穆:即公沙穆,生卒年不详。字文义。东汉北海胶东(今山东省平度市)人。公沙穆的五个儿子都有名气,时人称"公沙五龙"。

[2]尝:副词。曾,曾经。

[3]语:音玉。告诉。

[4]赍:音机。携带。

[5]图:料想。

[6]去:离开。

**【译文】**

公沙穆曾经养猪,猪有病,他便命人到集市上把猪卖了,公沙穆告诉要去卖猪的人说:"如果能卖掉,一定要告诉买猪的人,这头猪有病,价格应该便宜一些,不能说它无病,欺骗人家来获取比较贵重的价格。"卖猪的人到了市场就把猪给卖掉了,并不说这头猪有病,仍然按原价售卖。公沙穆责怪卖猪人,问他为什么要这么做。公沙穆拿着卖病猪赚得的钱的一半,追上买猪人还给他。并告诉那人:"你买的猪其实是头病猪,我想便宜一点儿卖掉它,没料到卖猪的人欺骗了你,而且索要了比较贵重的价格。"买猪人说既然是买卖,那么价格都已定好,也坚决推辞不要这钱。公沙穆最终还是不接受(坚持要将钱还给买猪人)离开了。

# 一言便定

【原文】

柔[1]尝[2]在路得人所遗[3]金珠一贯,价直[4]数百缣[5],柔呼主还之。后有人与[6]柔铧[7]数百枚者,柔与子善明鬻[8]之于市。有从柔买,索[9]绢二十匹。有商人知其贱,与柔三十匹,善明欲取之。柔曰:"与人交易,一言便定,岂可以利动心也。"遂[10]与之。搢绅[11]之流,闻而敬服焉。(北齐·魏收《魏书·赵柔传》)

【注释】

[1]柔:即赵柔,生卒年不详。字元顺。金城(今甘肃省兰州市)人。北魏世祖拓跋焘时内迁入中原。以德行才学知名河右。

[2]尝:副词。曾,曾经。

[3]遗:丢失。

[4]直:通"值"。价值。

[5]缣:音兼。细绢。

[6]与:给。

[7]铧:音猾。犁,翻土农具。

[8]鬻:音玉。卖。

[9]索:要。

[10]遂:于是,就。

[11]搢绅:古代穿儒服的读书人。

【译文】

赵柔曾经在路上捡到别人丢失的一贯金珠,价值数百匹细绢,赵柔立即叫回失主并把金珠还给了他。后来有人赠送给赵柔数百枚犁铧,赵柔就和儿子善明一起去集市上卖。有个人要买赵柔的铧,赵柔向他要价二十四绢。有商人知道他的要价太低,要给他三十匹绢来买,善明便打算卖给这个商人。赵柔说:"和别人做交易,一句话说了就好了,怎么可以因为利益而改变心意呢?"于是卖给了原来那个人。当时的读书人听说此事后,都对赵柔尊敬佩服。

# 世道还钱

【原文】

尝[1]与人共于山阴[2]市[3]货物,误得一千钱,当时不觉,分背[4]方悟[5]。请其伴求以此钱追还本主,伴大笑不答。世道[6]以己钱充数送还之,钱主惊叹,以半直[7]与[8]世道,世道委[9]之而去[10]。(南朝·梁·沈约《宋书·孝义传》)

【注释】

[1]尝:副词。曾,曾经。

[2]山阴:古地名,今浙江省绍兴市。

[3]市:卖。

[4]背:分手,离开。

[5]悟:发觉。

[6]世道:即郭世道,生卒年不详。浙江永兴(今浙江省杭州市萧山区)人。以德行仁厚、孝敬继母闻名于当时,宋文帝刘义隆时征为孝廉,不应。

[7]直:通"值"。价值,这里指钱。

[8]与:给,送给。

[9]委:放置,舍弃。

[10]去:离去,离开。

【译文】

郭世道曾经和别人一起在山阴卖货物,买货物的人多付了一千钱,当时不知道,分别之后才发觉。他请同伴把这一千钱追还给买主,同伴大笑却不答应这么做。郭世道就用自己的钱送还给这钱的主人。钱的主人对他的行为很惊叹,把一半钱要送给郭世道,郭世道把钱留在那里就离开了。

# 不侮暗室

【原文】

时[1]郡县田禄[2]，以芒种为断。此前去官者，则一年秩禄[3]皆入后人。此后去官者，则一年秩禄皆入前人。始以元嘉[4]末改此科，计月分禄。长之[5]去武昌郡，代人未至，以芒种前一日解印绶[6]。初发京师，亲故或以器物赠别，得便缄[7]录，后归，悉[8]以还之。在中书省直[9]，夜往邻省，误着履[10]出阁，依事自到门下[11]，门下以暗夜人不知，不受列。长之固[12]遣送之，曰："一生不侮[13]暗室。"前后所莅[14]官，皆有风政[15]，为后人所思。宋世言善治者，咸[16]称之。（南朝·梁·沈约《宋书·良吏传》）

【注释】

[1]时：当时。

[2]田禄：先秦时期卿大夫的俸禄来自采地或公田，故称田禄。后世泛指俸禄。

[3]秩禄：俸禄。

[4]元嘉：南朝宋文帝刘义隆的年号，始于公元424年，止于公元454年。

[5]长之：即阮长之，生于公元379年，卒于公元437年。字茂景。陈留尉氏（今河南省尉氏县）人。历任诸府参军、员外散骑侍郎、尚书殿中郎、武昌太守、中书侍郎等职，有嘉称。

[6]印绶：印信和系印信的丝带。绶：音受。一种丝带，常用来拴玉和印。

[7]缄：音尖。封存。

[8]悉：副词。尽，都。

[9]直：值班。

[10]履：鞋。

[11]门下：南朝时期的一种官职名称，隶属门下省管辖。

[12]固：坚决，坚持。

[13]侮：欺负，欺骗。

[14]莅：音力。到，任职。

[15]风政：政绩。

[16]咸：副词。皆，都。

**【译文】**

当时郡县当官人的俸禄,从芒种开始作为界限。在此之前离开官任的,那么这一整年的俸禄都要给后任的官员。在此之后离开官任的,那么这一整年的俸禄都要给前任的官员。后来从元嘉末年改变了这种制度,开始按月分发俸禄。阮长之离开武昌郡时,后任者还没到,就在芒种的前一天解下自己的印绶。当初出发去京城的时候,亲戚旧友有人赠送的器物,他都封存并做好记录,后来归来又把这些东西全都还给了他们。在中书省当班时,夜晚去邻近的机关,误穿了不该穿的鞋子就走出了门,按照当时的规定他亲自去门下省承认错误,门下省的人认为这件事情发生在黑暗的夜晚是没有人知道的,就不想按规章处理。阮长之坚决遣送自己去接受惩治,说:"一生都不要欺骗黑暗的屋子。"南朝宋谈论善于理政的,都要称赞阮长之。

## 临死不移

**【原文】**

初,浩[1]之被收也,允[2]直[3]中书省[4]。恭宗[5]使东宫侍郎吴延召允,仍留宿宫内。翌日[6],恭宗入奏世祖[7],命允骖乘[8]。至宫门,谓曰:"入当见至尊[9],吾自导卿。脱[10]至尊有问,但依吾语。"允请曰:"为何等事也?"恭宗曰:"入自知之。"既入见帝。恭宗曰:"中书侍郎高允自在臣宫,同处累年,小心密慎,臣所委[11]悉[12]。虽与浩同事,然允微贱,制由于浩。请赦其命。"世祖召允,谓曰:"《国书》皆崔浩作不[13]?"允对曰:"《太祖记》,前著作郎邓渊[14]所撰。《先帝记》及《今记》,臣与浩同作。然浩综务处多,总裁[15]而已。至于注疏,臣多于浩。"世祖大怒曰:"此甚于浩,安[16]有生路!"恭宗曰:"天威严重,允是小臣,迷乱失次耳。臣向[17]备[18]问,皆云[19]浩作。"世祖问:"如东宫言不?"允曰:"臣以下才,谬[20]参著作,犯逆天威,罪应灭族,今已分死,不敢虚妄。殿下以臣侍讲日久,哀臣乞[21]命耳[22]。实不问臣,臣无此言。臣以实对,不敢迷乱。"世祖谓恭宗曰:"直哉!此亦人情所难,而能临死不移,不亦难乎!且对君以实,贞[23]臣也。如此言,宁失一有罪,宜[24]宥[25]之。"允竟得免。(北齐·魏收《魏书·高允传》)

**【注释】**

[1]浩:即崔浩,生年不详,卒于公元450年。字伯渊,小名桃简。清河郡武城

(今河北省清河县)人。貌美如妇人,自比张良,历仕北魏道武、明元、太武三帝,官至司徒,是太武帝拓跋焘最重要的谋臣,对促进北魏统一北方做出了巨大贡献。后死于国史之狱,被夷九族。

[2]允:即高允,生于公元390年,卒于公元487年。字伯恭。渤海蓚县(今河北省景县)人。南北朝时期北魏大臣。历任郡功曹、中书博士、侍郎等,修国记,以经授太子,以修史暴露国恶罪将受极刑,太子营救获免。后拜中书令,封咸阳公。高允历仕北魏五帝,死后追赠为侍中、将军等,谥号文。

[3]直:值班。特指在殿堂中值班,侍奉君主。

[4]中书省:古代官署名。汉朝始设中书令,晋朝以后称中书省。为秉承君主意旨,掌管机要、发布政令的机构。沿至隋唐,成为全国政务中枢。宋、元时中书省设中书令和中书丞相,明清时期废置。

[5]恭宗:北魏景穆皇帝拓跋晃,实未承皇位,由其子文成皇帝拓跋濬追尊。

[6]翌日:第二天。翌:音易。明(天、年)。

[7]世祖:北魏太武皇帝拓跋焘。

[8]骖乘:同"参乘"。在车右边陪乘。

[9]至尊:这里指北魏太武皇帝拓跋焘。

[10]脱:连词。假若,如果。

[11]委:委托,托付。

[12]悉:都,全。

[13]不:音否。相当于"否"。

[14]邓渊:生年不详,卒于公元403年。字彦海。氐族,雍州安定(今甘肃省泾川县)人。曾任北魏尚书吏部侍郎。著作北魏国史《代记》时,有暴露拓跋部"旧恶"之嫌,得罪了道武帝拓跋珪,被杀,为北魏"国史之狱"被杀的第一人。

[15]总裁:汇总裁决某件事情。

[16]安:疑问代词。怎么,哪里。

[17]向:以往,从前。

[18]备:详尽,详备。

[19]云:说。

[20]谬:错误的,不合情理的。这里是自谦之辞。

[21]乞:求,恳求。

[22]耳:语气词。相当于"而已"、"罢了"。

[23]贞:坚定,有操守。

[24] 宜：应该，应当。

[25] 宥：音又。赦免，宽宥。

**【译文】**

当初，崔浩被抓起来的时候，高允正在中书省当班。恭宗（太子拓跋晃）派遣东宫侍郎吴延召高允入宫，仍然留宿在东宫之内。第二天，他进宫拜见世祖皇帝，让高允作为骖乘。到了宫门，对高允说："一会儿进去后见到世祖皇帝，我自然会引导你怎么说。如果世祖皇帝有话要问，你就依照我说的来回答就可以了。"高允请示说："这到底是为了什么事啊？"恭宗说："等一会儿你进去了自然就知道了。"进宫后见到了世祖皇帝。恭宗说："中书侍郎高允自从到东宫，和我相处已经多年，小心缜密，我很了解他，很多重要的事情都委派他。他虽然跟崔浩同事，但地位卑微，身份低贱，文章都是崔浩所写。请饶他一命。"世祖皇帝召问高允："《国书》都是崔浩写的吗？"高允回答说："《太祖记》是前任著作郎邓渊撰写的，《先帝记》和《今记》是我和崔浩一同执笔。但崔浩因兼职太多，对撰写《国书》的事，不过是总揽大纲而已，实际工作我比崔浩做得多。"世祖皇帝非常生气地说："这比崔浩还要严重，怎么能不死呢！"拓跋晃在一旁解释说："皇上盛怒之下，高允是地位卑微的臣子，惊慌过度而失去分寸。我从前曾问过他，他说全是崔浩写的。"世祖皇帝又问高允说："真像东宫太子说的那样吗？"高允说："我凭着低劣的才学，也参加编写著作，触犯了天威，罪当灭族，今天我已把生死置之度外，不敢说谎。"世祖皇帝感叹地对拓跋晃说："高允正直啊！能面对死亡，而不改变常态，这难道不是很难的吗！而且忠实地对待君主，这是位坚贞有操守的臣子。如此说来，我宁可漏失一名有罪的人，也可以赦免他的罪。"高允最终得以免罪。

# 妄语一缣

**【原文】**

居数郡，见可欲，终不变其[1]心，妻子饥寒如下贫者。及[2]去[3]东阳归家，经[4]年岁，口不言荣辱，士类益[5]以此多[6]之。其轻财好义，周[7]人之急，言不虚妄，盖天性也。每戏语人云："卿能得我一妄语[8]，则谢[9]卿以一缣[10]。"众共伺[11]之，不能记也。（唐·李延寿《南史·何远传》）

**【注释】**

[1] 其：指何远，生于公元470年，卒于公元521年。字义方。东海郯县（今山

东省郯城西北)人。初仕于南朝齐,为江夏王国侍郎,后投降北魏,又由北魏返回,迎接梁萧衍的义军,为梁朝的建立立下卓著功勋。后任武昌太守。生活极为俭朴,将俸禄代贫民交纳租赋以扶助贫弱,深受当地百姓爱戴。

[2]及:等到。

[3]去:离开。

[4]经:经过,度过。

[5]益:更加。

[6]多:形容词的意动用法。赞扬,称颂。

[7]周:周济,救济。

[8]妄语:谎言,虚妄不实的话。

[9]谢:道歉。

[10]缣:音尖。双丝的细绢。

[11]伺:窥伺,探察。

【译文】

何远在好几个郡任太守,见到想要的东西,始终没有改变自己的廉洁之心。他的妻子儿女吃不饱穿不暖,就像最贫穷的人一样。他离开东阳回家后,数年间口不谈荣辱,士大夫们更以此赞赏他。他轻财好义,周济别人的窘急,而且说话从无虚妄,都是出于他的天性。他经常与别人开玩笑说:"你能抓到我一句谎言,我就给你一匹丝缣作为礼物来赔罪。"大家都特意留意他,但始终没有发现他有谎言。

# 售牛语病

【原文】

山宾[1]性笃实,家中尝[2]乏用,货[3]所乘牛。既售牛收钱,乃谓买主曰:"此牛经[4]患漏蹄,治差[5]已久,恐后脱[6]发,无容不相语。"买主遽[7]追取钱。处士[8]阮孝绪[9]闻之,叹曰:"此言足使还淳[10]反[11]朴,激薄[12]停浇[13]矣。"(唐·姚思廉《梁书·明山宾传》)

【注释】

[1]山宾:即明山宾,生卒年不详。字孝若。平原鬲(今山东省陵县)人。南朝梁人,历任中书侍郎、国子博士、太子率更令、中庶子、御史中丞、黄门侍郎、司农卿

等职,有嘉称。

[2]尝:副词。曾,曾经。

[3]货:出卖,售卖。

[4]经:曾经。

[5]差:病愈。这个意义后来写作"瘥"(音拆去声)。

[6]脱:副词。或许,也许。

[7]遽:音具。急忙,赶紧。

[8]处士:隐居的人。

[9]阮孝绪:生于公元479年,卒于公元536年。字士宗。陈留尉氏(今河南省尉氏县)人。南朝梁著名目录学家。

[10]淳:淳朴,朴实。

[11]反:返回,回归。这个意义后来写作"返"。

[12]激薄:交往,接触。

[13]浇:刻薄。

【译文】

明山宾生性淳厚老实,家里曾经因为贫困,卖掉了所使用的牛。收了钱以后,就对买主说:"这头牛曾经得过漏蹄病,治好很长时间了,恐怕它以后还会复发,不能不告诉你。"买主急忙要求退还一部分买牛的钱。隐士阮孝绪听说后,感叹着说:"这话足能让人返璞归真,互相交往时也不会再刻薄了。"

## 孟信追牛

【原文】

及[1]去官[2],居贫无食。唯有一老牛,其兄子卖之,拟供薪米。券契已讫[3],市法应知牛主住在所。信适[4]从外来,见买牛人,方知其卖也。因[5]告之曰:"此牛先来有病,小用便发[6],君不须也。"杖[7]其兄子二十。买牛人嗟异[8]良久[9],呼信曰:"孟公,但见与牛,未必须其力也。"苦请不得,乃罢。(唐·李延寿《北史·孟信传》)

【注释】

[1]及:等到。

[2]去官:罢官。这里指孟信罢官回家。孟信:生卒年不详。字修仁。北周文皇帝宇文泰时人。家世贫寒,颇传学业。

[3]讫:音气。完毕,完成。

[4]适:副词。正赶上,正好。

[5]因:于是。

[6]发:发病。

[7]杖:名词活用为动词。杖责,用木杖打。

[8]嗟异:赞叹,惊异。

[9]良久:很久。

【译文】

等到孟信罢官回家,家里穷得连吃的东西都没有了。家里只有一头老牛,他哥哥家的儿子把牛卖了,打算买些薪柴米面。卖牛的券契已经签署完毕,当时的买卖法律规定应当知道卖牛人的住所。正好赶上孟信从外面回来,见到了买牛的人,才知道他已经把牛给卖了。于是他告诉买牛的人说:"这牛以前就有病,只要使用这病就会发作,您是用不上这样的牛的。"用木杖打了哥哥的儿子二十下。买牛的人赞叹惊异了好久,大声说道:"孟公啊,我只是看见这头牛长的样子就想买,我不一定需要它给我出力啊!"苦苦地请求孟信也不答应,最后作罢。

# 杖身励己

【原文】

绩[1]三岁而孤[2],为外祖韦孝宽[3]所鞠[4]养。尝[5]与诸外兄博弈[6],孝宽以其惰业,督以严训,愍[7]绩孤幼,特舍[8]之。绩叹曰:"我无庭训[9],养于外氏[10],不能克躬[11]励己,何以成立[12]?"深自感激[13],命左右自杖[14]三十。孝宽闻而对之流涕。于是精心好学,略[15]涉经史。(唐·魏征等《隋书·皇甫绩传》)

【注释】

[1]绩:即皇甫绩,生于公元541年,卒于公元592年。安定郡朝那(音朱挪,今甘肃省灵台县西)人。以博学闻名于天下。隋朝名臣,曾任苏州刺史。

[2]孤:年幼丧父。

[3]韦孝宽:生于公元509年,卒于公元580年。名叔裕,字孝宽。京兆杜陵

（今陕西省西安市南）人。南北朝时期西魏、北周杰出的军事家、战略家。为人深沉机敏，温和正直，好读经史。一生南征北战，官拜大司空，封上柱国。

[4]鞠：养育，抚养。

[5]尝：副词。曾，曾经。

[6]博弈：下棋。

[7]愍：音敏。可怜，怜悯。

[8]舍：止，停止。这里指放弃对皇甫绩的惩罚。

[9]庭训：父亲的教诲。

[10]外氏：指外祖父家。

[11]克躬：严格要求自己。

[12]成立：成人，成长自立。

[13]感激：感动，激发。

[14]自杖：杖自。杖：名词活用为动词。用木杖打。

[15]略：大致，大略。

【译文】

皇甫绩三岁就失去了父母成了孤儿，就寄养于外祖父韦孝宽家。皇甫绩曾经和诸表兄下围棋，孝宽因为他懒惰玩耍荒废学业，更加严厉督责，但可怜他孤苦伶仃的，便放弃了对他的杖责。皇甫绩自己慨叹："我从小就没有了父母的训导，寄养在外公家里，如果不能亲身严厉要求自己，以后怎么能长大成人呢？"自己深深地感动激发，就让身边的人用木杖打了自己三十下。孝宽听说后为这件事流眼泪。从此皇甫绩开始专心学习，大致地浏览接触古代的经史。

# 唐主不诈

【原文】

贞观[1]初，有上书请去佞臣[2]者，太宗谓曰："朕[3]之所任，皆以为贤，卿知佞者谁耶[4]？"对曰："臣居草泽，不的[5]知佞者，请陛下佯[6]怒以试群臣，若能不畏雷霆[7]，直言进谏，则是正人。顺情阿[8]旨，则是佞人。"太宗谓封德彝[9]曰："流水清浊，在其源也。君者政源，人庶[10]犹[11]水，君自为诈，欲臣下行直，是犹源浊而望水清，理不可得。朕常以魏武帝[12]多诡诈，深鄙[13]其为人。如此，岂可堪为教

令?"谓上书人曰:"朕欲使大信行于天下,不欲以诈道训俗,卿言虽善,朕所不取也。"(唐·吴兢《贞观政要·诚信》)

**【注释】**

[1]贞观:唐太宗李世民的年号,始于公元 627 年,止于公元 649 年。

[2]佞臣:奸佞的臣子。

[3]朕:古代皇帝的自称代词。

[4]耶:音爷。句末语气词,表示疑问或反问。相当于现代汉语的"吗"或"呢"。

[5]的:音敌。确切,的确。

[6]佯:音羊。假装,伪装。

[7]雷霆:这里指皇帝的怒威。

[8]阿:音婀。偏袒,迎合。

[9]封德彝:生于公元 568 年,卒于公元 627 年。名伦。渤海蓨县(今河北省景县)人。隋朝重要大臣,唐太宗时任尚书右仆射。为人左右逢源、首鼠两端、深藏不露。

[10]庶:庶民,民众。

[11]犹:如,好像。

[12]魏武帝:即曹操。

[13]鄙:鄙视,瞧不起。

**【译文】**

贞观初年,有臣子上书(给太宗)请求去除奸佞的臣子,太宗问上书者:"我所任用的,都是贤臣,你知道谁是奸佞的小人吗?"上书人回答说:"臣下居住在荒野之地,的确不知道谁是奸佞小人,请陛下伪装大怒来测试大臣们,如果能不畏惧陛下的怒气,诚挚直率地进谏的人,就是正直的人;逢迎谄媚顺从陛下意旨的,就是奸佞小人。"太宗对封德彝说:"水流的清澈与混浊,原因在它的源头。皇帝是朝政的源头,臣民就像水流,皇帝自己都做欺诈的事,却想让臣下的行为直率诚挚,这犹如源头混浊却希望水流清澈,是没有道理的。我一直因为魏武帝多做诡诈的事,特别鄙视他的为人。像这样,怎么能够作为教化命令?"对上书人说:"我要让全天下都讲求诚信,不想用欺诈的方法教化民众,你所说的虽然很好,但我不能听信啊。"

## 少保诫告

**【原文】**

陆少保[1],字元方,曾于东都[2]卖一小宅。家人将受直[3]矣,买者求见,元方因[4]告其人曰:"此宅子甚好,但[5]无出水处耳[6]。"买者闻之,遽[7]辞不买。子侄以为怨,元方曰:"不尔[8],是[9]欺之也。"(宋·王谠《唐语林》)

**【注释】**

[1]陆少保:生卒年不详。名元方,字希仲。唐朝人,曾任少保(太子的老师),故又称陆少保。

[2]东都:指洛阳城。

[3]直:价值,这里指钱财。这个意义后来写作"值"。

[4]因:于是,就。

[5]但:只是。

[6]耳:句末语气词。相当于"而已"、"罢了"。

[7]遽:音俱。立刻,马上。

[8]尔:如此,这样。

[9]是:指事代词。这样(做)。

**【译文】**

陆少保,字元方,曾经在东都洛阳卖一套房子。家人们正打算要收取钱款时,买房子的人求见,于是元方告诉买房子的人说:"这房子倒是很好,就是没有排泄水的出口。"买房子的人听了,立即推辞不买了。儿子侄儿们因此埋怨起来,元方却说:"不要这样做,这样做是欺骗人家。"

## 郭进赏官

**【原文】**

太祖[1]时,郭进[2]为西山巡检,有告其阴[3]通河东刘继元[4],将有异志[5]者。太祖大怒,以其诬害忠臣,命缚[6]其人予[7]进,使自处置。进得而不杀,谓曰:

"尔[8]能为我取继元一城一寨,不止赎[9]尔死,当请赏尔一官。"岁余,其人诱其一城来降。进具[10]其事,送之于朝,请赏以官。太祖曰:"尔诬害我忠良,此才可赎死尔,赏不可得尔。"命以其人还进。进复请曰:"使[11]臣失信,则不能用人矣。"太祖于是赏以一官。(北宋·欧阳修《归田录》)

【注释】

[1]太祖:宋太祖赵匡胤。

[2]郭进:生于公元922年,卒于公元979年。深州博野(今河北省博野县)人。五代末年至北宋初年将领。

[3]阴:私下里,暗中。

[4]刘继元:五代十国时期的北汉皇帝,后降宋,封彭城郡公。

[5]异志:不同的志向。这里指将要叛国降刘。

[6]缚:捆绑。

[7]予:给,交给。

[8]尔:第二人称代词。你。

[9]赎:用财物或某种行动抵偿刑罚。

[10]具:诉说,陈述。

[11]使:假使,如果。

【译文】

太祖在位时期,郭进担任西山巡检。有人诬告他私下和河东刘继元来往,将要反叛。太祖大怒,因为他诬告忠良,就命人将诬告者绑起来送给郭进,让郭进自己处置。郭进得到这个人却没有杀他,而是对他说:"你如果能为我夺取刘继元的一座城寨,不但免你一死,还要上报赏你一个官职。"一年多后,这个人引诱一城来投降。郭进就上表说明此事,并将此人送到朝廷,请求赏他一个官职。太祖说:"你诬害我的忠良,这样只能赎你的死罪,想要得到赏赐是不可能的。"命人将此人送还郭进。郭进又上表请求说:"假使让我失去信用,就不会用人了。"太祖就赏了那个人一个官职。

# 取马偿直

【原文】

宋陈谏议[1]家有劣马,性暴,不可驭[2],蹄[3]啮[4]伤人多矣。一日,谏议入厩[5]，不见是[6]马，因[7]诘[8]仆[9]："彼[10]马何以不见？"仆言为陈尧咨[11]售之贾人[12]矣。尧咨者，陈谏议之子也。谏议遽[13]召[14]子，曰："汝为贵臣，家中左右尚[15]不能制，贾人安[16]能蓄[17]之？是[18]移祸于人也！"急命人追贾人取马，而偿[19]其直[20]，戒[21]仆养之终老。（宋·吴曾《能改斋漫录》）

## 【注释】

[1]陈谏议：指北宋陈省华，生于公元939年，卒于公元1006年。字善则。北宋阆中（今四川省阆中市）人，官至谏议大夫，故称。

[2]驭：音玉。驾驭，控制。

[3]蹄：名词活用为动词。踢。

[4]啮：音聂。咬。

[5]厩：音就。马圈。

[6]是：指示代词。这，这个。

[7]因：于是，就。

[8]诘：音杰。责问。

[9]仆：仆人，指养马的仆人。

[10]彼：指事代词。那，那个。

[11]陈尧咨：生于公元970年，卒于公元1034年。北宋著名书法家。字嘉谟。陈省华第三子，陈尧叟、陈尧佐弟。真宗咸平三年进士第一，状元。曾任陕西缘边安抚使、翰林学士、武信军节度使等，卒谥康肃。

[12]贾人：商人。贾：音古。

[13]遽：音俱。急忙，马上。

[14]召：召唤。

[15]尚：尚且。

[16]安：疑问代词。怎么，哪里。

[17]蓄：养。

[18]是：指事代词。这，这种行为。

[19]偿：还，偿还。

[20]直：价值，这里指钱。这个意义后来写作"值"。

[21]戒：通"诫"。告诫。

## 【译文】

北宋陈谏议家里有一匹劣马，性情暴躁，不能驾驭，踢伤咬伤人很多次了。一天,他走进马棚,没看到这匹马,于是责问仆人:"那匹马怎么不见了?"仆人说是陈尧咨把马卖给商人了。陈尧咨是陈谏议的儿子。陈谏议马上召来儿子,说:"你是朝中重臣,家里没有一人能制服这匹马,商人又怎么能养它呢?你这是把祸害转嫁给别人啊!"陈尧咨赶紧命人去追商人牵回马,并把买马的钱退给商人。他告诫仆人把那匹马养到老死。

## 以实言对

【原文】

宗道[1]为人刚直,疾恶少容[2],遇事敢言,不为小谨[3]。为谕德[4]时,居近酒肆。尝[5]微行[6]就酒肆中,偶[7]真宗亟[8]召,使者及[9]门,久之,宗道方[10]自酒肆来。使者先入,约曰:"即[11]上怪公来迟,何以为对?"宗道曰:"第[12]以实言对。"使者曰:"然则公当得罪。"曰:"饮酒,人之常情;欺君,臣子之大罪也。"真宗果问,使者具[13]以宗道言对。帝诘[14]之。谢[15]曰:"有故人自乡里来,臣家贫无杯盘,故就酒家饮。"帝以为忠实[16]可大用。(宋·欧阳修《归田录》)

【注释】

[1] 宗道:即鲁宗道,生于公元966年,卒于公元1029年。字贯之。亳州(今安徽省亳州市)人。少年孤贫,生活于外祖父家。举进士后曾任濠州定远尉、海盐县令、歙州军事判官司等。为人正直,直言敢谏,被送个"鱼头参政"的外号,卒后谥肃简。

[2] 疾恶少容:痛恨坏人坏事,不肯容忍。

[3] 小谨:指谨小慎微的事情。

[4] 谕德:教育太子的官员。

[5] 尝:副词。曾,曾经。

[6] 微行:旧时帝王或有权势者隐匿身份,易服出行或私访。

[7] 偶:碰巧,正好赶上。

[8] 亟:音气。紧急,急迫。

[9] 及:到。

[10] 方:才。

[11] 即:假设,如果。

[12] 第:副词。尽管,只管。

[13] 具:都,全部。

[14] 诘:音杰。责问。

[15] 谢:谢罪,道歉。

[16] 忠实:忠诚实在。

**【译文】**

鲁宗道为人刚直,嫉恶如仇很少能容忍,遇到事情敢于直言、不拘谨。做教育太子的官时,家住得离酒家很近。有一次穿着便衣到酒家,恰巧真宗急召他入宫,使者到了鲁宗道家的门口,过了很久,鲁宗道才从酒家回来。使者要先回宫,约定说:"如果皇上怪罪你来晚了,用什么来回答?"鲁宗道说:"你只管说实话。"使者说:"你这样是会有罪的。"鲁宗道说:"喝酒,人之常情。欺骗君王是做臣子的大罪啊!"真宗果真问了,使者详细地把鲁宗道所说的告诉了皇上。皇帝问鲁宗道,他道歉地说:"有老朋友从乡里来,我家贫穷得没有杯盘,所以到酒家去喝。"皇帝因为他忠诚实在认为可以重用。

# 文正归金

**【原文】**

范文正公仲淹[1]贫悴[2],依睢阳[3]朱氏家,常与一术者游。会[4]术者病笃[5],使人呼文正而告曰:"吾善炼水银为白金,吾儿幼,不足以付[6],今以付子。"即以其方与所成白金一斤封志[7],内[8]文正怀中,文正方[9]辞避,而术者气已绝。后十余年,文正为谏官,术者之子长,呼而告之曰:"而[10]父有神术,昔[11]之死也,以[12]汝尚幼,故俾[13]我收之。今汝成立,当以还汝。"出其方并白金授之,封识[14]宛然[15]。(北宋·魏泰《东轩笔录》)

**【注释】**

[1] 范文正公仲淹:即范仲淹,生于公元989年,卒于公元1052年。字希文。河北真定府(今河北省正定市)人。北宋著名的政治家、文学家。世称"范文正公"。

[2] 悴:音翠。忧愁,悲伤。

[3] 睢阳:古地名,今河南境内。睢:音虽。

[4] 会：适逢,正赶上。
[5] 笃：严重。
[6] 付：托付。
[7] 封志：封存并加以标志。
[8] 内：交纳,交给。这个意义后来写作"纳"。
[9] 方：正,正要。
[10] 而：第二人称代词。你,你的。
[11] 昔：当初。
[12] 以：因为。
[13] 俾：音笔。使,让。
[14] 封识：标志。
[15] 宛然：依然如故。

**【译文】**

　　文正公范仲淹年轻时贫穷潦倒,寄居在睢阳一户姓朱的人家里,经常和一个术士游乐。正赶上那个术士病危了,便请人叫来范仲淹,告诉他说:"我善于把水银炼成白金,我的儿子年纪小,不能把这个秘方托付给他,现在我把它交给你。"于是把这个秘方和炼成的一斤白金封好,放在范仲淹怀中,范仲淹刚想推辞,那个术士已经气绝而死了。后来过了十几年,范仲淹当上了谏官,而当年那个术士的儿子也长大了,范仲淹把他叫来说:"你的父亲会使用神术,当年他过世的时候,因为你年纪还小,所以就托我先保管秘方和一斤白金,如今你已经长大成人了,应当把这些东西还给你。"于是就拿出那个秘方还有白金一起交给术士的儿子,那个密封的标志依旧完好如初。

## 晏殊诚实

**【原文】**

　　晏元献[1]公为童子[2]时,张文节[3]荐之于朝廷,召至阙下[4]。适值[5]帝御试进士[6],便令公就试。公一见试题,曰:"臣十日前已作此赋[7],有赋稿尚在,乞[8]别命题。"上极爱其不隐,后为馆职[9]。时天下无事,帝许臣僚[10]择胜燕[11]饮。时侍从文馆士大夫[12]各为燕集[13],以至市楼酒肆[14]皆为游息之地。公是时甚贫,不能出,独家居,与昆[15]弟讲习。一日,选东宫官,忽宫中除[16]晏殊,执政莫[17]知所因,次日复进[18],上谕[19]之曰:"近闻臣僚无不嬉游燕赏,弥日继夕[20],唯殊杜[21]门与兄弟读书,如此谨厚,正可为东宫官。"殊既受命,得对上面谕除授之意。公语言质野[22],则曰:"臣非不乐燕游,直[23]以贫无可为之具。臣若有钱亦须[24]往,但无钱不能出耳。"上益[25]嘉[26]其诚实,知事君体,眷注[27]日[28]深,仁宗朝卒[29]至大用。(北宋·沈括《梦溪笔谈》)

**【注释】**

[1]晏元献:即晏殊,生于公元991年,卒于公元1055年。字同叔。北宋著名词人。抚州府临川城(今江西省进贤县)人。十四岁以神童入试,赐同进士出身。历任礼部侍郎、枢密使、刑部尚书、兵部尚书等要职,范仲淹、韩琦、欧阳修等皆出其门。谥号元献,世称晏元献。晏殊以词著于文坛,尤擅小令,著有《珠玉词》。与其第七子晏几道在当时词坛上被称为"大晏"和"小晏"。

[2]童子:此处指童子生。

[3]张文节:生于公元956年,卒于公元1028年。字用晦,一字端甫,号清叟。北宋沧州清池(今河北省沧州市)人。历仕太宗、真宗、仁宗三朝,所过皆有惠政,虽显贵,清约如寒士。一生为国,惟忠惟孝。

[4]阙下:此指朝廷。阙:宫殿。

[5]适值:正好赶上。适:恰巧。值:赶上,逢。

[6]御试进士:由皇帝亲自主持考试的科举制度。

[7]赋:此处指诗词。

[8]乞:请求,申请。

[9]为馆职:在文馆任职。

[10]僚:官员。

[11]燕:通"宴"。

[12]士大夫:泛指大小官员。

[13]燕巢:这里指固定的宴乐地点。

[14]肆:规模不是很大的店铺。

[15]昆:兄。

[16]除:授官。

[17]莫:否定性无定代词。没有人。

[18]复进:再次请示(皇上)。

[19]谕:谕告。

[20] 弥日继夕：日以继夜。弥：整，满。

[21] 杜：闭，关上。

[22] 质野：质朴，平实。

[23] 直：只，仅仅。

[24] 须：会。

[25] 益：更加。

[26] 嘉：形容词的意动用法。赞许，赞美。

[27] 眷注：眷爱，喜欢。

[28] 日：一天比一天，越来越。

[29] 卒：最后，终于。

【译文】

晏殊做童子生的时候，张文节就把他推荐给朝廷，皇上召见晏殊到朝堂下。这个时候正好赶上皇帝亲自主试进士，就命令晏殊一同应试。晏殊看了看试题，对皇上说："这个题目我在十天前就已经做过，我还保存着答卷，请求换一个题目。"皇上非常喜欢他的诚实。晏殊后来在文馆就职，当时天下太平，皇上允许臣下们找好地方举行宴饮。于是下级官员和文馆里的士大夫们都相互宴请，以至于集市上的小酒家都成为游玩和休息的地方。晏殊当时很贫穷，不敢外出，独自在家中和堂兄堂弟论理和学习。有一天，皇上选择太子的老师，宫中忽然传来消息晏殊被任命了，传达政令的太监也不知道出于什么原因，第二天又去问皇上，皇上传下告谕说："听说这些天来臣下们没有一个不在搞相互宴请和嬉游的，都是夜以继日，唯独晏殊和他的兄弟在家中读书，像这样谨慎厚道的人，正是可以当太子的老师。"晏殊到朝堂感谢皇恩。皇上当面告诉晏殊为何被选为太子的老师。晏殊的回答非常质朴平实，他说："我不是不喜欢宴请游嬉，确实是太穷没有做宴请的本钱；我如果有钱的话也会去，只是没有钱所以不能出去罢了。"皇上更加喜欢他的诚实，他懂得侍奉君王的大体，所以越来越得到眷爱恩宠，终于在仁宗登位后得以大用。

## 宋濂实对

【原文】

宋濂[1]尝[2]与客饮，帝[3]密[4]使人侦视。翌日[5]，问濂昨饮酒否？坐客为谁？

馔[6]何物？濂具[7]以实对。笑曰："诚[8]然，卿不朕欺[9]。"间[10]召问群臣臧否[11]，濂惟[12]举[13]其善者。帝问其故，对曰："善者与臣友[14]，臣知之；其不善者，不能知也。"（清·张廷玉等《明史·宋濂传》）

**【注释】**

[1]宋濂：生于公元1310年，卒于公元1381年。字景濂，号潜溪。浦江（今浙江省义乌市）人。明初著名文学家，曾被明太祖朱元璋誉为"开国文臣之首"，学者称太史公。与高启、刘基并称为"明初诗文三大家"。

[2]尝：副词。曾，曾经。

[3]帝：指明太祖朱元璋。

[4]密：秘密地。

[5]翌日：第二天。翌：音易。明（天、年）。

[6]馔：音篆。酒食，饭菜。

[7]具：全部，都。

[8]诚：果真。

[9]不朕欺：即"不欺朕"的倒装结构。朕：音镇。古代皇帝的自称。

[10]间：副词。秘密地，偷偷地。

[11]臧否：音赃匹。善恶。

[12]惟：只。

[13]举：推举，列举。

[14]友：名词活用为动词。交友。

**【译文】**

宋濂曾经与客人饮酒，太祖朱元璋暗中派人去侦探察看。第二天，太祖问宋濂昨天饮酒了没有？座中的客人都是谁？饭菜是什么东西？宋濂全部拿事实回答。太祖笑着说："确实如此，你没欺骗我。"太祖秘密地召见宋濂询问起大臣们的好坏，宋濂只举出那些好的大臣说。太祖问他原因，宋濂回答道："我只和好的大臣交朋友，所以我了解他们；那些不好的，我不和他们交往，所以不了解他们。"

## 许金不酬

**【原文】**

济阴[1]之贾人[2]，渡河而亡[3]其舟，栖[4]于浮苴[5]之上，号[6]焉。有渔者以[7]

舟往救之。未至,贾人急号曰:"我济上之巨室[8]也,能救我,予[9]尔[10]百金!"渔者载而升诸[11]陆,则[12]予十金。渔者曰:"向[13]许[14]百金,而今予十金,无乃不可乎[15]!"贾人勃然[16]作色[17]曰:"若[18],渔者也,一日之获几何[19]?而骤[20]得十金,犹[21]为不足乎?"渔者黯然[22]而退。他日,贾人浮[23]吕梁[24]而下,舟薄[25]于石又覆[26],而渔者在焉。人曰:"盍[27]救诸[28]?"渔者曰:"是[29]许金而不酬[30]者也!"立而观之,遂[31]没[32]。(明·刘基《诚意伯文集》)

**【注释】**

[1]济阴:济水的南面。济:水名,济水。阴:古代山北水南为阴,山南水北为阳。

[2]贾人:商人。古代"商"和"贾"在经营方式上有所不同,运货贩卖为"商",囤积营利为"贾",所以说"走商坐贾"。贾:音古。

[3]亡:这里指失去。

[4]栖:停留。

[5]浮苴:水中浮草。苴:音居。枯草。

[6]号:音豪。哭喊。

[7]以:介词。用。

[8]巨室:大户,有钱的大族。

[9]予:给。

[10]尔:第二人称代词。你。

[11]诸:兼词。相当于"之于"。

[12]则:却。

[13]向:时间副词。可译为"刚才"或"先前"。

[14]许:答应,许诺。

[15]无乃不可乎:恐怕不行吧。

[16]勃然:发怒的样子。然:形容词词尾,表示某种状态。

[17]作色:改变脸色。

[18]若:第二人称代词。你。

[19]几何:多少。用于反问。

[20]骤:急速。这里的意思是"猛然"、"突然"。

[21]犹:尚且,还。

[22]黯然:伤心失望的样子。

[23]浮:游。

[24]吕梁:地名,即大禹凿龙门的龙门山。

[25]薄:迫近。

[26]覆:翻,翻转过来。

[27]盍:音何。何不。

[28]诸:兼词。相当于"之乎"。

[29]是:指示代词。这,这个人。

[30]酬:偿付,偿还。

[31]遂:于是,就。

[32]没:音末。淹没,沉没。

【译文】

济水的南岸有个商人,渡河时船沉了,只好伏在河中漂着的枯草上哭喊着。有个渔夫驾着船去救他,还没到他身边时,商人就急忙喊道:"我是济水边上的世家大族,你救了我,我给你一百两金子。"渔夫用船把他救上陆地以后,商人却只给了渔夫十两金子。渔夫问他:"刚才你答应给我一百两金子,现在却只给十两,恐怕不行吧?"那商人马上生气变了脸说:"你是个打鱼的,一天之内能有多少收入呢?而现在一下子得了十两金子,还觉得不满足吗?"渔夫很不高兴地走开了。过了些日子,这个商人坐船沿着吕梁河东下,船触礁又翻了,而这时那位渔夫也在那里。有人见渔夫没动,便问他:"你怎么不去救救他呢?"渔夫轻蔑地回答说:"这就是那个答应给金子却没有给的人。"渔夫把船停在岸边,站在那里看着那条翻了的船往下沉,于是商人就随着船一起沉下去了。

# 第四·志向篇

　　志向是指一个人为自己的未来谋划的蓝图,是自己前行道路的方向。古人很重视人生志向的确立,志存高远就会自我激励,从而奋发有为并最终有所成就。一个人的理想志向无论是轻财好义、淡泊名利,还是经天纬地、持军治国,都必须与社会相融合,心存百姓,胸怀天下。只有志向远大才能克服眼前的困难和自身的弱点。在生活中,只有树立远大的理想目标,才会推动你不畏艰险、不断进取,才能最后体验到成功的喜悦。

　　本篇共选文十七章。

## 石甫绝晏

**【原文】**

晏子[1]之[2]晋,见披裘负刍[3]息于途者,以为君子也,使人问焉。曰:"曷为[4]而至此?"对曰:"齐人累[5]之。吾名越石甫。"晏子曰:"嘻。"遂[6]解左骖[7]以赎[8]之,载而与归。至舍,不辞而入。越石甫怒而请绝[9]。晏子使人应之曰:"婴未尝[10]得交也,今免子于患,吾于子犹未可邪[11]?"越石甫曰:"吾闻君子诎[12]乎不知己,而信[13]乎知己者,吾是以[14]请绝也。"晏子乃出见之曰:"向[15]也见客之容,而今见客之意。婴闻察实者不留声,观行者不几[16]辞,婴可以辞而无弃乎?"越石甫曰:"夫子[17]礼[18]之,敢不敬从。"晏子遂以为上客。(西汉·刘向《新序·节士》)

**【注释】**

[1]晏子:即晏婴,生于公元前578年,卒于公元前500年。字仲,谥平,后人多称晏平仲,又称晏子。夷维(今山东省高密市)人。春秋后期著名政治家、思想家、外交家。历仕齐灵公、齐庄公、齐景公三朝,辅政长达五十余年。以生活节俭,谦恭下士著称。

[2]之:去,到……去。

[3]刍:音除。牲口吃的草。

[4]曷为:为何,为什么。曷:音河。疑问代词。何,什么。

[5]累:音类。连累,牵累。

[6]遂:于是,就。

[7]骖:音餐。车前驾马中辕马边上的马。

[8]赎:音孰。用财物等抵偿刑罚。

[9]绝:断绝。这里指断交。

[10]尝:副词。曾,曾经。

[11]邪:音爷。疑问语气词。相当于现代汉语中的"呢"、"吗"。

[12]诎:通"屈"。屈辱。

[13]信:通"伸"。伸展。

[14]是以:因此,所以。

[15]向:从前,以前。

[16]几:通"讥"。讥笑。

[17]夫子:古代对男子的敬称。

[18]礼:名词活用为动词。以礼相待。

【译文】

晏婴出使晋国,看见一个穿皮袄身背饲草正坐在路边休息的人,晏子认为他是一位有修养的君子,就派人问他。说:"你为什么落到这种地步了呢?"那人回答说:"齐国人害得我这样的,我名叫越石甫。"晏子说:"啊。"晏子就把拉车左套的马解下来,用这匹马把越石甫赎买下来,并与他一起坐车回国。回到自己的相府,晏子没跟越石甫告辞就进了自己的房门。越石甫很生气,要与晏子绝交。晏子派人回答越石甫说:"我不曾与你结交,今天赎你使你免除苦难,我对待你难道不可以吗?"越石甫说:"我听说士人可以被不理解自己的人所屈辱,在知己朋友面前,可以得到舒展。因此请求与你断交。"晏子听了越石甫的回话,走出来,请求和越石甫见礼。晏子说:"以前我只看到了客人的外表,现在理解了客人的内心。我听人说过,考察他人行为的人不助长人家的过失,体察他人实情的人不讥笑人家的言辞。我可以向您道歉,您能不抛弃我吗?"越石甫说:"先生以礼待我,我实在不敢当。"晏子于是就把越石甫奉为上宾。

# 论语二则

【原文】

颜渊[1]、季路[2]侍[3]。子曰:"盍[4]各言尔[5]志?"子路曰:"愿车马衣轻[6]裘,与朋友共,敝[7]之而无憾。"颜渊曰:"愿无[8]伐[9]善,无施[10]劳[11]。"子路曰:"愿闻子之志。"子曰:"老者安[12]之,朋友信[13]之,少者怀[14]之。"(《论语·公冶长》)

【注释】

[1]颜渊:生于公元前513年,卒于公元前482年。姓颜,名回,字子渊,亦称颜渊,后世也称作颜叔、颜生。春秋末末鲁国(今山东省曲阜市)人。孔子最为得意之门人,小孔子三十岁。以德行著称,被列为"七十二贤"之首,"孔门十哲"之一。十五六岁起拜学于孔子,从此一生追随孔子,终身未仕。年仅三十二岁即逝,后人称为"复圣"。

[2]季路:生于公元前542年,卒于公元前480年。姓仲,名由,字子路,又称季路。春秋末年鲁国卞(今山东省泗水县)人。孔子得意门生,"孔门十哲"之一。鲁哀公十五年(公元前480年),卫国发生内乱,子路不顾安危挺身入险,死于乱中,时年六十三岁。

[3]侍:服侍,站在旁边陪从尊长。

[4]盍:音河。何不。

[5]尔:第二人称代词。你(们),你(们)的。

[6]轻:衍文,因《雍也第六》"子华使于齐"章而误衍,唐石经前古写本《论语》无"轻"字。依清朝学者钱大昕之意,此"轻"字乃宋人误加于石经。

[7]敝:坏,破旧。

[8]无:通"毋"。不。

[9]伐:夸耀。

[10]施:表白。

[11]劳:功劳。

[12]安:形容词的使动用法。使……生活安宁。

[13]信:动词的使动用法。使……互相信任。

[14]怀:归依。这里是使动用法。使……归依于我。

【译文】

颜渊和子路二人在孔子身边陪侍。孔子说:"你们为何不各自谈谈自己的志向呢?"子路说:"愿意把自己的车马、衣服、皮袍,同我的朋友共同使用,用坏了也不抱怨。"颜渊说:"我愿意不夸耀自己的长处,不表白自己的功劳。"子路说:"愿意听听先生您的志向。"孔子说:"(我的志向是)让年老的生活安适,让朋友互相信任,让年轻人得到关怀爱护。"

【原文】

子曰:"三军[1],可夺帅也;匹夫[2],不可夺志也。"(《论语·子罕》)

【注释】

[1]三军:古代一万两千伍百人为一军。此言人之多。

[2]匹夫:普通人,主要指男子。

【译文】

孔子说:"三军,可以夺去它的主帅;但一个人的意志(如果坚定)是不会被强迫改变的。"

## 四方之志

**【原文】**

鲁子高[1]游赵。平原君[2]客有邹文[3]、季节者,与子高相善[4]。及[5]将还鲁,诸故人诀[6]既[7]毕,文、节送行三宿[8]。临别,文、节流涕[9]交颐[10],子高徒[11]抗手[12]而已[13]。分背就路[14],其徒问曰:"先生与彼二子善,彼有恋恋之心,未知后会何期,凄怆流涕。而先生厉声[15]高揖[16],此无乃[17]非亲亲之谓乎?"子高曰:"始焉,谓此二子丈夫[18]尔[19],今乃[20]知其妇人也。人生则有四方之志,岂[21]鹿、豕[22]也哉而常聚乎?"其徒曰:"若此[23],二子之泣非邪[24]?"答曰:"斯[25]二子,良人[26]也,有不忍之心[27],若[28]取于断[29],必不足矣!"(西汉·孔鲋《孔丛子·儒服》)

**【注释】**

[1]子高:即孔穿,字子高。战国时期鲁国人。孔子七世孙,孔箕之子。曾与著名思想家公孙龙辩论而成名。

[2]平原君:赵国贵族赵胜,赵武灵王之子、惠文王之弟。与齐国孟尝君田文、楚国春申君黄歇、魏国信陵君魏无忌合称"战国四公子"。

[3]邹文:与季节俱为平原君赵胜的门客,生卒年不详。

[4]相善:彼此交好。

[5]及:等到。

[6]诀:音绝。辞别,告别。

[7]既:副词。已,已经。

[8]宿:夜。

[9]涕:眼泪。

[10]交颐:满腮。颐:音宜。腮。

[11]徒:只,仅仅。

[12]抗手:举手示意告别。

[13]而已:用在陈述句末,表示限止语气,相当于"罢了"。

[14]分背就路:分别后各自上路。分背:分离。就路:上路。

[15]厉声:高声。
[16]高揖:双手抱拳高举过头作揖。古代作为辞别时的礼节。
[17]无乃:表示委婉的反问语气,相当于"莫非"、"恐怕是"。
[18]丈夫:犹言大丈夫,指有所作为的人。
[19]尔:语气词。表示肯定。
[20]乃:副词。才。
[21]岂:副词。表示反问。可译为"难道"、"怎么"。
[22]豕:音使。猪。
[23]若此:如此,这样。
[24]邪:音爷。疑问语气词。相当于现代汉语中的"呢"、"吗"。
[25]斯:指示代词。此,这。
[26]良人:贤者,善良的人。
[27]不忍之心:仁慈的心肠。
[28]若:假使,如果。
[29]断:决断。

**【译文】**

鲁国的子高去赵国。平原君赵胜门下的门客有叫邹文、季节的,他们俩和子高相处十分友善。等到子高将要回鲁国时,和那些老朋友道别结束后,邹文、季节又单独送了子高三夜。到了分手的时候,邹文、季节十分伤心,泪流满面,子高只是拱拱手而已。分手上路后,子高的学生问他:"您和这二位公子要好,彼此舍不得,不知道什么时候才能见面,感情凄然热泪直流。但是先生您大声告别举手作揖,这恐怕不能算是留恋亲密的朋友吧?"子高说:"开始,我认为他俩是大丈夫,现在才知道他俩就像妇人一样。人生应该有去往四方的雄心壮志,哪能像鹿、猪一样经常聚在一起呢?"他的学生说:"如果是这样的话,那么他们的哭泣是不对的吗?"子高说:"这两个人,都是贤者,有仁慈的心肠,可是在决断方面,就肯定不够了。"

## 鸿鹄之志

**【原文】**

陈胜[1]者,阳城[2]人也,字涉。吴广[3]者,阳夏[4]人也,字叔。陈涉少时,尝[5]

与人佣耕[6],辍[7]耕之[8]垄[9]上,怅恨[10]久之[11],曰:"苟[12]富贵,无[13]相忘。"佣者[14]笑而应曰:"若[15]为佣耕,何[16]富贵也?"陈涉太息[17]曰:"嗟乎[18]!燕雀[19]安[20]知鸿鹄[21]之志哉!"(西汉·司马迁《史记·陈涉世家》)

**【注释】**

[1]陈胜:生年不详,卒于公元前208年。字涉。楚国阳城(今河南省方城县)人。秦朝末年反秦义军的首领之一,与吴广一同在大泽乡(今安徽省宿州市西南)率众起兵,领导了中国历史上第一次大规模的农民起义战争。不久后在陈郡称王,建立张楚政权。后被秦将章邯所败,被车夫刺杀而死。

[2]阳城:古地名,今河南省方城县。

[3]吴广:生年不详,卒于公元前208年。字叔。阳夏(今河南省周口市太康县)人。与陈胜同为秦末农民起义领袖。吴广在攻打荥阳时,被同为起义军将领的田臧所杀。

[4]阳夏:古地名,今河南省周口市太康县。夏:音甲。

[5]尝:副词。曾,曾经。

[6]佣耕:受雇为田主耕种。

[7]辍:停止,废止。

[8]之:去,往。

[9]垄:音拢。田埂。

[10]怅恨:因失意而烦恼怨恨。

[11]久之:许久,很久。之:词缀,用在时间名词后面,没有实在意义。

[12]苟:连词。假使,如果。

[13]无:通"毋"。不要。

[14]佣者:一起耕种的被雇用的人。

[15]若:第二人称代词。你。

[16]何:疑问代词。怎么。

[17]太息:长叹,深深地叹息。

[18]嗟乎:叹词。表示感叹,相当于现在的"唉"。

[19]燕雀:泛指小鸟。这里比喻见识短浅的人。

[20]安:疑问代词。怎么,哪里。

[21]鸿鹄:比喻志向远大的人。鸿:大雁。鹄:音胡。天鹅。

**【译文】**

陈胜,是阳城人,字涉。吴广,是阳夏人,字叔。陈涉年轻的时候,曾经和别人一起被雇佣给人耕田,有一次他停止耕作走到田埂上,感慨怨恨了许久,说:"假如我将来富贵了,不会忘记大家的。"和他一起受雇佣的同伴们笑着回答说:"你是被雇佣给人家耕田的,怎么能富贵呢?"陈涉深深地叹息着说:"唉!燕子、麻雀这类小鸟怎么能知道大雁、天鹅的远大志向呢!"

# 投笔从戎

【原文】

家贫,常[1]为官佣书[2]以供养,久劳苦。尝[3]辍业[4]投[5]笔叹曰:"大丈夫无他志略[6],犹[7]当效傅介子[8]、张骞[9]立功异域[10],以取封侯,安[11]能久事笔砚间乎?"左右皆笑之。超[12]曰:"小子[13]安知壮士志哉!"后超出使西域[14],竟[15]立功封侯。(南朝·宋·范晔《后汉书·班超传》)

【注释】

[1]常:通"尝"。副词。曾,曾经。

[2]佣书:中国古代受人雇佣以抄书为业。魏晋、南北朝时期称经生,唐代称抄书人。

[3]尝:副词。曾,曾经。

[4]辍业:停止劳作。

[5]投:扔掉,抛弃。

[6]志略:志向,抱负。

[7]犹:副词。还,仍然。

[8]傅介子:生年不详,卒于公元前65年。北地(今甘肃省庆阳市西北)人。西汉著名外交家。曾出使大宛、楼兰、龟兹等。公元前77年奉命携带黄金锦绣至楼兰,于宴席中斩杀楼兰王。以功被汉昭帝封为义阳侯。

[9]张骞:生年不详,卒于公元前114年。字子文。汉中郡城固(今陕西省城固县)人。汉代卓越外交家,曾经奉命出使西域,为丝绸之路的开辟奠定基础,并从西域诸国引进了汗血马、葡萄、苜蓿、石榴、胡麻等。汉武时以功封博望侯,后为中郎将。

[10]异域:外国。

[11]安:疑问代词。怎么,哪里。

[12]超:即班超,生于公元 32 年,卒于公元 102 年。字仲升。扶风郡平陵县(今陕西省咸阳市)人。东汉时期著名军事家、外交家。史学家班彪的幼子,其长兄班固、妹妹班昭也是著名史学家。班超为人有大志,不修细节,但内心孝敬恭谨。不甘于为官府抄写文书,投笔从戎,随窦固出击北匈奴,又奉命出使西域,在长达三十一年的时间里,平定了西域五十多个国家,为西域回归、促进民族融合等做出了巨大贡献。

[13]小子:表示轻蔑的称呼。

[14]西域:汉代以后对今玉门关以西的新疆及中亚细亚等地区的总称。

[15]竟:最后,终于。

【译文】

班超家里贫穷,曾受官府所雇以抄书来养家糊口,时间长了非常辛苦。他曾经停止抄书的工作,将笔扔到一边叹息说:"身为大丈夫,虽没有什么突出的计谋才略,仍然应该学习在国外建功立业的傅介子和张骞,以封侯晋爵,怎么能够一直长久地在笔墨之间工作呢?"周围的人听了这话都笑他。班超便说道:"你们这些平平常常的人又怎能理解志士仁人的胸怀呢?"后来班超奉命出使西域,终于立下功劳,被朝廷封侯。

# 扫除天下

【原文】

蕃[1]年十五,尝[2]闲处一室,而庭宇芜秽[3]。父友同郡薛勤来候[4]之,谓藩曰:"孺子[5]何不洒扫以待宾客?"蕃曰:"大丈夫处世,当扫除天下,安[6]事[7]一室乎?"勤知其有清[8]世志,甚奇[9]之。(南朝·宋·范晔《后汉书·陈蕃传》)

【注释】

[1]蕃:即陈蕃,生年不详,卒于公元 168 年。字仲举。汝南平舆(今河南省驻马店市平舆县)人。东汉时期名臣,与窦武、刘淑合称"三君"。少有大志,师从胡广。桓帝时任太尉,灵帝时为太傅。心存天下,犯颜直谏。后与大将军窦武共同谋划翦除宦官,事败而死。

[2]尝:副词。曾,曾经。

[3]芜秽:杂草丛生。芜:音无。田地荒废。秽:音绘。杂草多。

[4]候:问候,看望。

[5]孺子:小子,常用于古时长辈对小辈之称。

[6]安:疑问代词。怎么,哪里。

[7]事:服侍。这里指"洒扫"。

[8]清:清明。这里是形容词的使动用法。使社会清明。

[9]奇:奇特。这里是形容词的意动用法。认为他奇特。

【译文】

陈蕃十五岁的时候,曾经独自住在一处,庭院以及屋舍杂草丛生,十分杂乱。他父亲同城的朋友薛勤来看望他,对他说:"小伙子你为什么不整理打扫房间来迎接客人呢?"陈蕃说:"大丈夫生活在这个世界上,应当以扫除天下的坏事为己任,怎么能在乎一间屋子的事情呢?"薛勤知道他有治理天下的志向,认为他与众不同。

# 澄清天下

【原文】

范滂[1]字孟博,汝南征羌[2]人也。少厉[3]清节[4],为州里所服,举[5]孝廉[6]、光禄四行[7]。时[8]冀州[9]饥荒,盗贼群起,乃以滂为清诏使[10],案察[11]之。滂登车揽辔,慨然[12]有澄清天下之志。(南朝·宋·范晔《后汉书·范滂传》)

【注释】

[1]范滂:生于公元137年,卒于公元169年。字孟博。汝南征羌(今河南省漯河市)人。东汉名臣,江夏八俊之一。按察郡县不法官吏,举劾权豪。后因党锢之狱而死于狱中。

[2]征羌:古地名,今河南省漯河市。

[3]厉:磨砺,锻炼。

[4]清节:清操,高洁的节操。

[5]举:推举,举荐。

[6]孝廉:汉代选拔官吏的两种科目。孝:指孝子。廉:指廉洁之士。后来被举荐的人也称为"孝廉"。

[7]光禄四行:与孝廉同属汉代察举的四科之一,被举者为光禄勋的属官,须具备质朴、敦厚、逊让、节俭四种品行。

[8]时:当时。

[9]冀州:古地名,九州之一,今河北省冀州市。

[10]清诏使:官名,汉三公府置清诏掾,掌奉命出使某地察举诏书指定的事。在府称清诏掾,出使时称清诏使。

[11]案察:查办,查处。

[12]慨然:感情激昂的样子。

**【译文】**

范滂,字孟博,是汝南征羌人。从小磨砺出高洁的节操,受到州郡和乡里人的钦佩,先后被举荐为孝廉、光禄四行。当时冀州地区发生饥荒,盗贼纷纷而起,于是朝廷就任用范滂为清诏使,派他前去巡行查办。范滂刚赴任,坐上车子,拿起缰绳,感情激昂意气风发有肃清天下混乱局面的大志。

## 松柏志存

**【原文】**

南阳[1]宗世林[2],魏武[3]同时,而甚薄[4]其为人,不与之交。及[5]魏武作司空[6],总揽[7]朝政,从容[8]问宗曰:"可以交未[9]?"答曰:"松柏之志犹[10]存。"世林既以忤[11]旨见[12]疏[13],位不配德[14]。文帝兄弟[15]每造[16]其门,皆独拜床下。其见礼如此。(南朝·宋·刘义庆《世说新语·方正》)

**【注释】**

[1]南阳:古地名,今河南省南阳市。

[2]宗世林:东汉末南阳人,生卒年不详。刘孝标注《世说新语》引《楚国先贤传》所载,宗世林年轻时"修德雅正,确然不群,征聘不就,闻德而至者如林"。

[3]魏武:即魏武帝曹操,曹魏政权的奠基人。

[4]薄:轻视,看不起。

[5]及:到,等到。

[6]司空:古代官名,西周始设,是三公之一。汉献帝建安十三年(公元208年)改司空为御史大夫,主管礼仪、德化、祭祀等。

[7]揽:执,把持。

[8]从容:悠闲舒缓,不慌不忙。

[9] 未:语气词。用在句末表示疑问。

[10] 犹:副词。尚且,还。

[11] 忤:音五。违反,抵触。

[12] 见:被。

[13] 疏:疏远。

[14] 位不配德:官职与德行等不相配。这里指曹操只是在礼节上厚待宗世林,但是压低他的官职。

[15] 文帝兄弟:指曹操的儿子曹丕、曹植等。文帝:魏文帝曹丕。

[16] 造:到……去。这里的意思是拜访。

【译文】

南阳人宗世林,与魏武帝曹操同一时代,但特别瞧不起曹操的为人,不和曹操交往。等到曹操官至司空,总揽了朝政大权后,他悠闲舒缓地对宗世林说:"现在我们可以交往了吗?"宗世林拒绝说:"我内心深处像松柏一样坚强的意志依然没有改变。"宗世林已经因为违背旨意而被曹操疏远,所以官位一直不高,与他的德行极不相称。曹丕兄弟每次登门拜访,都跪拜在他坐榻下。他所受的礼遇已经到了如此地步。

# 志存高远

【原文】

志当存高远,慕先贤[1],绝情欲,弃凝滞[2]。使庶几[3]之志揭然[4]有所存,恻然[5]有所感。忍屈伸,去细碎,广咨询,除嫌吝[6],虽有淹留[7],何损于美趣,何患于不济[8]。若[9]志不强毅,意不慷慨[10],徒[11]碌碌滞于俗,默默束于情,永窜伏[12]于凡庸,不免于下流[13]矣。(三国·蜀·诸葛亮《诫外甥书》)

【注释】

[1] 先贤:前代的贤人。

[2] 凝滞:心思局限于某个范围。

[3] 庶几:借指贤才。

[4] 揭然:指明白清楚。语义来自成语"昭然若揭"。

[5] 恻然:悲伤的样子。

[6]嫌吝:嫌疑与吝啬。

[7]淹留:这里指因受到羁绊而有所滞留。

[8]济:渡。这里指达到目的,成功。

[9]若:假设连词。如果。

[10]慷慨:充满正气,有昂扬的斗志。

[11]徒:白白地,空空地。

[12]窜伏:逃匿,隐藏。

[13]下流:地位微贱或平庸的人。

【译文】

一个人应当有高尚远大的志向,敬仰先代的贤人,戒绝情欲,抛弃阻碍自己前进的心理因素。使贤才的志向在自己身上有明显的体现,在自己内心深深地引起震撼。要能忍住屈伸,丢弃琐碎的东西,广泛地向别人拜访问询,去除猜疑和吝啬,这样即使因为受到羁绊而滞留,也不会损伤自己的美好的志趣,也不用担心达不到目的。倘若志向不刚强坚毅,意气不慷慨激昂,那就会碌碌无为地沉湎于流俗,默默无闻地被情欲束缚,必将长久地隐藏在平庸的人中间,甚至免不了成为卑贱的下流之辈。

# 中流击楫

【原文】

帝[1]乃以逖[2]为奋威将军[3]、豫州[4]刺史[5],给[6]千人廪[7],布三千匹,不给铠仗[8],使自招募[9]。仍将[10]本[11]流徙[12]部曲[13]百余家渡江。中流[14]击楫[15]而誓曰:"祖逖不能清[16]中原而复[17]济[18]者,有如大江!"辞色[19]壮烈,众皆慨叹。(唐·房玄龄等《晋书·祖逖传》)

【注释】

[1]帝:东晋晋元帝司马睿。

[2]逖:即祖逖,生于公元266年,卒于公元321年。字士稚。范阳遒县(今河北省保定市涞水县)人。东晋名将。公元313年,奉元帝司马睿旨意以奋威将军、豫州刺史的身份进行北伐,数年间收复黄河以南大片土地,使得石勒不敢南侵,进封镇西将军。后因势力强盛,受到朝廷的忌惮,并派戴渊相牵制。公元321年,祖

逖因朝廷内明争暗斗，国事日非，忧愤而死，北伐功败垂成。

[3]奋威将军：西汉始置的将军名号，两晋沿之。

[4]豫州：古地名，古九州之一。东晋时治所于陈县，今河南省周口市淮阳县。

[5]刺史：古代官名，职责是巡查郡县。汉武帝元封五年（公元前106年）始置，分中国为十三部（州），各置部刺史一人，后通称刺史。刺：检核问事之意。

[6]给：音己。供给，供应。

[7]廪：音凛。官府供给的粮食。

[8]铠仗：铠甲及作战兵器。

[9]招募：征召募集。

[10]将：音浆去声。率领，带领。

[11]本：原来的。

[12]流徙：流落，迁移。

[13]部曲：部属，军队。古代豪门大族的私人军队叫部曲，由本族贫民、佃户等组成。

[14]中流：水流的中央，渡程的中间。

[15]楫：音及。船桨。

[16]清：形容词的使动用法。使……清明。

[17]复：又，再。

[18]济：渡。

[19]辞色：言辞和神色。

**【译文】**

晋元帝就任命祖逖为奋威将军、豫州刺史，供给他可供一千人吃的粮食和三千匹布，但不提供铠甲武器，让他自己招募士兵。祖逖就率领着先前一同流亡来的部属一百多户乡亲一起渡过长江，船到江中，他就敲击着船桨发誓说："我祖逖如果不能使中原清明安宁而再来渡过这条江的话，就像这条大江流逝一样不能复返。"他言辞神色慷慨壮烈，大家都为之慨叹。

## 解印归田

**【原文】**

素[1]简贵[2]，不私事[3]上官[4]。郡遣督邮[5]至县，吏白[6]应束带[7]见之，潜[8]

叹曰:"吾不能为五斗米[9]折腰,拳拳[10]事乡里小人邪[11]!"义熙[12]二年,解印去[13]县,乃赋《归去来》。(唐·房玄龄等《晋书·陶潜传》)

【注释】

[1]素:一向,向来。

[2]简贵:简傲高贵。

[3]私事:私下侍奉,这里指逢迎巴结。事:侍奉,为……服务。

[4]上官:上司,长官。

[5]督邮:官名。汉置,郡的重要属吏,代表太守督察县乡,宣达教令,兼司狱讼捕亡。唐以后废。

[6]白:下对上告诉,陈述。

[7]束带:整饬衣服,表示端庄严肃。

[8]潜:即陶潜,生于公元365年,卒于公元427年。字元亮,又字渊明,号五柳先生,私谥靖节。浔阳柴桑(今江西省九江市)人。东晋末期南朝宋初期伟大的文学家。曾做过几年小官,后因厌烦官场辞官回家,从此隐居不出。

[9]五斗米:指微薄的俸禄。

[10]拳拳:勤勉的样子。

[11]邪:音爷。疑问语气词。相当于现代汉语的"吗"、"呢"。

[12]义熙:东晋皇帝晋安帝司马德宗年号,始于公元405年,止于公元419年。

[13]去:离开。

【译文】

陶潜向来骄傲自矜,从来不巴结上级的长官。郡上派遣督邮来县里,他手下的官吏告诉他说应该整束好衣带出去迎接,陶潜叹息说:"我不能为五斗米这点儿俸禄折腰,低声下气地服侍乡里的小人!"义熙二年,陶潜解去县衔大印辞官离开县里,于是作成赋《归去来》。

## 乘风破浪

【原文】

宗悫[1],字元干,南阳涅阳[2]人也。叔父炳,高尚[3]不仕[4]。悫年少时,炳问其志,悫曰:"愿乘长风破万里浪。"炳曰:"汝不富贵,必破[5]我门户。"兄泌娶妻,始入门,夜被劫。悫年十四,挺身拒[6]贼,贼十余人皆披散[7],不得入室。时[8]天下无事,士人并[9]以文艺[10]为业,炳素[11]高节[12],诸子群从[13]皆好学,而悫独任气[14]好武,故不为[15]乡曲[16]所称[17]。(南朝·梁·沈约《宋书·宗悫传》)

**【注释】**

[1]宗悫:生卒年不详。字元干。南阳涅阳(今河南省南阳市镇平县)人。南北朝时期宋朝人。少有远志,后为大将军。卒赠征西将军,谥号肃侯。悫:音却。

[2]涅阳:古地名,今河南省南阳市镇平县。

[3]高尚:指志趣高尚。

[4]仕:做官。

[5]破:超出。

[6]拒:抵御,抵抗。

[7]披散:分散,这里指强盗逃散。

[8]时:当时。

[9]并:一并,一起。

[10]文艺:文学,艺术。

[11]素:向来,一向。

[12]高节:高其节操,坚守高尚的节操。高:形容词的使动用法。

[13]诸子群从:指众多年轻的兄弟子侄。从:堂房亲属。

[14]任气:放任意气。

[15]为:被。

[16]乡曲:本为偏僻的地方,这里指乡里。

[17]称:称赞,称颂。

**【译文】**

宗悫,字元干,是南阳涅阳人。他的叔父是宗炳,宗炳志趣高尚但不做官。宗悫小的时候,宗炳问他长大后志向是什么,宗悫回答说:"希望乘着船顺风在大浪里驰骋。"宗炳说:"即使你不能富贵,也一定会光宗耀祖的。"宗悫的哥哥宗泌结婚,媳妇才进门,当晚就有强盗来打劫。当时宗悫才十四岁,却挺身而出抵御强盗,把十几个强盗打得四下溃散,进不了正屋。当时天下太平,有名望的文人都认为学习文章考取功名是正业。宗炳向来学问高,许多年轻的兄弟子侄也都爱好学习。然而只有宗悫放任意气又爱好武艺,因此不被乡亲称赞。

## 不为瓦全

**【原文】**

天保[1]时,诸元[2]帝室亲近者多被诛戮。疏宗[3]如景安[4]之徒议欲请姓高氏,景皓[5]曰:"岂得[6]弃本宗[7],逐[8]他姓?大丈夫宁可玉[9]碎,不能瓦全。"景安遂以此言白[10]显祖[11],乃收[12]景皓诛之,家属徙[13]彭城[14],由是[15]景安独赐姓高氏。(唐·李百药《北齐书·元景安传》)

**【注释】**

[1]天保:北齐文宣帝高洋年号。始于公元550年,止于公元560年。

[2]元:北魏孝文帝拓跋宏于太和二十年(公元497年)春诏令改拓跋姓为元氏。

[3]疏宗:关系较远的宗室。疏:远。

[4]景安:元姓,河南洛阳人,北魏皇族之后,后改高姓。

[5]景皓:元景安堂兄。

[6]岂得:怎能,怎可。

[7]宗:家族,宗族。

[8]逐:追求。

[9]玉:和下文的"瓦"都是名词作状语。

[10]白:下对上告诉,陈述。

[11]显祖:北齐显祖文宣帝高洋。

[12]收:逮捕。

[13]徙:音喜。迁移。

[14]彭城:古地名,今江苏省徐州市,历史上亦有涿鹿之名。

[15]由是:于是,因此。

**【译文】**

北齐文宣帝天保年间,与元姓皇室亲戚关系较近的人都被杀害了。亲戚关系较远的宗亲如元景安等商议想要改姓高氏,元景皓说:"怎么可以放弃自己的宗姓,而去追求别人的姓呢?大丈夫宁可像玉器一样被打碎,也绝不像瓦片一样苟存!"元景安于是将这番话告诉了北齐显祖文宣帝高洋,高洋就逮捕元景皓并杀掉了他,把他的家属迁徙到彭城,于是只有元景安单独被赐姓高。

# 弱冠自誓

【原文】

暹[1]在家孝友,爱抚异母弟昱[2]甚厚。然素[3]无学术,每当朝[4]谈议,涉[5]于浅近。常以公清勤俭为己任,时[6]亦矫情[7]为之。弱冠[8]便自誓不受亲友赠遗[9],以终其身。及[10]卒,上[11]甚悼惜[12]之,遣中使[13]就[14]家视其丧事,内[15]出绢[16]三百匹以赐之。尚书省[17]及故吏赙赠[18]者,其子孝友[19]遵其素约[20],皆拒而不受。(后晋·刘昫等《旧唐书·杜暹传》)

【注释】

[1]暹:杜暹,生于公元678年,卒于公元740年。濮州濮阳(今河南省濮阳市)人。唐玄宗时宰相。以至孝擢明经第,玄宗开元十四年(公元726年)拜相,任黄门侍郎同中书门下平章事,擢户部尚书,以廉洁著称。后深受皇帝宠爱,曾数次赐书与他,并取代李林甫为礼部尚书,封魏县侯。开元二十八年(公元740年)卒,谥号贞肃,改贞孝,赠尚书右丞相。暹:音先。

[2]昱:杜昱,杜暹同父异母弟弟。

[3]素:向来,一向。

[4]当朝:在朝廷上。

[5]涉:阅览。

[6]时:有时。

[7]矫情:掩饰真情。

[8]弱冠:古代男子二十岁行冠礼,表示已经成人,但体还未壮,所以称作弱冠。后泛指男子二十岁左右的年纪。

[9]遗:音未。给予,赠送。

[10]及:到,等到。

[11]上:皇上,这里指唐玄宗李隆基。

[12]悼惜:哀伤惋惜。多用于对死者。

[13]中使:宫中派出的使者,多指宦官。

[14]就:到。

[15]内:宫里。

[16]绢:音倦。一种生丝织成的丝织品,古代多作书画、装潢用料。

[17]尚书省:中国古代官僚机构,魏晋至宋代封建政府中央最高政令机构,至唐末已有名无实。

[18]赙赠:赠送丧家以财物。赙:音复。拿钱财帮助别人办理丧事。

[19]孝友:杜孝友,杜暹的儿子。

[20]素约:旧约,原来的约定。

【译文】

杜暹在家孝顺友爱,十分关心爱护自己同父异母弟弟杜昱。杜暹常以公正清廉勤劳节俭为己任,年轻时就立誓不接受亲友馈赠,一生如此。他去世后,皇上感到十分惋惜,派宦官到他家中探望丧事的办理,宫内拿出三百匹绢赐予他家。尚书省及过去与他共事的官吏赠给的丧葬财物,他的儿子杜孝友遵守父亲一向的约束,一概拒绝不曾接受。

# 有志天下

【原文】

范仲淹[1]二岁而孤[2],母贫无靠,再适[3]常山朱氏。既[4]长,知其世家[5],感泣辞母,去[6]之[7]南都[8]入学舍。昼夜苦学,五年未尝[9]解衣就寝。或[10]夜昏怠,辄[11]以水沃[12]面。往往糜[13]粥不充,日昃[14]始食,遂[15]大通六经[16]之旨,慨然[17]有志于天下。既任,每慷慨[18]论天下事,奋不顾身。以力主革除弊政,被逸[19]受贬,庆历[20]五年由参知政事谪[21]守邓州[22]。勤政爱民,有政声,常自诵曰:"士当先天下之忧而忧,后天下之乐而乐也。"死之日,四方闻者,皆为叹息。(南宋·朱熹、李幼武《宋名臣言行录》)

【注释】

[1]范仲淹:生于公元989年,卒于公元1052年。字希文。河北真定府(今河北省正定市)人。北宋著名的政治家、思想家、军事家和文学家,世称"范文正公"。

[2]孤:幼年丧父。

[3]适:嫁。

[4]既:副词。已经。

[5]世家：家世。

[6]去：离开，离去。

[7]之：去，到……去。

[8]南都：宋真宗大中祥符七年(公元1014年)正月,宋真宗建应天府为南京(今河南省商丘市)，称为南都。

[9]尝：副词。曾，曾经。

[10]或：肯定性无定代词。有时，有时候。

[11]辄：就。

[12]沃：浇。这里是"洗"的意思。

[13]糜：音迷。粥。

[14]日昃：太阳偏西。昃：音仄。太阳过午为昃。

[15]遂：于是，就。

[16]六经：儒家的六部经典，始见于《庄子·天运》。是指经过孔子整理而传授的六部先秦典籍《周易》《尚书》《诗经》《仪礼》《乐经》《春秋》，其中《乐经》已经亡佚，所以通常称"五经"。

[17]慨然：感情激昂的样子。

[18]慷慨：充满正气，情绪激昂。

[19]谗：音缠。说别人的坏话。

[20]庆历：宋仁宗年号，始于公元1041年，止于公元1048年。

[21]谪：音哲。贬职。

[22]邓州：古地名，位于河南省西南部，豫、鄂交界部，西通巴蜀，南控荆、襄，素有"三省雄关"之称。

【译文】

范仲淹两岁的时候死了父亲。母亲很穷，没有依靠，就改嫁到了常山的朱家。范仲淹长大以后，知道了自己的身世，含着眼泪告别母亲，离开朱家去应天府的学舍读书。他白天、深夜都认真读书，五年中竟然没有曾经脱去衣服上床睡觉。有时夜里感到昏昏欲睡，就把水浇在脸上。范仲淹常常是连粥都吃不上，直到日头偏西才吃一点东西。就这样，他领悟了六经的主旨，后来又感情激昂地立下了造福天下的志向。做官以后，每每充满正气情绪激昂地议论天下事，感情激愤不考虑自身。因为力主革新废除弊政，被坏人进献谗言贬职，庆历五年由参知政事贬职到邓州。到了邓州后勤勉从政爱护百姓，非常有声望，经常自己说："一个仁人志士应该在天下人之前忧虑，在天下人之后享乐。"范仲淹死的时候，听说他死讯的人都为他叹息。

## 相见无愧

【原文】

刘敏中[1]，字端甫，济南章丘人。幼卓异[2]不凡，年十三，语[3]其父景石曰："昔[4]贤足于学而不求知，丰于功而不自炫[5]，此后人所弗[6]逮[7]也。"父奇[8]之。乡先生杜仁杰[9]爱其文，亟[10]称之。敏中尝[11]与同侪[12]各言其志，曰："自幼至老，相见而无愧色，乃吾志也。"（明·宋濂等《元史·刘敏中传》）

【注释】

[1]刘敏中：生于公元1243年，卒于公元1318年。字端甫，号中庵。济南章丘（今山东省章丘市）人。元代文学家。一生为官清正，以时事为忧。仕世祖、成宗、武宗三朝，多为监察官，受到皇帝的嘉赞。

[2]卓异：高出于一般，出众。

[3]语：音玉。告诉，对……说。

[4]昔：从前，过去。

[5]炫：音绚。炫耀，自夸。

[6]弗：不，不能。

[7]逮：及，赶得上。

[8]奇：形容词的意动用法。认为……很奇特。

[9]杜仁杰：约生于公元1201年，卒于公元1282年。原名之元，又名征，字仲梁，号善夫，又号止轩。济南长清（今山东省济南市）人。元代散曲家。性善谑，才学宏博。淡于名利，不求仕进。大部分岁月流连于山水之间，平生与元好问相契，有诗文相酬。元好问曾两次向耶律楚材推荐，但他都没有出仕。

[10]亟：音气。屡次。

[11]尝：副词。曾，曾经。

[12]同侪：同伴，辈分相同的人。侪：音柴。同辈，同类的人。

【译文】

刘敏中，字端甫，济南章丘人。幼年时就很出类拔萃，超于常人，十三岁的时候对他的父亲刘景石说："前代的贤人有充足的学识但从不求别人的赏识，有丰硕的功劳但从不自我炫耀,这不是后人所能赶得上的。"父亲认为他的话很奇特。本地的先生杜仁杰喜欢他的文采,屡次称赞他。刘敏中曾经同他的同辈人说各自的志向,说起自己的志向时他说:"从幼年直到老年,与同伴们互相见面时面无愧色,就是我的志向啊。"

## 死志早定

【原文】

关忠节公天培[1],道光[2]朝名将也。起行伍[3],拜专阃[4],官广东水师提督。时[5]海警[6]方[7]萌芽,与林文忠[8]经营十台[9],累战克[10]捷。奏上,公卿相贺。嗣[11]以和战聚讼[12],廷议蜩羹[13],孤军莫[14]援,公卒[15]身受数十创以殉[16],天下痛之。方公以海运[17]入都,常[18]从故人饮酒肆[19]中,醉而言曰:"日者[20]谓吾生当扬威,死当庙食[21],今吾年四十余,安[22]有是哉!"夷[23]难起,缄[24]一匣寄家人,坚不可开。及后启视,则堕齿数枚,赐衣一袭[25]而已[26],盖[27]死志早定也。(清·陈康祺《郎潜纪闻》)

【注释】

[1]关天培:生于公元1781年,卒于公元1841年。字仲因,号滋圃。江苏淮安府山阳县(今江苏省淮安市)人。清末著名爱国将领,民族英雄。谥忠节,封振威将军。

[2]道光:清宣宗旻宁年号,始于公元1821年,止于公元1851年。

[3]行伍:我国古代兵制,五人为伍,五伍为行,后用行伍指军队。

[4]专阃:专主京城以外的权事。阃:音捆。指统兵在外的将帅。

[5]时:当时。

[6]海警:这里指御海上来犯之敌的军队。

[7]方:刚刚。

[8]林文忠:清末爱国名将、民族英雄林则徐,死后谥号文忠。

[9]十台:虎门有大角、沙角、镇远、横档、大虎、新涌、蕉门、永安、巩固等十座炮台,称为"虎门十台"。

[10]克:能,能够。

[11]嗣:音四。随后。

[12]聚讼:众口争辩。讼:音宋。争论,争辩。

[13]蜩羹:"蜩螗沸羹"的省略。形容声音嘈杂喧闹、纷扰不宁,好像蝉噪、水滚、羹沸一样。蜩螗:音条唐。蝉。羹:音耕。浓汤。

[14]莫:否定性无定代词。没有人,没有谁。

[15]卒:最后,最终。

[16]殉:音迅。为某种目的而牺牲生命。

[17]海运:指由海道运粮至京师。

[18]常:通"尝"。副词。曾,曾经。

[19]酒肆:酒家,酒店。肆:音四。店铺。

[20]日者:古时以占候卜筮为业的人。

[21]庙食:指人死后受人尊敬,立庙奉祀,享受祭飨。

[22]安:疑问代词。哪里。

[23]夷:中国旧时指外国。

[24]缄:音尖。封闭,闭口。

[25]袭:量词。指成套的衣服。

[26]而已:用在陈述句末,表示限止语气,相当于"罢了"。

[27]盖:副词。大概。

## 【译文】

关忠节公名字叫关天培,是道光年间有名的爱国将领。出身戎马,后来统率江南水军,官至广东水师提督。当时抵御海上来犯之敌的水兵部队刚刚建立不久,他和林则徐二人建造守卫虎门的十座炮台,屡战屡胜。捷报禀告给皇上,大臣们也都祝贺。后来由于主战主和争论不休,朝廷上也无定论,关天培孤军没有援兵,最后身受数十创伤以身殉国,天下百姓为他感到痛心。当初关天培由海道运粮到达京师时,曾经和朋友在酒家饮酒,喝醉后说:"算卦的说我活着时能威名远扬,死后能被人供奉祭奠,现在我都四十多岁了,哪里可能像算卦的说的那样呢!"外寇入侵后关天培誓死御敌,封好一个匣子寄给家人,非常牢固很难打开。等到后来打开后仔细看,里面只有几枚他坠掉的牙齿和皇帝赐予的一件衣服罢了,原来他早已定下必死的信念啊!

# 第五 · 奉公篇

奉公就是奉公行事，不徇私情。唐朝武后曾制定《臣轨》，告诉臣下"人臣之公者，理官事则不营私家，在公门则不言货利，当公法则不阿亲戚"，这是古代人们对为官者最为理想的要求与约束，也是一种合理的期盼。

无论在古代，还是在现代社会，奉公都要求人要守法，同时还应廉洁自律。在现代社会，奉公更多地表现为爱护集体，以国家和人民的利益为重，不计较个人的得失与恩怨。

本篇共选文三十章。

# 法斩后至

【原文】

穰苴[1]既[2]辞,与庄贾[3]约曰:"旦日[4]日中会于军门[5]。"穰苴先驰至军,立表[6]下漏[7],待贾。贾素[8]骄贵,以为将己之军而己为监[9],不甚急。亲戚左右送之,留饮。日中而贾不至。穰苴则仆[10]表决[11]漏,入,行军[12]勒兵[13],申明约束[14]。约束既定,夕时,庄贾乃[15]至。穰苴曰:"何后期为[16]?"贾谢[17]曰:"不佞[18]大夫亲戚送之,故留。"穰苴曰:"将受命之日,则忘其家;临军约束,则忘其亲;援[19]枹[20]鼓之急,则忘其身。今敌国深侵,邦内骚动[21],士卒暴露[22]于境,君寝不安席,食不甘味。百姓之命皆悬[23]于君,何谓[24]相送乎?"召军正[25]问曰:"军法,期[26]而后至者云何[27]?"对曰:"当斩。"庄贾惧,使人驰报景公[28],请救。既往,未及[29]反[30],于是遂[31]斩庄贾以徇[32]三军。三军之士皆振栗[33]。(西汉·司马迁《史记·司马穰苴列传》)

【注释】

[1]穰苴:音瓤驹。即田穰苴,又称司马穰苴,生卒年不详。春秋末期齐国景公时人。田穰苴是继姜尚之后一位承上启下的著名军事家,曾率齐军击退晋、燕入侵之军,因功被封为大司马,子孙后世称司马氏。唐肃宗叫将田穰苴等历史上十位功名卓著的名将供奉于武成王庙内,被称为"武庙十哲"。

[2]既:已经。

[3]庄贾:春秋末期齐国景公宠臣,被司马穰苴以违反军令而杀。

[4]旦日:明日,第二天。

[5]军门:军营的门。

[6]表:古代测量日影、定时刻的标杆。

[7]漏:也叫漏壶。古代计时器,铜制有孔,可以滴水或漏沙,有刻度标志以计时间。

[8]素:向来,一向。

[9]监:监军,古代监督军队的官员。

[10]仆:音扑。倒下,这里是使动用法。

[11]决:原指疏通水道,这里指打开漏壶,排除中间的沙或水。

[12]行军:巡视军队。

[13]勒兵:整理部队。

[14]约束:规章,法令。

[15]乃:副词。才。

[16]何后期为:为什么迟到了呢?

[17]谢:道歉。

[18]不佞:不才的我,用作谦称。佞:音泞。

[19]援:拿起,拿过来。

[20]枹:音浮。鼓槌。

[21]骚动:动荡,不安宁。

[22]暴露:露在外面,无所遮蔽。这里指士卒连年征战在外。

[23]悬:挂,系挂。

[24]何谓:为什么,干什么。谓:通"为"。

[25]军正:军中执法官。

[26]期:约会,约期。

[27]云何:如何,怎么办。

[28]景公:春秋后期齐国君主,姜姓,吕氏,名杵臼。公元前547年至公元前489年在位。

[29]及:来得及。

[30]反:返回,回来。这个意义后来写作"返"。

[31]遂:就。

[32]徇:音迅。示众。

[33]振栗:惊恐,颤抖。

【译文】

司马穰苴告辞之后,与庄贾约定说:"明天正午在军营门外相会。"第二天,司马穰苴先驰车到达军营门外,树立日表,打开漏壶,等待庄贾。庄贾一向骄傲自大,认为率领自己的军队而由自己来当监军,不是十分着急。亲戚和身边的人为他送别,留下宴饮。到了正午庄贾仍未来。司马穰苴便放倒日表,截断滴漏,先入军营大门,整顿军队,反复说明各项规定。规定既经确立,到了傍晚,庄贾才到。司马穰苴问:"为什么迟到?"庄贾道歉说:"本人因为大夫和亲戚相送,所以耽搁了。"司马穰苴说:"将领从接受任命之日就应忘记自己的家庭;从亲临军营申明号令就应忘记自己的亲人;拿过鼓槌擂鼓急切的时候就应忘记自己。现在别的国家入侵我国,全国上下非常动荡,士兵连年征战于境内,国君睡不安稳,吃得没有味道,百姓的命运都挂在您的身上,为什么还要相送呢!"叫过来军中的执法官问道:"按照军法,按期不到者应如何处置?"回答说:"应当斩首。"庄贾非常害怕,派人驰车报告齐景公,请求救命。人已经走了,还没来得及返回,庄贾已被斩首示众于三军。全军将士都惊恐万分。

## 奉公如法

【原文】

赵奢[1]者,赵之田部吏[2]也。收租税而平原君[3]家不肯出租,奢以[4]法治之,杀平原君用事者[5]九人。平原君怒,将杀奢。奢因[6]说[7]曰:"君于赵为贵公子,今纵[8]君家而不奉公则法削[9],法削则国弱,国弱则诸侯加兵,诸侯加兵是[10]无赵也,君安[11]得有此富乎?以君之贵,奉公如法则上下平[12],上下平则国强,国强则赵固,而君为贵戚,岂轻[13]于天下邪[14]?"平原君以为贤,言之于王。王用之治国赋[15],国赋大平,民富而府库[16]实。(西汉·司马迁《史记·廉颇蔺相如列传》)

【注释】

[1]赵奢:生卒年不详。嬴姓,赵氏,名奢。战国时期赵国名将,东方六国的八大名将之一,因战功被赵王赐号"马服君"。

[2]田部吏:征收田赋的小官。

[3]平原君:赵胜,战国四公子之一,赵国贵族。武灵王之子,惠文王之弟。因贤能而闻名,号平原君。

[4]以:依照,按照。

[5]用事者:当权管事的人。

[6]因:于是,就。

[7]说:音睡。劝说,说服。

[8]纵:放纵,放任。

[9]削:音薛。削减,削弱。

[10]是:代词,复指前面所说的情况。可以翻译成"这种情况"。

[11]安:疑问代词。哪里。

[12]上下平:指上面的王公贵族和下面的普通百姓都公平相待。

[13] 轻于天下:被天下人轻视。轻:轻视。于:被。

[14] 邪:音爷。疑问语气词。相当于现代汉语的"吗"、"呢"。

[15] 国赋:国家的税务收入。

[16] 府库:旧指国家贮藏财物、兵甲的处所。

【译文】

赵奢,是赵国征收田租的小官吏。在收租税的时候,平原君家不肯缴纳,赵奢依法处置,杀了平原君家九个当权管事的人。平原君大怒,要杀死赵奢。赵奢借着机会劝说道:"您在赵国是贵公子,现在要是纵容您家管事的而不遵奉公家的法令,就会使法令削弱,法令削弱了就会使国家衰弱,国家衰弱了诸侯就要出兵侵犯,诸侯出兵侵犯这种情况就会导致赵国灭亡,您还怎能保有这些财富呢?以您的地位和尊贵,能奉公守法就会使国家上下公平,上下公平就能使国家强盛,国家强盛了赵氏的政权就会稳固,而您身为赵国贵戚,难道还会被天下人轻视吗?"平原君认为他很有才干,把他推荐给赵王。赵王任用他掌管全国的赋税,全国赋税非常公平合理,民众富足,国库充实。

# 天子按辔

【原文】

上[1]自劳[2]军。至霸上[3]及棘门[4]军,直驰入,将以下骑送迎。已而[5]之[6]细柳[7]军,军士吏被[8]甲,锐[9]兵刃,彀[10]弓弩[11],持满[12]。天子先驱[13]至,不得入。先驱曰:"天子且[14]至!"军门都尉[15]曰:"将军令[16]曰:'军中闻将军令,不闻天子之诏[17]。'"居无何[18],上至,又不得入。于是上乃使使持节[19]诏将军:"吾欲入劳军。"亚夫[20]乃传言开壁[21]门。壁门士吏谓从属车骑[22]曰:"将军约[23],军中不得驱驰[24]。"于是天子乃按辔[25]徐[26]行。至营,将军亚夫持兵[27]揖[28]曰:"介胄[29]之士不拜,请以军礼见。"天子为动,改容[30]式[31]车。使人称谢:"皇帝敬劳将军。"成礼而去[32]。(西汉·司马迁《史记·绛侯周勃世家》)

【注释】

[1] 上:指汉文帝刘恒。

[2] 劳:慰问,慰劳。

[3] 霸上:也作"灞上",在今陕西省西安市东,因在霸水西高原上得名。

[4]棘门:古地名,原为秦宫门,在今陕西省咸阳市东北。汉文帝时驻兵棘门,以防匈奴。

[5]已而:不久,旋即。

[6]之:往,到。

[7]细柳:地名,在今陕西省咸阳市西南渭河北岸,西汉周亚夫曾屯军于此。

[8]被:覆盖,穿。这个意义后来写作"披"。

[9]锐:锐利,尖锐。这里是形容词的使动用法。使刀刃锐利。

[10]彀:音够。把弓拉满。

[11]弩:音努。弩弓,一种利用机械力量发箭的弓。

[12]持满:把弓弦拉足。

[13]先驱:先锋,先导。

[14]且:将,将要。

[15]军门都尉:守卫军营的将官,职位略低于将军。

[16]令:命令,号令。

[17]诏:诏书,皇帝的命令或文告。

[18]无何:不久,很短时间之后。

[19]节:符节,皇帝给的凭证。

[20]亚夫:即周亚夫,生于公元前199年,卒于公元前143年。西汉沛县(今江苏省丰县)人。西汉名将绛侯周勃次子,著名军事家。文帝时,以河内守为将军,防守细柳,军令严整。景帝时,任太尉,三个月平定吴楚七国之乱,迁为丞相。

[21]壁:壁垒,营垒。

[22]车骑:即车骑将军,汉代将军的名号。

[23]约:立约,约定。

[24]驱驰:策马快奔。

[25]按辔:用手压着马缰绳。按:用手压着或摁住。辔:音配。马缰绳。

[26]徐:慢慢地。

[27]兵:兵器。

[28]揖:音医。作揖,拱手行礼。

[29]介胄:铠甲和头盔。这里是名词活用为动词。披甲戴盔。介:铠甲。胄:音宙。头盔。

[30]改容:改变仪容,动容。

[31]式车:在车上俯身扶着车前的横木,表示尊敬。式:车前的横木。这个意

义后来写作"弑"。

[32] 去：离去，离开。

**【译文】**

皇帝亲自慰劳军队。来到霸上和棘门军营，皇帝车马径直驶入军营，将领们都下马迎接和送别。马上就去细柳军营，细柳军营的军士官吏身披铠甲，拿着锋利的兵刃，张开弓弩，拉得满满的。天子的先导士兵到了，不能进入军营。先导士兵说："天子将要到了。"军营门的都尉军官说："将军命令说：'军队中听将军命令，不听天子的诏令。'"过了不久，皇帝到了，又不能进入。于是皇帝就派使臣拿着符节下诏令给周将军："我想要进军营慰劳军队。"周亚夫才传令打开营门。营门的军官对跟随的车骑将军说："将军规定，军营中不能驱马快跑。"于是天子就用手拉着马缰绳慢慢地前行。到了营中，将军周亚夫手执兵器行拱手礼说："穿戴铠甲头盔的军人不能行跪拜之礼，请求用军礼拜见。"天子被感动了，在车上俯身扶着车前的横木，表示尊敬。皇帝派人告诉说："皇帝尊敬地慰劳将军。"完成这些礼仪就离开了。

# 舍头护玺

**【原文】**

殿中尝有怪，一夜群臣相惊，光[1]召尚符玺郎[2]，郎不肯授[3]光。光欲夺之，郎按[4]剑曰："臣头可得，玺不可得也！"光甚谊[5]之。明日，诏[6]增此郎秩[7]二等。众庶[8]莫[9]不多[10]光。（东汉·班固《汉书·霍光传》）

**【注释】**

[1] 光：即霍光，生年不详，卒于公元前68年。字子孟。西汉河东平阳（今山西省临汾市西南）人。霍去病异母弟。曾任奉车都尉、大司马大将军等，辅武帝、昭帝、宣帝，前后执政二十余年，轻徭薄赋，有助于生产发展。

[2] 尚符玺郎：掌管帝王符节、玉玺的郎官。

[3] 授：给，给予。

[4] 按：用手压或摁。

[5] 谊：通"义"。合宜的道德，也就是忠义。这里是名词的意动用法。认为……忠义。

[6] 诏：音照。皇帝下命令。

[7]秩:音至。官吏的品级第次。

[8]庶:音树。平民,百姓。

[9]莫:否定性无定代词。没有人,没有谁。

[10]多:形容词活用为动词。赞美。

【译文】

宫殿中曾出现过怪异的现象,一夜间大臣们互相惊扰,霍光召来符玺郎要皇帝的玉玺,郎官不肯交给霍光。霍光想夺玺,郎官手按着剑把说:"臣子的头可以得到,国玺你不能得到!"霍光很赞赏他的忠义品质。第二天,皇帝就下诏提升这位郎官官阶二级。众多的老百姓没有不称颂霍光的。

## 奉法不避

【原文】

及[1]光武[2]破王寻[3]等,还过颍阳[4],遵[5]以县吏数[6]进见,光武爱其容仪,署[7]为门下史[8]。从征河北,为军市令[9]。舍中儿[10]犯法,遵格杀[11]之。光武怒,命收[12]遵。时主簿[13]陈副[14]谏曰:"明公[15]常欲众军整齐,今遵奉[16]法不避,是教令[17]所行也。"光武乃贳[18]之,以为刺[19]奸将军。谓诸将曰:"当备[20]祭遵!吾舍中儿犯法,尚[21]杀之,必不私[22]诸卿也。"(南朝·宋·范晔《后汉书·祭遵传》)

【注释】

[1]及:等到。

[2]光武:东汉光武帝刘秀。

[3]王寻:汉平帝时为副校尉、丞进侯,佐王莽篡汉有功,莽封为大司徒。地皇四年(公元23年),绿林军拥立刘玄称帝,王莽派王寻与大司空王邑征集各地精兵四十余万与绿林军战于昆阳,莽军大败,王寻被杀。

[4]颍阳:古镇名,位于今河南省登封市最西部,西汉初年属颍川郡辖。

[5]遵:即祭遵,生年不详,卒于公元33年。字弟孙。颍川颍阳(今河南省许昌市)人。佐刘秀建立东汉,是东汉中兴名将,"云台二十八将"中排名第九。刘秀称帝后,任征虏将军,封颍阳侯。

[6]数:音硕。多次,屡次。

[7]署：布置，安排。

[8]门下史：又称门下掾（音院），汉代州郡长官自己选荐的属吏。因常居门下，故称。

[9]军市令：古时军中立市，进行贸易。军市令就是军中交易场所的主管。

[10]舍中儿：府中年轻的家仆。

[11]格杀：拼斗杀死，击杀。

[12]收：逮捕。

[13]主簿：官名。汉代中央及郡县官署中主管文书、办理事务的人员。

[14]陈副：人名。

[15]明公：古时对有名位者的尊称。

[16]奉：遵从，遵守。

[17]教令：军队中通常以命令形式下发的一些原则规定。

[18]贳：音事。赦免，宽大。

[19]刺：指责，斥责。

[20]备：提防，防备。

[21]尚：尚且，况且。

[22]私：偏爱，袒护。

**【译文】**

等到光武帝刘秀打败王寻等人，回来的时候经过颍阳，祭遵凭借着县中官吏身份几次进城见他，光武帝刘秀喜欢他的容貌仪表，任命他做门下史。后来祭遵跟随光武帝刘秀征讨河北，做军市令。光武帝刘秀的家仆犯罪，祭遵击杀了他。光武帝很生气，下令逮捕祭遵。这时主簿陈副劝道："明公您常想要各路部队整齐，现在祭遵执行军法毫不回避，这是军令能实行的原因。"光武帝于是赦免了他，任用他为刺奸将军。同时还对诸位将领说："你们可要小心祭遵！我的家仆犯了法，尚且被他杀了，他也一定不会偏袒各位的。"

## 郅恽拒关

**【原文】**

恽[1]遂客居江夏[2]教授[3]，郡举孝廉[4]，为上东城门候[5]。帝[6]尝[7]出猎，车驾夜还,恽拒[8]关不开。帝令从者见面于门间。恽曰:"火明辽远[9]。"遂不受诏。帝乃回[10]从东中门入。明日,恽上书谏曰:"昔[11]文王[12]不敢盘[13]于游田[14],以万人惟[15]忧。而陛下远猎山林,夜以继昼,其[16]如社稷[17]宗庙[18]何?暴虎冯河[19],未至之戒,诚[20]小臣[21]所窃[22]忧也。"书奏,赐布百匹,贬东中门候为参封尉。(南朝·宋·范晔《后汉书·郅恽传》)

【注释】

[1]恽:致恽,东汉光武时人,生卒年不详。字君章。曾任长沙太守。

[2]江夏:历史重镇,位于今湖北省武汉市南。

[3]教授:把知识技能等传授给学生。

[4]孝廉:汉代选拔官吏的两个科目。孝:指孝子。廉:指廉洁之士。后来被举荐的人也称为"孝廉"。

[5]上东城门候:洛阳上东城门守门的小官。上东城门:京城洛阳城东面最北之门。门候:古代官职,职责是看守京师城门或主将营门。

[6]帝:东汉光武帝刘秀。

[7]尝:副词。曾,曾经。

[8]拒:拒守。

[9]辽远:遥远。

[10]回:转道,绕道。

[11]昔:从前,当初。

[12]文王:周文王姬昌。

[13]盘:乐,娱乐。

[14]游田:也作游畋。出游打猎。

[15]惟:句中语气词。表示强调。

[16]其:表示委婉的语气副词。可以翻译成"大概"、"能"。

[17]社稷:国家的代称。社:土神。稷:音计。谷神。

[18]宗庙:原是古代帝王、诸侯祭祀祖宗的庙宇,这里是朝廷和国家政权的代称。

[19]暴虎冯河:赤手空拳打老虎,没有渡船徒步也要过河。比喻有勇无谋,冒险蛮干。暴虎:空手打虎。冯河:徒步涉河。冯:音评。

[20]诚:实在,的确。

[21]小臣:臣子在君主前谦称自己。

[22]窃:表示自谦的副词。私下里。

【译文】

郅恽于是客居江夏以传授学业为生,郡里荐举他为孝廉,当上了洛阳上东城门守门的小官。光武帝刘秀曾经外出打猎,车驾夜里回城。郅恽拒守上东城门不给开门。光武帝命令随从们告诉郅恽从门间看看这些人的面孔。郅恽说:"火光很明亮,但距离太远看不清楚。"于是没有按令打开城门。光武帝只得转道东中城门进入城内。第二天,郅恽上书劝谏说:"从前周文王不敢打猎玩乐,因为心中担忧百姓的生活。而陛下却跑到远处山林去打猎,白天玩不够,要到深夜才回来。那么,国家的事情该怎么办呢?空手与老虎斗,光着脚硬要过河,虽然没有出现这种情况,事先必须做好充分戒备。这实在是我私下里所担忧的。"光武帝看了奏章,觉得讲得有道理,奖励郅恽一百匹布,并且把昨夜放他进城的东中门候降职到参封县当县尉了。

# 董宣击楹

【原文】

时湖阳公主[1]苍头[2]白日杀人,因匿[3]主家,吏不能得。及[4]主出行,而以奴骖乘[5]。宣[6]于夏门亭候之,乃驻车叩马[7],以刀画地,大言[8]数[9]主之失,叱[10]奴下车,因[11]格杀[12]之。主即[13]还宫诉帝[14],帝大怒,召宣,欲箠[15]杀之。宣叩头曰:"愿乞[16]一言[17]而死。"帝曰:"欲何言?"宣曰:"陛下圣德中兴,而纵奴杀良人,将何以理天下乎?臣不须箠,请得自杀。"即以头击楹[18],流血被[19]面。帝令小黄门[20]持[21]之,使宣叩头谢主。宣不从,强使顿[22]之,宣两手据[23]地,终不肯俯。主曰:"文叔[24]为白衣[25]时,藏亡[26]匿死,吏不敢至门。今为天子,威不能行一令乎?"帝笑曰:"天子不与白衣同。"因敕[27]强项[28]令出。赐钱三十万,宣悉[29]以班[30]诸[31]吏。由是[32]搏击豪强,莫[33]不震栗[34]。京师号为"卧虎"。(南朝·宋·范晔《后汉书·董宣传》)

【注释】

[1] 湖阳公主:光武帝刘秀长姊刘黄。下文之"主"均指湖阳公主。

[2] 苍头:仆人,汉代奴仆以青色头巾包头,故称。

[3] 匿:音逆。隐藏,躲藏。

[4] 及:等到。

[5]骖乘:音餐剩。也作参乘,古时乘车尊者居左,位于右侧陪乘的人为骖乘。

[6]宣:董宣,生卒年不详。字少平。东汉陈留圉县(今河南省杞县)人。东汉初任北海相、江夏太守、洛阳令等职。惩治豪族,执法严峻,京师号为"卧虎"。卒后唯以布被裹尸,家仅大麦数斛,破车一辆。

[7]叩马:拉住马。叩:通"扣"。拉住。

[8]大言:高声地说。

[9]数:音署。列举罪状加以责备。

[10]叱:音赤。大声呵斥,斥责。

[11]因:于是,就。

[12]格杀:拼斗杀死,击杀。

[13]即:即刻,立即。

[14]帝:指光武帝刘秀。

[15]箠:音垂。用鞭子打。

[16]乞:求,请求。

[17]言:一句话为一言。

[18]楹:柱子。特指堂上两柱。

[19]被:覆盖。

[20]小黄门:汉代低于黄门侍郎一级的宦官。后泛指宦官。

[21]持:抱住。

[22]顿:叩,磕。

[23]据:按着。

[24]文叔:光武帝刘秀的字。

[25]白衣:布衣,平民。

[26]亡:指因犯罪而逃亡的人。

[27]敕:音赤。皇帝的诏书或令。这里名词活用为动词。敕令。

[28]项:脖子。

[29]悉:都,全。

[30]班:分开,分发。

[31]诸:"之于"的合音。

[32]由是:于是,从此。

[33]莫:否定性无定代词。没有人,没有谁。

[34]震栗:惊恐,战栗。

**【译文】**

当时湖阳公主的家奴白天杀了人,因为藏匿在公主家里,官吏无法抓捕。等到公主出门,这个家奴作为陪乘,董宣就在夏门亭外等候,拦住了公主的车马,用大刀圈地,大声历数公主的过失,呵斥家奴下车,接着便把家奴打死了。公主立即回到宫里向光武帝刘秀告状。光武帝极为愤怒,召来董宣,要用鞭子打死他。董宣磕头说:"希望乞求说一句话再死。"光武帝说:"你想说什么话?"董宣说:"皇帝您因德行圣明而中兴复国,却放纵家奴杀害百姓,您将拿什么来治理天下呢?我不用你用鞭子打,请求能够自杀。"当即用脑袋去撞击柱子,血流满面。光武帝命令手下宦官扶着董宣,让他磕头向湖阳公主谢罪,董宣不答应,光武帝命令宦官强迫他磕头,董宣两手撑地,一直不肯低头。湖阳公主说:"过去弟弟做百姓的时候,隐藏逃亡犯、死刑犯,官吏不敢到家门。现在做皇帝,难道威严还不能施加给一个县令吗?"光武帝笑着说:"做皇帝和做百姓不一样啊。"于是就诏令硬脖子县令出去。赏赐董宣三十万钱。董宣把它全部分给手下众官吏。从此捕捉打击依仗权势横行不法之人,没有谁不害怕得战栗发抖的。京城人称他为"卧虎"。

# 以头为轫

**【原文】**

光武[1]尝[2]欲出游[3],刚[4]以陇[5]、蜀[6]未平[7],不宜宴安逸豫[8]。谏不见[9]听,遂以头轫[10]乘舆[11]轮,帝遂为止。(南朝·宋·范晔《后汉书·申屠刚传》)

**【注释】**

[1]光武:东汉光武帝刘秀。

[2]尝:副词。曾,曾经。

[3]出游:外出游玩打猎。

[4]刚:申屠刚,生卒年不详。字巨卿。扶风茂陵(今陕西省兴平县)人。东汉光武帝时刚直之臣。

[5]陇:音拢。古地名,今甘肃省东部。

[6]蜀:古地名,今四川一带。

[7]平:平息,平定。

[8]宴安逸豫:宴饮无忧,安逸享乐。

[9] 见：被。

[10] 轫：音认。阻止车轮前进的木头。这里名词活用为动词。使车停止。

[11] 舆：车辆。

## 【译文】

东汉光武帝刘秀曾经准备外出游玩，申屠刚认为陇、蜀两地局势尚未平定，不应宴饮无忧、安逸游乐。他对光武帝的劝谏没有被听从。等光武帝出游那天，申屠刚就把自己的脑袋当作阻止车轮的木头，阻止光武帝乘坐的车轮前进。于是，光武帝停止了出游。

# 忠臣不私

## 【原文】

拜[1]武威[2]太守，帝[3]亲见，戒[4]之曰："善事[5]上官[6]，无[7]失名誉。"延[8]对曰："臣闻忠臣不私，私臣不忠。履正[9]奉公[10]，臣子之节[11]。上下雷同[12]，非陛下之福。善事上官，臣不敢奉诏[13]。"帝叹息曰："卿言是也。"（南朝·宋·范晔《后汉书·任延传》）

## 【注释】

[1] 拜：授给官职。

[2] 武威：古地名，位于今甘肃省中部，河西走廊东端。

[3] 帝：光武帝刘秀。

[4] 戒：告诫，警告。这个意义后来写作"诫"。

[5] 事：侍奉，服侍。

[6] 上官：高官，长官。

[7] 无：通"毋"。不，不要。

[8] 延：任延，生卒年不详。字长孙。东汉南阳宛县（今河南省南阳市）人。年十二学于长安，显名太学，号为"任圣童"。更始元年（公元23年），任会稽都尉。刘秀即位，他被征为九真太守。当地以射猎为业，不知牛耕，他教民铸作田器、垦辟农田，百姓充裕。后为武威太守，时将兵长史田绀为郡大姓，子弟宾客横暴，他加以收捕，诛杀五六人，威行郡内。明帝立，任为颍川太守。旋任河内太守，在职九年病卒。

[9]履正:躬行正道。

[10]奉公:奉行公事,不徇私。

[11]节:气节,节操。

[12]雷同:原指雷一发声,万物同时响应。这里指随声附和。

[13]奉诏:接受皇帝的诏令。奉:恭敬地接受。诏:皇帝的诏令。

【译文】

任延被任命为武威太守,光武帝刘秀亲自召见他,告诫他说:"好好侍奉上级长官,不要失掉好的名声。"任延回答说:"我听说忠臣不谋私利,谋私利的不是忠臣。躬行正道奉行公事,是臣子的节操。上级说什么下级随声附和,对陛下不是好事。至于好好侍奉上级长官,臣不敢接受您的诏令。"光武帝感慨地说:"你的话是对的啊。"

## 私恩公法

【原文】

顺帝[1]时,迁[2]冀州[3]刺史[4]。故人[5]为清河[6]太守[7],章[8]行部[9]案[10]其奸臧[11]。乃[12]请太守,为设酒肴[13],陈[14]平生[15]之好,甚欢。太守喜曰:"人皆有一天,我独有二天。"章曰:"今夕苏孺文与故人饮者,私恩[16]也;明日冀州刺史案事者,公法也。"遂[17]举正[18]其罪。(南朝·宋·范晔《后汉书·苏章传》)

【注释】

[1]顺帝:东汉顺帝刘保。

[2]迁:调转工作。

[3]冀州:古地名,九州之一,今河北省冀州市。

[4]刺史:古代官名,职责是巡查郡县。汉武帝元封五年(公元前106年)始置,分中国为十三部(州),各置部刺史一人,后通称刺史。刺:检核问事之意。

[5]故人:旧交,老朋友。

[6]清河:古地名,今河北省邢台市。

[7]太守:古官职名,州郡最高长官,除治民、进贤、决讼、检奸外,还可以自行任免所属掾史。

[8]章:苏章,生卒年不详。字孺文。东汉扶风平陵(今陕西省咸阳市西

北)人。

[9] 行部:巡行所属部域,考核政绩。

[10] 案:考察,核实。

[11] 臧:音赃。善,好。

[12] 乃:于是,就。

[13] 肴:音摇。熟的鱼肉,后泛指菜。

[14] 陈:陈述,诉说。

[15] 平生:平素,往常。

[16] 私恩:私下的交情。

[17] 遂:于是,就。

[18] 举正:列举其罪而正之以法。

【译文】

东汉顺帝刘保在位的时候,苏章调任冀州刺史。有个老朋友在其属下担任清河太守,苏章接受任务核实这个人的好坏。于是就把这个太守请来,为他设宴。席间苏章陈述了二人平素的情谊,特别欢快。太守非常高兴地说:"人都有一个天,我却有两个天。"苏章说:"今天晚上苏章和老朋友饮酒,是私下的交情;明天冀州刺史考察工作,要依法办公事。"于是第二天列举太守的罪行并依法治罪。

## 埋轮都亭

【原文】

汉安[1]元年,选遣八使徇行[2]风俗,皆耆儒[3]知名,多历显位,唯纲[4]年少,官次[5]最微。余人受命之[6]部[7],而纲独埋其车轮于洛阳都亭[8],曰:"豺狼[9]当路,安[10]问狐狸[11]!"遂[12]奏曰:"大将军冀[13],河南尹[14]不疑[15],蒙[16]外戚[17]之援[18],荷[19]国厚恩,以芻蕘[20]之资,居阿衡[21]之任,不能敷扬[22]五教[23],翼赞[24]日月[25],而专为封豕长蛇[26],肆[27]其食叨[28],甘心好货[29],纵恣[30]无底,多树[31]谄谀[32],以害忠良。诚[33]天威[34]所不赦[35],大辟[36]所宜[37]加也。谨[38]条[39]其无君之心十五事,斯[40]皆臣子所切齿[41]者也。"书御[42],京师[43]震竦[44]。(南朝·宋·范晔《后汉书·张纲传》)

【注释】

[1] 汉安:汉顺帝年号,始于公元142年,止于公元144年。

[2]徇行。巡行。徇:音寻。巡行。

[3]耆儒:德高博学的老年儒生。耆:音旗。老。

[4]纲:张纲,生于公元108年,卒于公元143年。字文纪。东汉犍为郡武阳(今四川省眉山市彭山县)人。

[5]官次:官阶,官吏的等级。

[6]之:去,到……去。

[7]部:官署,行政机关。

[8]都亭:都邑中的传舍。

[9]豺狼:豺与狼均为凶猛的野兽,这里比喻贪婪凶狠的官员。

[10]安:疑问代词。怎么,哪里。

[11]狐狸:狐和狸本为两种动物,后合指狐。常喻奸佞狡猾的坏人。

[12]遂:于是,就。

[13]冀:梁冀,中国古代奸臣,字伯卓。安定(今甘肃省泾川县)人。东汉时期外戚出身的权臣。汉质帝当面称其为"跋扈将军",后被汉桓帝诛杀。

[14]尹:古代长官。

[15]不疑:梁不疑,梁冀弟,曾为河南尹,后遭梁冀忌而归隐。

[16]蒙:受。

[17]外戚:指帝王的母亲和后妃的亲族。

[18]援:扶助,帮助。

[19]荷:音贺。担,承当。

[20]刍荛:音除饶。割草打柴,代指草野之人。

[21]阿衡:原为商代官名,引申为任国家辅弼之任,宰相之职。

[22]敷扬:传播,宣扬。敷:音肤。布。

[23]五教:五常之教。指父义、母慈、兄友、弟恭、子孝五种伦理道德的教育。

[24]翼赞:辅佐。翼、赞均有辅佐之意。

[25]日月:喻指皇帝及皇后。

[26]封豕长蛇:大猪与长蛇。比喻贪婪凶暴的人。封:大。豕:猪。

[27]肆:极,尽。

[28]叨:音涛。贪。

[29]好货:贪爱财物。好:去声。

[30]纵恣:肆意放纵。恣:音字。放纵,无拘束。

[31]树:培植,扶植。

[32] 谄谀：音产余。长于阿谀奉承的人。

[33] 诚：的确，实在。

[34] 天威：帝王的威严，朝廷的声威。

[35] 赦：音社。宽恕，饶恕。

[36] 大辟：古代五刑之一，指死刑。辟：音毕。罪刑。

[37] 宜：应当，应该。

[38] 谨：郑重地，恭敬地。

[39] 条：分列项目、条目。

[40] 斯：指示代词。这，这些。

[41] 切齿：咬紧牙齿，表示极度愤恨。

[42] 御：进献，多指进献君主。

[43] 京师：帝王的都城。

[44] 震悚：震惊，恐惧。悚：通"竦"。惊惧，恐惧。

**【译文】**

汉顺帝汉安元年，朝廷选派八位使者巡视各地的风俗民情及治政情况，使者大多是年老而德高的儒者和知名人士，大多都曾经担任重要职务，只有张纲年纪轻，官阶也最低微。其他人都奉命到达指定州郡，只有张纲却在洛阳都亭把车轮子埋了，说："豺狼般贪婪凶暴的人当政，怎么还要查问那些像狐狸一样奸佞狡猾的坏人呢！"就上奏说："大将军梁冀，河南尹梁不疑，受到外戚的帮助，享受国家优厚的恩遇，本是草野之民，却身居辅政大臣的重要职位，不能宏扬传播伦理纲常教育，辅佐皇上，却专做大猪长蛇，一味扩张自己的贪婪，一心贪好财物，放纵恣肆没有休止，培植一些专于阿谀谄媚的人，陷害忠良。这实在是皇帝的权威所不能宽赦，应该处以极刑。我现在郑重地条呈他们目无主上的十五件事，都是臣子们所切齿痛恨的。"奏书进献后，国都的人都大感震惊。

## 徐胤当门

**【原文】**

祜[1]之始至也，军无百日之粮，及[2]至季年[3]，有十年之积。祜在军常轻裘缓带[4]，身不被[5]甲，铃阁[6]之下侍卫者不过十数，而颇[7]以畋[8]渔废政。尝[9]欲夜出,军司[10]徐胤[11]执棨[12]当[13]营门曰:"将军都督[14]万里,安[15]可轻脱[16]?将军之安危,亦国家之安危也。胤今日若[17]死,此门乃[18]开耳[19]!"祜改容[20]谢之,此后稀[21]出矣。(唐·房玄龄等《晋书·羊祜传》)

**【注释】**

[1]祜:即羊祜,生于公元221年,卒于公元278年。字叔子。西晋泰山南城(今山东省费县西南)人。著名战略家、军事家、政治家和文学家。博学能文,正直不阿,在官清俭,为人所称。

[2]及:等到。

[3]季年:第三年。

[4]轻裘缓带:轻暖的衣裘,宽缓的腰带。形容从容闲适。

[5]被:覆盖,穿。这个意义后来写作"披"。

[6]铃阁:指翰林院以及将帅或州郡长官办事的地方。

[7]颇:很,相当地。

[8]畋:音田。打猎。

[9]尝:副词。曾,曾经。

[10]军司:官名,职为监军。

[11]徐胤:羊祜手下监军。

[12]棨:音启。古代官吏出行的一种木制仪仗,形状似戟,外有缯衣。也叫棨戟。

[13]当:占着,把着。

[14]都督:统率,统领。

[15]安:疑问代词。怎么,哪里。

[16]轻脱:轻易,不留心。脱:易。

[17]若:假如,如果。

[18]乃:副词。才。

[19]耳:句末语气词,表示肯定。

[20]改容:改变仪容,动容。

[21]稀:少。

**【译文】**

羊祜初到荆州时,军队没有够百天吃的粮食,等到三年以后,军中已有可用十年的粮食储备。羊祜在军中常常穿轻便宽松的衣服,不披战甲,很有些像是外出打猎捕鱼而荒废了军政事务的样子。羊祜曾经想在夜里走出军营，监军徐胤执戟把着营门说："将军统管万里疆域，怎么可以这样不留意自己呢？您的安危，也就是国家的安危，我如果今天死了，这营门才会开！"羊祜改变神色向他道歉，这以后就很少出军营了。

# 敀恽执门

【原文】

显祖[1]曾因近出，令耀[2]居守。帝夜还，耀不时[3]开门，勒兵[4]严备。帝驻[5]跸[6]门外久之，催迫甚急。耀以[7]夜深，真伪难辨，须火至面识，门乃[8]可开。于是独出见帝。帝笑曰："卿欲学郅君章[9]也？"乃使耀前[10]开门，然后入。深嗟赏[11]之，赐以锦采[12]。（唐·李百药《北齐书·张耀传》）

【注释】

[1]显祖：北齐显祖文宣皇帝高洋，南北朝时期北齐政权的开创者。

[2]耀：张耀，北齐高洋时官吏，字灵光。

[3]时：及时，按时。

[4]勒兵：陈兵。

[5]驻：停留。

[6]跸：音毕。帝王出行的车驾。

[7]以：因为。

[8]乃：副词。才。

[9]郅君章：郅恽，东汉光武时人，生卒年不详。字君章。曾任长沙太守。光武帝刘秀曾出猎，车驾夜还，郅恽拒关不开。

[10]前：名词活用为动词。在前面先走。

[11]嗟赏：赞赏，叹赏。嗟：音接。

[12]锦采：锦缎，彩帛。

【译文】

北齐显祖曾因到近处外出，令张耀在城中驻守。皇帝夜里回来，张耀没有及时开门，而是陈兵严加防备。皇帝的车驾在城门外停留了很长时间，催促非常急迫。张耀因为夜深，真假难辨，要火照到脸上识别，城门才可以打开。于是独自出城去见皇帝。皇帝笑着说："你想学东汉郅君章吧?"就让张耀走在前面开门,然后进入城中。非常赞赏他,赐给他锦缎彩帛。

# 置笏谏君

【原文】

上[1]尝怒[2]一郎[3],于殿前笞[4]之。行本[5]进曰:"此人素清,其过又小,愿陛下少[6]宽假[7]之。"上不顾[8]。行本于是正当[9]上前曰:"陛下不以臣不肖[10],置[11]臣左右,臣言若是,陛下安得不听;臣言若非,当致之于理[12],以明国法,岂得轻臣而不顾也?臣所言非私。"因置笏[13]于地而退。上敛容谢[14]之。遂原[15]所笞者。(唐·魏征等《隋书·刘行本传》)

【注释】

[1]上:皇上,指隋文帝杨坚。

[2]怒:责备。

[3]郎:帝王的侍从官员。

[4]笞:音吃。用竹板或荆条抽打。

[5]行本:即刘行本,生卒年不详。隋朝沛县(今江苏省徐州市沛县)人。曾为掌朝、太守等职。为官正直,不阿权贵。

[6]少:稍稍,稍微。

[7]假:通"暇"。宽容。

[8]顾:理睬。

[9]当:挡,挡住。

[10]不肖:不贤。

[11]置:放,安排。

[12]理:狱官。

[13]笏:音户。笏板,古代官员上朝时捧在面前,用于记录向皇上上奏的内容。

[14]谢:道歉。

[15]原:原谅,赦免。

【译文】

皇上曾经责备一位官员,在大殿之上用鞭子抽打他。谏议大夫刘行本上奏说:

"这个人一向清廉,这次他的过失又很小,希望稍微宽恕他一点。"皇帝不理睬。刘行本在这个时候站在皇帝面前说:"陛下您不嫌弃我无能,把我放在您身边,我说得如果对,陛下您怎么能不听;如果是错的,应该给我送到狱里治罪,来表明我们国法的威严,怎么能轻视我不理睬我呢?"随即把笏板扔在地上然后退下。皇帝收敛了怒容向他道歉,随后赦免了所鞭打的人。

## 文本官忧

【原文】

岑文本[1]初仕萧铣[2]。江陵平,授秘书郎,直[3]中书[4]。校省李靖[5]骤[6]称其才,擢[7]拜中书舍人,渐蒙恩遇。时颜师古[8]谙[9]练故事,长於文诰[10],时无逮[11],冀[12]复用之。太宗曰:"我自举一人,公勿复也。"乃以文本为中书侍郎,专与枢密[13]。及迁中书令,归家却有忧色。其母怪[14]而问之,文本对曰:"非勋非旧,滥[15]登宠荣,位高责重,古人所戒,所以忧耳。"有来贺者,辄[16]曰:"今日也,受吊不受贺。"江东之役,凡所支度,一以委[17]之,神用顿竭。太宗忧之曰:"文本与我同行,恐不与我同反[18]。"俄[19]病卒矣。(唐·刘肃《大唐新语·举贤》)

【注释】

[1]岑文本:生于公元595年,卒于公元645年。字景仁。唐初宰相。善于文辞,博通经史。

[2]萧铣:生于公元583年,卒于公元621年。隋末唐初地方割据势力首领。铣:音显。

[3]直:在殿堂中值班,侍奉君主。

[4]中书:即中书省,古代官署名。封建政权执政中枢部门,汉朝始设中书令,晋朝以后称中书省。为秉承君主意旨,掌管机要、发布政令的机构。沿至隋唐,成为全国政务中枢。其长官为中书令。

[5]李靖:生于公元571年,卒于公元649年。字药师。隋末唐初著名将领,文武兼备的著名军事家。后封卫国公,世称"李卫公"。

[6]骤:音宙。屡次,多次。

[7]擢:音浊。提拔,选拔。

[8]颜师古:生于公元581年,卒于公元645年。字籀。唐初著名经学家,北齐

颜之推之孙。少传家业,遵循祖训,博览群书,学问通博。

[9]谙:音安。熟练。

[10]文诰:古代帝王对臣子下达命令的文书。

[11]无逮:意思是无人能比。逮:逮及,达到。

[12]冀:希望。

[13]枢密:指国家机密。

[14]怪:形容词的意动用法。对……感到奇怪。

[15]滥:随便,这里是文本自谦的话。

[16]辄:总是。或译为"就"也可以。

[17]委:托付,委托。

[18]反:返回。这个意义后来写作"返"。

[19]俄:顷刻,片刻。这里指时间不长。

【译文】

岑文本起初在萧铣部下任职。平定江陵后,任命他为秘书郎,在中书省值班。担任检校中书省的李靖很是看中他的才能,提拔他为中书舍人,渐渐得到皇帝的赏识。当时颜师古对旧例非常熟悉,擅长起草文书,当时没有比得上的,希望重新被起用。唐太宗说:"我亲自推荐一个人,你不要再担当这个职务了。"于是让岑文本担任中书侍郎,专管机密。等到后来升任中书令,回到家里脸上却有忧虑的表情。他的母亲感到奇怪并问他,岑文本回答说:"我没有功勋也跟皇上没有旧交,获得太大的宠幸,职位高责任重,这是古人所忌的,所以感到忧虑。"有来向他庆贺的,他就说:"今天,我只接受吊唁不接受庆贺。"江东之战,所有筹划辎重运输,都全部委托岑文本来主持,导致他劳累过度,精力耗尽。唐太宗忧虑地说:"岑文本和我一同出征,恐怕不能和我一同回去了。"不久岑文本就病死了。

# 执法一心

【原文】

刑部侍郎[1]辛亶[2]尝[3]衣[4]绯[5]裈[6],俗云利官,上[7]以为厌蛊[8],将斩之。绰[9]曰:"据法不当死,臣不敢奉诏。"上怒甚,谓曰:"卿惜辛亶而不自惜也?"命左仆射[10]高颎[11]将绰斩之。绰曰:"陛下宁可杀臣,不可杀辛亶。"至朝堂,解衣当斩。上使人谓绰曰:"竟[12]如何?"对曰:"执法一心,不敢惜死。"上拂衣[13]入,良久[14]乃释之。明日,谢[15]绰,劳[16]勉[17]之,赐物三百段。(唐·李延寿《北史·赵绰传》)

## 【注释】

[1]刑部侍郎:中国古代刑部官署的副主官。

[2]辛亶:隋文帝杨坚时官员,生卒年不详。亶:音胆。

[3]尝:副词。曾,曾经。

[4]衣:名词活用为动词。穿。

[5]绯:音非。红色。

[6]裈:音昆。裤子。

[7]上:皇上,这里指隋文帝杨坚。

[8]厌蛊:以巫术致灾祸于人。蛊:音古。

[9]绰:赵绰,生卒年不详。隋河东郡(今山西省永济县)人。性直刚毅,执法不阿。

[10]左仆射:魏晋至宋代尚书省的长官,相当于丞相,高于右仆射。射:音业。

[11]高颎:生于公元541年,卒于公元607年。一名敏,字昭玄。渤海蓨(今河北省景县)人。隋朝杰出的政治家、战略家。为隋文帝杨坚宰相近二十年。颎:音炯。

[12]竟:究竟,到底。

[13]拂衣:挥动衣服。形容激动或愤怒。

[14]良久:很久,很长时间。

[15]谢:道歉。

[16]劳:慰劳。

[17]勉:勉励,鼓励。

## 【译文】

刑部侍郎辛亶曾经穿着红色的裤子,俗话说这样可以有利于升官,皇上认为这是巫术可能会致祸于人,想要将他处以斩刑。赵绰说:"依据法律,辛亶不应该定为死罪,我不敢奉旨。"隋文帝大怒说:"你是只顾怜惜辛亶而不怜惜自己的性命了吗?"下令让左仆射高颎将赵绰处斩。赵绰说:"陛下宁可杀了我,也不能杀辛亶。"把赵绰押到朝堂上,脱下他的官服将处以斩刑。皇上派人问赵绰说:"你到底想怎么办?"赵绰回答说:"我一心一意执法,不敢顾惜自己的性命。"隋文帝气得拂袖而去,过了好久才下令释放了赵绰。第二天,皇上向赵绰道歉,慰劳并鼓励了他,并且赏赐给他绸缎三百匹。

## 依法拒旨

**【原文】**

素立[1],武德[2]初为监察御史[3]。时有犯法不至死者,高祖[4]特命杀之,素立谏曰:"三尺之法[5],与天下共之,法一动摇,则人无所措手足。陛下甫[6]创鸿业[7],遐荒[8]尚[9]阻[10],奈何[11]辇毂[12]之下,便弃刑书?臣忝[13]法司[14],不敢奉旨。"高祖从之。自是[15]屡承恩顾[16]。(后晋·刘昫《旧唐书·良吏传》)

**【注释】**

[1]素立:即李素立,唐高祖李渊时贤臣,生卒年不详。

[2]武德:唐高祖李渊年号,始于公元618年,止于公元627年。

[3]监察御史:官名,掌管监察百官、巡视郡县、纠正刑狱、肃整朝仪等事务。

[4]高祖:唐高祖李渊,唐朝第一任君主。

[5]三尺之法:即法律。古代以三尺竹简书法律,故称。

[6]甫:开始,刚刚。

[7]鸿业:大业,多指王业。鸿:大。

[8]遐荒:边远荒僻之地。遐:远。

[9]尚:尚且,还。

[10]阻:阻隔,这里指未平定。

[11]奈何:怎么,为何。

[12]辇毂:皇帝的车舆。辇:音捻。古代用人拉着走的车子,后多指天子之车。毂:音古。车轮中心有洞可以插轴的部分,借指车。

[13]忝:音舔。自谦之辞。有愧于,辱。

[14]法司:古代掌司法刑狱的官署。

[15]自是:从此。

[16]恩顾:君主或尊长给予的关心照顾。

**【译文】**

李素立,唐高祖武德初年是监察御史。当时有个触犯法律但还没有到判处死刑的人，高祖皇帝特别下命令要杀他，李素立进谏说："法律，要与天下人共同遵守，法律如果一动摇，那么百姓就不知道怎么做才好了。陛下您刚刚开创王业，边远荒僻的地方还没有平定，怎么能在自己的车辇之下就放弃了刑罚律例了呢？我有愧于司法衙门掌管法律，不敢接受您的旨意。"高祖皇帝听从了他的谏说。从此以后他屡次得到皇帝的关心照顾。

## 鹞死怀中

【原文】

魏徵[1]状貌不逾[2]中人[3]，而有胆略，善[4]回人主意[5]，每犯颜苦谏[6]，或[7]逢上怒，徵神色不移，上亦为霁威[8]。尝[9]言于上曰："人言陛下欲幸[10]南山[11]，外皆严装[12]已毕，而竟不行，何也？"上笑曰："初实有此心，畏卿嗔[13]，故中辍[14]耳[15]。"上尝得佳鹞[16]，自臂[17]之，望见徵来，匿[18]怀中，徵奏事不已[19]，鹞竟[20]死怀中。（北宋·司马光《资治通鉴·唐纪》）

【注释】

[1]魏徵：生于公元580年，卒于公元643年。字玄成。唐朝著名政治家。曾任谏议大夫、左光禄大夫，封郑国公，谥文贞，为凌烟阁二十四功臣之一。以犯颜直谏著称，是中国古代最负盛名的谏臣。

[2]逾，音鱼。超过，超越。

[3]中人：一般人，普通人。

[4]善：善于，擅长。

[5]回人主意：使国君的主意改变。回：调转，引申为改变。人主：国君。

[6]犯颜苦谏：冒犯皇上的脸色极力规劝。

[7]或：肯定性无定代词。有时，有时候。

[8]霁威：收敛威怒。霁：音计。怒气消除，气色转和。

[9]尝：副词。曾，曾经。

[10]幸：特指皇帝到某地去。

[11]南山：终南山，在今陕西省境内。

[12]严装：装束整齐。

[13]嗔：音抻。抱怨，责怪。

[14]辍：停止，废止。

[15]耳：语气词。表示肯定，不译。

[16]鹞：音药。猛禽名，似鹰而小。

[17]臂：名词活用为动词。放在手臂上。

[18]匿：音逆。藏，隐藏。

[19]已：停止。

[20]竟：竟然，居然。

【译文】

魏徵的形体容貌不超过普通人，但是有胆识与谋略，善于使皇上改变主意。每每冒犯皇上的脸色竭力规劝，有时碰上皇上发怒，魏徵神态脸色不变，皇上也因此收敛了威怒。他曾经对皇上说："有人说皇上要到终南山去游猎，宫外都装束整齐，可最终没有去，为什么呢？"皇上笑着说："开始确有这心意，怕你责怪，所以中途放弃了。"皇上曾经得到一只极好的鹞鹰，自己放在手臂上欣赏，远远地看见魏徵进来，便把鹞鹰藏在怀中，魏徵不停地禀报事情，鹞鹰居然死在皇上的怀中。

## 犯颜执法

【原文】

上[1]以兵部郎中[2]戴胄[3]忠清公直，擢[4]为大理少卿[5]。上以选人多诈冒资荫[6]，敕[7]令自首，不肯者死。未几[8]，有诈冒事觉[9]者，上欲杀之。胄奏："据法应流[10]。"上怒曰："卿欲守法而使朕[11]失信乎？"对曰："敕者出于一时之喜怒，法者国家所以布[12]大信[13]于天下也。陛下忿[14]选人之多诈，故欲杀之，而既[15]知其不可，复[16]断[17]之以法，此乃忍小忿而存大信也。"上曰："卿能执法，朕复何忧！"胄前后犯颜[18]执法，言如涌泉，上皆从之，天下无冤狱。（后晋·刘昫《旧唐书·戴胄传》）

【注释】

[1]上：皇上，这里指唐太宗李世民。

[2]郎中：古官职名，分掌各司事务，职位仅次于尚书、侍郎等。

[3]戴胄：唐初大臣，生年不详，卒于公元633年。字玄胤。相州安阳（今河南省安阳市）人。隋末入仕，太宗时擢大理少卿，数犯颜执法，颇受太宗器重。

[4]擢:音卓。提升,提拔。

[5]大理少卿:大理寺副职,掌管刑狱案件审理。

[6]资荫:凭先代的勋功或官爵而得到授官封爵。

[7]敕:音赤。帝王的诏书,命令。

[8]未几:没有多久,很快。

[9]觉:发现,发觉。

[10]流:流放,把犯人放逐到边远的地方服劳役,古代的一种刑罚。

[11]朕:音镇。我,秦始皇以后专用为皇帝的自称。

[12]布:公布,宣布。

[13]信:诚信,信用。

[14]忿:愤怒,怨恨。

[15]既:副词。已经。

[16]复:再,又。

[17]断:判断,绝断。

[18]犯颜:冒犯君王或尊长的威严。

【译文】

皇上因为兵部郎中戴胄忠贞清廉、公平正直,提拔他为大理寺少卿一职。皇上因为很多官员候选人大都对自己的做官资历造假,下令他们自首,不自首的人将被判处死刑。没过多久,有个伪造做官资历的人被发现了,皇上想杀他。戴胄上奏说:"按照法律应当流放。"皇上非常生气地说:"你想遵守法律而让我失去信用吗?"戴胄回答说:"诏令出自一时的高兴或愤怒,而法律是国家用来向天下公布大信用的。陛下因为愤怒候选人的作假,所以想要杀他,然而已经知道不可以这样,又决定交由法律来绝断,这正是忍耐小的愤怒保存大的信用。"皇上说:"你能够执行法律,我还有什么可担忧的呢?"戴胄始终坚持触犯圣颜而坚持执行法律,言辞就像涌泉一样,皇上都听从他的,天底下没有冤案。

## 帝瘦民肥

【原文】

帝[1]尝[2]猎苑[3]中,或[4]大张乐[5],稍过差[6],必视左右曰:"韩休[7]知否?"已而[8]疏[9]辄[10]至。尝引鉴[11],默不乐。左右曰:"自韩休入朝,陛下无一日欢,何[12]自戚戚[13],不逐去[14]之?"帝曰:"吾虽瘠[15],天下肥矣。且萧嵩[16]每启[17]事,必顺旨,我退而思天下,不安寝。韩休敷陈[18]治道,多讦直[19],我退而思天下,寝必安。吾用休,社稷[20]计耳。"(北宋·欧阳修、宋祁等《新唐书·韩休传》)

【注释】

[1] 帝:皇帝,这里指唐玄宗李隆基。

[2] 尝:副词。曾,曾经。

[3] 苑:帝王游乐打猎的场所。

[4] 或:肯定性无定代词。有时,有时候。

[5] 张乐:置乐,奏乐。张:陈设,设立。

[6] 过差:过分,失度。

[7] 韩休:生于公元673年,卒于公元739年。字良士。京兆长安(今陕西省西安市)人。唐玄宗时贤臣,敢于犯颜强谏。

[8] 已而:马上,时间很快。

[9] 疏:臣子给皇帝的奏议。

[10] 辄:音哲。就。

[11] 鉴:镜子。

[12] 何:怎么,为什么。

[13] 戚戚:忧伤的样子。

[14] 去:离开。这里是使动用法。

[15] 瘠:音及。瘦。

[16] 萧嵩:生于公元668年,卒于公元749年。字乔甫,号体竣。唐朝著名宰相、军事家,与韩休同仕玄宗。开元十七年(公元729年)晋封徐国公。

[17] 启:陈述。

[18] 敷陈:详尽地陈述。敷:音肤。陈述,铺陈。

[19] 讦直:亢直敢言。讦:音杰。攻击或揭发别人的短处。

[20] 社稷:土神和谷神,古时君主都祭祀社稷,后来就用社稷代表国家。社:土神。稷:音计。谷神。

【译文】

唐玄宗曾经在苑林中打猎游玩,有时稍大规模地置酒奏乐,少有失度,必然看着身边的侍臣说:"韩休知道不知道?"很快劝谏的文书就到了。唐玄宗曾拿着镜子,对着它默不作声。身边的侍臣说:"从韩休入朝做宰相以后,陛下没有一天欢快起来的,为什么不罢免他让他离开呢?"唐玄宗说:"我虽然瘦,天下一定丰饶了。况且萧嵩每次向我陈述事情,必然顺从我的旨意,我回来以后想着天下的事情,不能安心睡觉。韩休经常详细陈述治国的道理,亢直敢言,我回来以后,睡得很安稳。我用韩休,是为了国家考虑啊!"

## 孟容守正

【原文】

神策军[1]自兴元[2]后,日[3]骄恣[4],府县不能制[5]。军吏李昱[6]贷[7]富人钱八百万,三岁[8]不肯归[9]。孟容[10]遣吏捕诘[11],与之期[12]使偿[13],曰:"不如[14]期,且[15]死!"一军尽惊,诉于朝。宪宗[16]诏[17]以昱付军治之,再遣[18]使,皆不听。奏曰:"不奉诏,臣当诛。然臣职司[19]辇毂[20],当为陛下抑[21]豪强。钱未尽输[22],昱不可得。"帝嘉[23]其守正[24],许[25]之。(北宋·欧阳修、宋祁等《新唐书·许孟容传》)

【注释】

[1]神策军:唐朝后期北衙禁军,原为西北的戍边军队,后进入京师成为唐王朝的最重要禁军。负责保卫京师、宿卫宫廷,是唐朝朝廷直接控制的主要武装力量,也是唐朝维持统治的最重要的军事支柱。

[2]兴元:唐德宗年号,始于公元784年,止于公元785年。

[3]日:时间名词作状语。越来越,一天比一天。

[4]骄恣:骄傲放纵。恣:音字。放纵,无拘束。

[5]制:控制,遏制。

[6]李昱:人名。

[7]贷:借入。

[8]岁:载,年。

[9]归:还,归还。

[10]孟容:即许孟容,生于公元743年,卒于公元818年。字公范。京兆长安(今陕西省西安市)人。大历进士。元和初,任尚书右丞、京兆尹,拒绝宪宗的干预,拘捕借民钱不还的神策军吏,迫令当还。

[11]诘:音杰。责问;追问。

[12]期:约定,说定。

[13]偿:还,偿还。

[14]如:按照。

[15]且:将,将要。

[16]宪宗:唐宪宗李纯,公元805年至公元820年在位,唐顺宗长子。宪宗即位以后,励精图治,重用贤良,改革弊政,力图中兴,从而取得了元和削藩的巨大成果,史称"元和中兴"。

[17]诏:音照。皇帝下命令。

[18]造:到……去。这里是使动用法,使到……去。

[19]司:掌管,主管。

[20]辇毂:皇帝的车舆,代指京城。辇:音捻。古代用人拉着走的车子,后多指天子之车。毂:音古。车轮中心有洞可以插轴的部分,借指车。

[21]抑:抑制,控制。

[22]输:运送,这里的意思是交出。

[23]嘉:形容词的意动用法。赞美,嘉赏。

[24]守正:恪守正道。一说操守正派。

[25]许:答应,同意。

【译文】

神策军从兴元以后,越来越骄横放纵,府县不能控制他们。军吏李昱向富人借了八百万银两,三年了还不肯还钱。许孟容派官吏把李昱抓捕来盘问,跟他约定期限让他归还,说:"不按期归还,将要处死你!"全军都感到很惊诧,向朝廷申诉。宪宗下诏把李昱交付给军队处治,宪宗先后两次派遣使者去,许孟容都没有听命。上奏说:"不听从皇帝的命令,我应当被处死。然而我的职责是管理京城的事务,应当替皇上抑制豪强。钱还没有全部缴纳,李昱不可能得到。"皇帝赞许他恪守正道,答应了他的奏请。

# 大公无私

【原文】

裴光德[1]垍在中书[2]。有故人[3],官亦不卑[4],自远相访。裴公给恤[5]优厚,从容[6]款洽[7]。在其第[8]无所不为。乘间[9]求京府判司[10]。裴公曰:"公诚[11]佳士[12],但此官与公不相当[13],不敢以故人之私,而隳[14]朝廷纲纪[15]。他日有瞎眼宰相怜公者,不妨却得[16],某[17]必不可。"其执守[18]如此。(唐·赵璘《因话录》)

## 【注释】

[1]裴光德:生卒年不详。名垍(音击),字弘中。唐宪宗时曾任宰相。

[2]中书:指中书省,唐朝最高行政总署之一,长官为宰相。

[3]故人:旧交,老朋友。

[4]卑:低下,卑贱。

[5]给恤:供给周济。给:音己。供给,供应。恤:音旭。周济,救济。

[6]从容:举止行动。

[7]款洽:亲密,亲切。款:恳切。洽:融洽。

[8]第:宅院。

[9]乘间:利用机会,趁机。间:音建。空隙。

[10]京府判司:京城官府的参军。京府:京城的官府。判司:州郡各部参军的总称,是州郡长官的助手。

[11]诚:确实,的确。

[12]佳士:品行或才学优良的人。

[13]相当:适宜,合适。

[14]隳:音灰。毁坏,败坏。

[15]纲纪:纲常,法纪。

[16]不妨却得:也许可能还会得到。

[17]某:谦称。常用在对话或书信中,相当于"我"。

[18]执守:保持操守。

## 【译文】

裴光德在中书省任职时,有个老朋友,官职也不低,从远方来拜访他。裴公招待他相当优厚,举止行动相当亲切。朋友在他的府第里没有什么事情不可以做。乘机请求他在京城官府谋个判司做做。裴光德对他说:"您确实是个很有才能的读书人,但是这官给你做不合适。我不敢因为老朋友的私情而败坏了朝廷的制度。要是往后有瞎了眼的宰相同情你,你可能还会得到这个官职。至于我,万万不会这样做的。"他保持操守到了这种地步。

# 法杖豪贵

【原文】

澳[1]为人公直,既[2]视事[3],豪贵敛手。郑光[4]庄吏恣横[5],为闾里[6]患,积年租税不入,澳执而械[7]之。上[8]于延英[9]问澳,澳具[10]奏其状[11]。上曰:"卿何以处之?"澳曰:"欲置于法。"上曰:"郑光甚爱之,何如[12]?"对曰:"陛下自内庭[13]用臣为京兆[14],欲以清畿甸[15]之积弊[16]。若[17]郑光庄吏积年为蠹[18],得宽重辟[19],是陛下之法独行于贫户[20]耳[21],臣未敢奉诏[22]。"上曰:"诚[23]如此,但郑光殢[24]我不置。卿与痛杖,贷[25]其死,可乎?"对曰:"臣不敢不奉诏,愿听臣且[26]系[27]之,俟[28]征足乃释之。"上曰:"灼然[29]可,朕为郑光故[30]挠[31]卿法,殊[32]以为愧。"澳归府,即杖[33]之,督租数百斛[34]足,乃以吏归光。(北宋·司马光《资治通鉴·唐纪》)

【注释】

[1]澳:韦澳,生卒年不详。字子斐。京兆万年(今陕西省西安市)人。唐宣宗时贤臣,官至京兆尹。

[2]既:副词。已经。

[3]视事:就职治理事物。

[4]郑光:唐宣宗李忱的舅舅。

[5]恣横:放纵,专横。恣:音字。放纵。

[6]闾里:乡里。闾:音驴。古代的一种居民组织。

[7]械:桎梏,脚镣和手铐。这里活用为动词。

[8]上:皇帝,此指唐宣宗李忱。

[9]延英:唐代长安大明宫殿。皇帝在此召对臣子,旁无侍卫,礼仪从简。

[10]具:全,都。

[11]状:文体的一种,用于下对上叙述事情。

[12]何如:怎么办。

[13]内庭:指宫禁以内。韦澳曾任翰林学士、学士承旨等官员,伴于宣宗左右。

[14]京兆:即京兆尹,京师所在地行政长官。

[15]畿甸:京城地区。畿:音机。京城所管辖的地区。

[16] 积弊:积久的弊端。

[17] 若:假使,如果。

[18] 蠹:音杜。蛀虫。

[19] 重辟:极刑,死罪。

[20] 贫户:穷困的民户。

[21] 耳:句尾语气词。而已,罢了。

[22] 奉诏:接受皇帝的命令或诏令。

[23] 诚:确实,的确。

[24] 殢:音替。困扰,纠缠。

[25] 贷:宽恕,宽免。

[26] 且:姑且,暂且。

[27] 系:音细。拴,绑。

[28] 俟:音四。等到,等待。

[29] 灼然:明显,显然。灼:音啄。

[30] 故:原因,缘故。

[31] 挠:音恼阳平。阻碍,阻挠。

[32] 殊:很,非常。

[33] 杖:名词活用为动词。用木杖杖责。

[34] 斛:音胡。量器。

## 【译文】

韦澳为人公正爽直,已经到京兆府上任办公后,富豪贵戚都有所收敛。国舅郑光庄园的庄吏骄横无比,多年的租税不交给官府,韦澳将他逮捕并且戴上了手铐和脚镣。唐宣宗在延英殿询问韦澳,韦澳将逮捕郑光庄吏的原委全部向唐宣宗陈奏,唐宣宗说:"你怎么处置他呢?"韦澳回答说:"将依照法律处置。"唐宣宗又说:"郑光特别喜爱这位庄吏,怎么办呀?"韦澳回答说:"陛下从宫禁内庭的翰林院任用我为京兆尹,希望我扫清京城多年的积弊。如果郑光的庄吏多年为蠹害,却能得到宽大免于死刑,那么陛下所制定的法律,看来只是用来约束贫困的民户罢了,我实在是不敢奉陛下的诏命再去办事了。"唐宣宗说:"你说的确实合乎道理,但舅舅郑光的面子我也不能不理。你可以用棍杖狠狠地处罚庄吏,但免他一死,行吗?"韦澳回答说:"我不敢不听从陛下的当面诏告,请求陛下让我关押那个骄横的庄吏,等到他租税交足之后再释放他。"唐宣宗说:"这显然是可以的,我因为舅舅郑光的缘故阻挠你依法行事,真的是非常惭愧呀。"韦澳回到京兆府,马上重重杖责庄吏,督促他交满数百斛租税后,才派遣官吏将他交还给郑光。

# 太祖弹雀

【原文】

太祖[1]一日后苑[2]挟[3]弓弹[4]雀。有臣僚[5]叩[6]殿,称有急事请见。上亟[7]出见之,及[8]闻所奏,乃常事耳。太祖曰:"此事何急?"对曰:"亦急于弹雀。"上怒,以钺[9]柄撞其口,两齿坠焉。回[10]徐[11]伏地取落齿,置怀中。上怒甚,曰:"汝将[12]此齿去讼[13]我也?"对曰:"臣岂敢讼陛下,自有史官[14]书之。"上怒解[15],赐金帛慰劳而去[16]。(北宋·石介《三朝圣政录》)

【注释】

[1] 太祖:宋太祖赵匡胤。

[2] 苑:音院。园林。

[3] 挟:音斜。用胳膊夹住。

[4] 弹:音谈。用弹弓射。

[5] 臣僚:旧时辅佐君主的文臣武将。

[6] 叩:敲打。

[7] 亟:音及。急忙,赶快。

[8] 及:等到。

[9] 钺:音月。古代一种像斧子的兵器。

[10] 回:转身,回头。

[11] 徐:慢慢地。

[12] 将:拿,拿着。

[13] 讼:音宋。诉讼,打官司。

[14] 史官:古代负责记录帝王言行的官。

[15] 解:消除,消散。

[16] 去:不及物动词的使动用法。使……离开。

【译文】

宋太祖赵匡胤有一天在后花园里夹着弹弓弹射麻雀。有一个官员敲打殿门,说有急事请求见皇上。皇上急忙出去见他,等到听到他所上奏的只不过是平常事而已。太祖说:"这事有什么急的呢?"那个官员回答说:"那也比用弹弓弹射麻雀急多了。"太祖非常生气,拿一种类似斧头的工具的手柄撞他的嘴,结果掉了两颗牙。官员回过身慢慢地捡起牙齿,放在怀里。太祖大怒,说:"难道你要拿着这个去告我吗?"官员回答说:"臣怎么敢控告皇上,自然会有记载皇上言行的史官来把这些记下来。"皇上听了以后,怒气消了,赐给他金帛慰劳他让他告退了。

## 委版弃官

【原文】

周敦颐[1],字茂叔,道州营道[2]人。为分宁[3]主簿[4]。有狱[5]久不决[6],敦颐至,一讯立[7]辨[8]。邑人[9]惊曰:"老吏不如也。"部使者[10]荐之,调南安[11]军司理参军[12]。有囚法[13]不当死,王逵[14]欲深[15]治之。逵,酷悍[16]吏也,众莫[17]敢争,敦颐独与之辩。不听,乃[18]委[19]手版[20]归,将弃官去,曰:"如此尚[21]可仕[22]乎!杀人以媚[23]人,吾不为也。"逵悟[24],囚得免。(元·脱脱等《宋史·周敦颐传》)

【注释】

[1]周敦颐:生于公元1017年,卒于公元1073年。号濂溪。道州营道(今湖南省道县)人。北宋著名哲学家、文学家,宋明理学开山鼻祖。

[2]营道:古地名,今湖南省道县。

[3]分宁:古地名,今江西省修水县。

[4]主簿:官名,职责为主管文书,办理事务。

[5]狱:诉讼案件。

[6]决:判决。

[7]立:副词。立刻,马上。

[8]辨:通"办"。治理,办理。

[9]邑人:县里的人。

[10]部使者:掌管督察郡国的官员。

[11]南安:古地名,今福建省南安市。

[12]司理参军:宋代的官职,掌管刑审。

[13]法:名词作状语。依照法律。

[14]王逵:生于公元992年,卒于公元1072年。字仲达。开德府濮阳(今河南

省濮阳县)人。北宋初年著名诗人、文学家。

[15] 深:重重地。
[16] 酷悍:严酷,凶狠。
[17] 莫:否定性无定代词。没有人,没有谁。
[18] 乃:于是,就。
[19] 委:抛弃,舍弃。
[20] 手版:古时官吏上朝或谒见上司时所拿的笏(音户)板。
[21] 尚:还,还能。
[22] 仕:做官。
[23] 媚:谄媚,讨好。
[24] 悟:理解,明白。

**【译文】**

周敦颐,字茂叔,道州营道县人。做了分宁县的主簿。有一件案子拖了好久不能判决,周敦颐到任后,只审讯一次就立即办理了。县里的人吃惊地说:"老狱吏也不如他啊!"部使者推荐他,调任他到南安担任军司理参军。有个囚犯依照法律不应当判处死刑,而王逵想重判他。王逵是个残酷凶悍的官僚,大家没人敢和他争辩,周敦颐一个人和他争辩。王逵不听,周敦颐就扔下笏板回了家,打算辞官离开,说:"像这样还能做官吗,用杀人的做法来讨好上级,我肯定不会做的。"王逵理解了,这个囚犯才免于一死。

# 面折廷争

**【原文】**

安世[1]仪状魁硕,音吐如钟。初除[2]谏官,未拜命,入白[3]母曰:"朝廷不以安世不肖[4],使在言路[5]。倘居其官,须明目张胆,以身任责,脱[6]有触忤[7],祸谴立至。主上方以孝治天下,若以老母辞,当可免。"母曰:"不然。吾闻谏官为天子诤[8]臣,汝父平生欲为之而弗得,汝幸居此地,当捐[9]身以报国恩。正[10]得罪流放,无问远近,吾当从汝之所。"于是受命。在职累岁,正色立朝,扶持公道。其面折廷争[11],或帝盛怒,则执简却[12]立,伺[13]怒稍解,复前抗辞。旁侍者远观,蓄[14]缩悚汗,目[15]之曰:"殿上虎",一时无不敬慑。(元·脱脱等《宋史·刘安世传》)

## 【注释】

[1] 安世:即刘安世,生于公元1048年,卒于公元1125年。字器之,号元城、读易老人,世称元城先生。北宋大名(今河北省大名县)人。以直谏闻名,被时人称为"殿上虎"。

[2] 除:授予官职。

[3] 白:陈述。

[4] 不肖:不贤。

[5] 言路:指做谏官。

[6] 脱:假使,如果。

[7] 忤:音五。违反,抵触。

[8] 诤:以直言劝告,使人改正错误。

[9] 捐:抛弃,舍弃。

[10] 正:纵然,即使。

[11] 面折廷争:当面驳斥,当廷争论。"面"、"廷"均是名词作状语。折:驳斥。

[12] 却:后退,退却。

[13] 伺:等待,侦候。

[14] 蓄:积聚。这里指因畏惧而浑身哆嗦,好像要往一起积聚一样。

[15] 目:名词活用为动词。把……看成。

## 【译文】

刘安世体貌魁梧,声如洪钟。当初他刚刚被任命为谏官、尚未拜官任职时,告诉母亲说:"朝廷不因为安世不贤,任命儿为谏官。如果做了谏官,一定要有见识、敢作敢为,自己敢于承担责任,但倘若有冒犯皇上之处,灾祸便马上临头。皇上正以孝道治天下,如果我以母亲您年老为托词,应当可以避免任此官职。"母亲说:"不是这样的,我听说谏官是天子的直言敢谏的臣子,你父亲一辈子想任此官但未能如愿。你有幸任此官职,应当舍弃性命来报答国恩。即使获罪遭受流放,不论流放地点有多远,我都会跟你走。"刘安世于是接受任命。做谏官许多年,堂堂正正,主持公道。他在朝廷上当面指陈朝廷政令得失,有时皇帝十分恼怒,他就握着手版退后一步站着,等到皇帝怒气渐消,又走上前激烈陈辞。旁边的侍臣们远远地看着,退缩一边吓得淌汗,把他看作"殿上虎",一时间没有不敬服他的。

## 郭永守职

**【原文】**

郭永[1],大名府元城人。少刚明勇决,身长七尺,须髯若神,以祖任为丹州司法参军。守武人[2],为奸利无所忌,永数[3]引法裁之。守大怒,盛威临永,永不为动,则缪[4]为好言荐之朝。后守欲变具狱,永力争不能得,袖举牒[5]还之,拂衣去。调清河丞,寻[6]知[7]大谷县。太原帅率[8]用重臣,每宴飨[9]费千金,取诸县以给[10],敛诸大谷者尤亟[11]。永以书抵幕府曰:"非什一而取,皆民膏血也,以资觞豆[12]之费可乎?脱[13]不获命,令有投劾而归耳。府不敢迫。县有潭出云雨,岁旱,巫乘此哗民,永杖[14]巫,暴[15]日中,雨立至,县人刻石纪其异。府遣卒数辈号"警盗",刺诸县短长,游蠹[16]不归,莫敢迕[17],永械[18]致之府,府为并它县追还。于是部使者及郡文移有不便于民者,必条利病反复,或[19]遂寝[20]而不行。或[21]谓永:"世方雷同,毋以此贾[22]祸。"永曰:"吾知行吾志而已,遑[23]恤[24]其它。"大谷人安[25]其政,以为自有令无永比者。既去数年,复过之,则老稚遮[26]留如永始去。(元·脱脱等《宋史·忠义传》)

**【注释】**

[1]郭永:北宋人,生卒年不详。洁志守职,曾率众抗金。

[2]武人:行伍之人,军人。

[3]数:音硕。数次,屡次。

[4]缪:通"谬"。荒谬,错误。

[5]牒:授官的文书。

[6]寻:不久。

[7]知:治理,管理。

[8]率:大致,一般。

[9]飨:音想。乡人相聚饮酒,这里指宴饮。

[10]给:音己。供给,供应。

[11]亟:音吉。急,厉害。

[12]觞豆:"觞酒豆肉"之省。泛指饮食、筵席。觞为酒具,豆为肉具。

[13]脱:连词。假若,如果。

[14] 杖:名词活用为动词。杖责。
[15] 暴:音瀑。晒。这个意义后来写作"曝"。
[16] 蠹:音杜。蛀虫,这里指危害地方。
[17] 迕:音五。违反,抵触。
[18] 械:脚镣等械具。这里活用为动词。
[19] 或:肯定性无定代词。有的。
[20] 寝:息,止。
[21] 或:肯定性无定代词。有人,有的人。
[22] 贾:音古。招引,招惹。
[23] 遑:音黄。闲暇,空闲。
[24] 恤:担忧,忧虑。
[25] 安:安心于。
[26] 遮:拦住,留住。

## 【译文】

郭永是大名府元城人。年轻时刚正聪明、英勇果断,身高七尺,须髯如神仙般,因为祖父的官职任丹州司法参军。丹州太守是军人出身,无所顾忌谋取私利,郭永多次依法制裁他。太守大怒,气势汹汹地面对郭永,郭永不因此而改变,太守就假装说好话把他推荐给朝廷。后来太守要改变已经定案的案卷,郭永力争不被听从,用袖子举起文书还给他,拂衣而去。后来郭永调任清河县丞,不久管理大谷县。太原帅一般都由重臣担任,每次宴请花费千金,从各县收取用于供给,从大谷县收敛的尤其厉害。郭永写信给幕府说:"不是十分之一的收取,都是民脂民膏,用它来作为宴请的费用可以吗?如果没有得到命令,我将检举揭发而回去了。"郡府不敢强迫他。县里有一个水潭能产生云雨,当年干旱,巫师趁着这个时候对百姓们喧哗鼓动,郭永用木杖打巫师,把他们在太阳底下曝晒,雨立刻下起来,县里的人刻在石头上记载这种奇异的现象。府里派遣几批士卒称为"警盗",刺探各县的长短,游荡作恶而不回去,没有人敢违抗他们,郭永给他们带上脚镣手铐带到郡府,郡府为此一并把其他县的人都追回来了。于是他对部使者以及郡里的文告有对百姓不方便的,必定反复条陈利弊,有的于是废止而不实行。有人对郭永说:"世人正在随声附和,你不要因此而取得灾祸。"郭永说:"我只知道实行我的志向罢了,无暇顾念其他的事情。"大谷县的百姓安心于他的治理,认为自从有县令以来没人能和郭永相比。他离去几年后,又经过那里,老幼百姓拦住挽留他就像郭永刚刚离去时一样。

# 为民请命

**【原文】**

青文胜[1],字质夫,夔州[2]人。仕[3]为龙阳[4]典史[5]。龙阳濒[6]洞庭[7],岁[8]罹[9]水患[10],逋[11]赋数十万,敲扑[12]死者相踵[13]。文胜慨然[14]诣[15]阙[16]上疏[17],为民请命。再[18]上,皆不报[19]。叹曰:"何面目归见父老!"复[20]具[21]疏,击登闻鼓[22]以进,遂[23]自经[24]于鼓下。帝[25]闻大惊,悯[26]其为民杀身,诏[27]宽[28]龙阳租二万四千余石[29],定为额。邑人[30]建祠[31]祀[32]之。妻子[33]贫不能归,养以公田百亩。(清·张廷玉等《明史·青文胜传》)

**【注释】**

[1]青文胜:生于公元1359年,卒于公元1391年。字质夫。夔州(今重庆市奉节县)人。洪武时为龙阳县典史,律己公勤,体恤百姓疾苦,三十二岁为民请命自缢于登闻鼓下。

[2]夔州:古州名,府治在今重庆市奉节县。夔:音奎。

[3]仕:做官。

[4]龙阳:古县名,在今湖南省境内。

[5]典史:官名,元始置,明、清沿置。知县属官,掌管缉捕、监狱。

[6]濒:音宾。接近,靠近。

[7]洞庭:中国第三大湖,位于湖南省北部。

[8]岁:每年。

[9]罹:音离。遭遇。

[10]患:忧患,灾祸。

[11]逋:音补阴平。欠交,拖欠。

[12]敲扑:鞭打的刑具,短曰敲,长曰扑。

[13]踵:音肿。跟随。

[14]慨然:情绪激昂的样子。

[15]诣:音意。到……去。

[16]阙:音却。官殿,这里指朝廷。

[17]疏:给皇帝的奏章。

[18]再:两次。

[19]报:答复。

[20]复:再,又。

[21]具:准备。

[22]登闻鼓:古代统治者为了表示听取臣民谏议之言或怨抑之情,特在朝堂外所悬之鼓。

[23]遂:于是,就。

[24]自经:自缢,上吊。经:上吊。

[25]帝:指明太祖朱元璋。

[26]悯:怜悯,同情。

[27]诏:皇帝下命令。

[28]宽:放宽,放松。

[29]石:音但。容量单位,十斗为一石。

[30]邑:县里的人。

[31]祠:音词。祠堂。供奉祖宗或生前有功德的人的房屋。

[32]祀:音四。祭祀,祭奠。

[33]妻子:妻子和孩子。

**【译文】**

青文胜,字质夫,夔州人。做官担任龙阳县令的属官。龙阳县靠近洞庭湖,每年都会遭遇水灾,欠交赋税几十万,受鞭笞之刑而死的人接连不断。青文胜情绪激昂地来到朝廷外呈上给皇帝的奏章,为百姓请命,两次上书,皇帝都不答复。青文胜叹息说:"我有什么脸面回去见父老乡亲们啊!"又一次准备了奏章,敲击登闻鼓来上诉,于是在鼓下上吊自尽。皇帝听闻后十分惊讶,怜悯他为了百姓而牺牲了自己,下令放宽龙阳赋税二万四千多石,并把这个定为应缴的数额。县里人建立了祠堂来祭奠青文胜。青文胜的妻子和孩子因为贫困不能返乡,乡里决定用一百亩公田奉养她们。

# 拒婿调迁

**【原文】**

公[1]一女,嫁为畿辅[2]某官某[3]妻。公夫人甚爱女,每迎女,婿固[4]不遣[5]。

恚[6]而语[7]女曰:"而翁长铨[8],迁[9]我京职,则汝朝夕侍母。且迁我如振[10]落叶耳[11],而固吝者何[12]?"女寄言[13]于母。夫人一夕置酒,跪白[14]公。公大怒,取案上器击伤夫人,出,驾而宿于朝房[15],旬[16]乃还第[17]。婿竟[18]不调。(明·崔铣《记王忠肃公翱三事》)

## 【注释】

[1] 公:指王翱。生于公元1384年,卒于公元1467年。字九皋。盐山(今河北省沧州市孟村县)人。为人"刚正廉直,忧国奉公,忘情恩怨",一生历仕七朝,辅佐六帝。死后获赠太保,谥忠肃。

[2] 畿辅:京都周围附近的地区。畿:古代王都所在处的千里地面,后多指京城管辖的地区。辅:亦指京城附近的地方。

[3] 某官某:做某官的某人。

[4] 固:副词。坚决,坚持。

[5] 遣:打发,送。

[6] 恚:音绘。怨恨,怨怒。

[7] 语:音玉。告诉。

[8] 而翁长铨:你父亲为吏部长官。而:第二人称代词。你。翁:父。长:长官。名词活用为动词,做……长官。铨:铨选,唐宋至清选用官吏的制度,由吏部按照规定任免、考核、选拔官吏。故吏部亦称"铨部",其长官称尚书。

[9] 迁:古代称改调官职为"迁",一般指升职。

[10] 振:振动,摇动。

[11] 耳:语气词。相当于"而已"、"罢了"。

[12] 而固吝者何:可是为什么硬是要这么吝惜力气呢。

[13] 寄言:寄语,托人带话。

[14] 白:告诉,陈述。

[15] 朝房:官吏上朝前停留休息的屋舍。

[16] 旬:十天。

[17] 第:宅院,府第,旧时称王公大臣的住宅。

[18] 竟:终于,最终。

## 【译文】

王公有一个女儿,嫁给京城附近做什么官的某人为妻。王公的夫人十分疼爱女儿,每当接女儿回娘家,女婿坚决不让走。他怨怒地对妻子说:"你父亲做吏部的长官,把我调任京城的官职,那么你就可以早晚侍奉母亲。况且调动我就像摇落枯萎的树叶罢了,可是你父亲却硬要这样吝惜力气,这是为何呢?"女儿托人带话给母亲。夫人一天晚上摆上酒,跪着禀告王公。王公十分生气,拿起桌上的器物打伤了夫人,走出门外,坐车到朝房里住宿去了,十天后,才回到自己的府第。女婿终于没有调进京城。

## 发谷济民

【原文】

郑燮[1],号板桥,清乾隆元年[2]进士,以画竹、兰为长。曾任范县[3]令,爱民如子。室无贿赂[4],案[5]无留牍[6]。公之余辄[7]与文士畅饮咏诗,至[8]有忘其为长吏[9]者。迁[10]潍县[11],值[12]岁荒,人相食[13]。燮开仓赈济[14],或[15]阻之,燮曰:"此何时,若[16]辗转[17]申报,民岂得[18]活乎?上有谴[19],我任[20]之。"即发谷与民,活[21]万余人。去任之日,父老沿途送之。(民国·赵尔巽等《清史稿·郑燮传》)

【注释】

[1]郑燮:生于公元1693年,卒于公元1765年。今江苏省扬州市兴化人。字克柔,号板桥。康熙秀才,雍正举人,乾隆进士,历经三朝盛世,是清代著名的画家、书法家和诗人,"扬州八怪"之一。

[2]乾隆元年:公元1736年。乾隆:清高宗年号,始于公元1736年,止于公元1796年。

[3]范县:古地名,位于今河南省东北部,属濮阳市。

[4]贿赂:音绘录。别人赠送的财物。

[5]案:几案,桌子。

[6]牍:音独。书籍,文书。

[7]辄:音哲。就。

[8]至:至于,达到。

[9]长吏:地位较高的县级官吏,这里指的是县令。

[10]迁:调转工作。

[11]潍县:古地名,今山东省潍坊市。

[12]值:遇,遇到。

[13]人相食:人吃人。

[14]赈济:接济,救济。赈:音镇。

[15]或:肯定性无定代词。有的人,有人。

[16]若:如果。

[17]辗转:从一处到另一处,转移不定。

[18]得:能够,可以。

[19]谴:谴责,责备。

[20]任:负责,负担。

[21]活:使动用法。救活。

**【译文】**

郑燮,号板桥,清朝乾隆元年科举的进士。擅长画竹子和兰花。曾经在范县做县令,爱护百姓就像爱护自己的孩子一样。家里没有别人赠送的任何财物,桌子上没有没处理完的文书。处理完公家的事情空闲的时间经常和文人们喝酒颂诗,至于有人忘记他是一县的长官。后来调任到潍县做官,正赶上荒年,到了人吃人的地步。郑燮开官仓放粮赈济灾民,有人阻止他。郑燮说:"都到什么时候了,如果向上申报,来回往复,百姓怎么还能活命?皇帝如果责怪下来,我一人负责。"郑板桥立即发米给老百姓,救活了上万人。他离任的时候,潍县的百姓沿路相送。

# 第六·俭朴篇

　　俭朴就是节俭朴素,是一个人的生活态度。俭朴是中华民族的一种美德,是自古至今人们对劳动者的劳动成果的珍惜。中华民族历来崇尚俭朴,以节俭为荣,以奢靡浪费为耻,形成了一种崇尚俭朴的道德风尚。从古至今,有无数默默无闻的劳动者,同时也有一些身居官位的贤士,以他们自身的实际行动,给后人树立了节俭品行的典范。在现代社会,人们对于"俭以养德"的道理又有了新的认识,进行了新的概括和总结。

　　"俭,德之共也",中华民族一向反对奢侈、浪费、浮华,把俭朴当作道德修养的重要内容之一,因此将"俭"视作实现更高的道德原则和达到更高的道德思想境界的重要条件。俭朴在道德修养中的这种双重作用,使其在中华民族的道德思想及其实践中具有十分重要的地位。

　　本篇共选文十八章。

# 不美妾马

## 【原文】

季文子[1]相宣[2]、成[3],无衣[4]帛之妾,无食粟之马。仲孙它[5]谏曰:"子为鲁上卿[6],相二君矣,妾不衣帛,马不食粟,人其以子为爱[7],且不华[8]国乎?"文子曰:"吾亦愿之。然吾观国人,其父兄之食粗而衣恶者犹多矣,吾是以不敢。人之父兄食粗衣恶,而我美[9]妾与马,无乃[10]非相[11]人者乎?且吾闻以德荣[12]为国华,不闻以妾与马。"(《国语·鲁语上》)

## 【注释】

[1]季文子:即季孙行父,姬姓,季氏。春秋时期鲁国的正卿,公元前601年到公元前568年执政。谥为文,史称"季文子"。

[2]宣:鲁国国君宣公。

[3]成:鲁国国君成公。

[4]衣:名词活用为动词。穿。

[5]仲孙它:孟献子的儿子。

[6]上卿:古代高级长官之名,相当于后来的宰相。

[7]爱:吝惜,吝啬。

[8]华:名词的使动用法。使……增添光彩。

[9]美:形容词的使动用法。使……穿得美、吃得好。

[10]无乃:比较委婉地表示对某一事情或问题的估计或看法,相当于现代汉语的"恐怕"、"只怕"等。

[11]相:名词活用为动词。当人民的国相。

[12]德荣:道德荣盛。

## 【译文】

季文子任鲁宣公、鲁成公的国相,但家中没有穿丝绸衣服的妾,厩中没有吃粮食的马。仲孙它规劝季文子说:"你是鲁国的上卿,做过两代君王的国相,你的妾不穿丝绸,马不吃粮食,人家可能会以为你吝啬,而且也不会给国家带来光彩!"季文子说:"我也希望妾穿丝绸,马吃粮食。然而,我看到老百姓,他们的父兄吃得粗穿得差的还很多,我因此不敢那样做。别人的父兄吃得粗穿得差,而我却给妾和马那么好的待遇,恐怕这就不是国相该做的事!况且我听说可用德行荣誉给国家增添光彩的,没有听说能用妾和马来给国家增添光彩的。"

# 文帝罢台

【原文】

孝文帝[1]从代[2]来,即位二十三年,宫室苑囿[3]狗马服御无所增益[4]。有不便,辄[5]弛[6]以利民。尝[7]欲作露台[8],召匠计之,直[9]百金。上曰:"百金,中民[10]十家之产。吾奉[11]先帝宫室,常恐羞[12]之,何以台为!"上常衣[13]绨衣[14],所幸[15]慎夫人[16],令衣不得曳[17]地,帷帐[18]不得文绣[19],以示敦朴[20],为天下先。(西汉·司马迁《史记·孝文本纪》)

【注释】

[1]孝文帝:指汉文帝刘恒。

[2]代:代国,西汉立国后分封的地理位置最北的诸侯国,都城在平城(今山西省大同市)。

[3]苑囿:古代畜养禽兽供天子游乐的园林。

[4]增益:增添,增加。

[5]辄:音哲。就。

[6]弛:解除,取消。

[7]尝:副词。曾,曾经。

[8]露台:露天台榭。

[9]直:价值。这个意义后来写作"值"。

[10]中民:中等家业之人。

[11]奉:恭敬地接受。

[12]羞:形容词的使动用法。使……受到羞辱。

[13]衣:名词活用为动词。穿。

[14]绨衣:厚缯制成之衣。绨:音题。一种粗厚光滑的丝织品。

[15]幸:宠爱。

[16]慎夫人:汉文帝刘恒十分宠爱的一个妃子,史称慎夫人。美丽乖巧,得文帝宠爱多年,终无子嗣。

[17]曳:音业。拉,拖。

[18]帷帐:帷幕床帐。

[19]文绣:刺绣华美的丝织品。

[20]敦朴:敦厚朴素。

## 【译文】

孝文皇帝从代国来,即位二十三年了,他的宫殿苑囿、狗马、服饰以及御用器具等没有增添的。有不方便百姓的事,马上就放弃,为的是要对百姓有利。他曾经要建个露天豪华台榭,召工匠来计算,需要花费百斤黄金。孝文皇帝说:"百斤黄金,相当于中产之家十家的财产啊!我奉守先帝的宫室,常怕对不起先帝使先帝蒙受羞辱,为什么还要建这露台呢?"孝文皇帝常常穿着粗布衣服,就连他最宠爱的慎夫人,穿的衣服也不能拖地,用的帷帐也不能使用刺绣精美的丝织品,以表示俭朴,进而给天下人做出表率。

# 不别治生

## 【原文】

初,亮[1]自表[2]后主[3]曰:"成都有桑八百株,薄田十五顷,子弟衣食,自有余饶[4]。至于臣在外任,无别调度[5],随身衣食,悉[6]仰于官,不别治生[7],以长尺寸[8]。若[9]臣死之日,不使内有余帛,外有赢[10]财,以负陛下。"及[11]卒[12],如[13]其所言。(西晋·陈寿《三国志·蜀书·诸葛亮传》)

## 【注释】

[1]亮:即诸葛亮,生于公元181年,卒于公元234年。字孔明,号卧龙。徐州琅琊阳都(今山东省临沂市沂南县)人。三国时期蜀汉丞相,杰出的政治家、军事家。一生为刘备的蜀汉政权鞠躬尽瘁,在世时被封为武乡侯,死后追谥忠武侯。东晋政权因其军事才能特追封他为武兴王。

[2]表:封建社会臣子给君主的奏章。这里名词活用为动词,上表。

[3]后主:刘备之子,名禅,小名阿斗。

[4]余饶:富余,宽裕。

[5]调度:安排,调遣。

[6]悉:都,全部。

[7]不别治生:不需要另外谋生计。别:另外。

[8]尺寸:这里指些许或细微的财产。

[9]若:至,至于。

[10]赢:余,余利。

[11]及:到,等到。

[12]卒:死。

[13]如:像。

【译文】

当初,诸葛亮自己向后主刘禅上表说:"我在成都有八百余株桑树,还有不是很肥沃的田地十五顷,孩子和家人的穿衣吃饭,都会有盈余。而我在外当官,没有其他的花费,全靠公家的俸禄过日子,不需要另外谋生计来增加自己些许的收入。这样到我死的时候,不会让家里有多余的绸布,外面有多余的钱财,从而辜负陛下。"到了他死的时候,真的像他所说的那样。

## 范宣受绢

【原文】

范宣[1]年八岁,后园挑[2]菜,误伤指,大啼。人问:"痛邪[3]?"答曰:"非为痛,身体发肤,不敢毁伤[4],是以啼耳[5]。"宣洁行廉约,韩豫章[6]遗[7]绢百匹,不受。减五十匹,复不受。如是减半,遂至一匹,既[8]终不受。韩后与范同载,就车中裂二丈与范,云:"人宁可使妇无裈[9]邪?"范笑而受之。(南朝·宋·刘义庆《世说新语·德行》)

【注释】

[1]范宣:生卒年不详。字宣子。陈留(今河南省开封市陈留镇)人。东晋成帝时人,家境贫寒,崇尚儒家经典,博览群书。后被召为太学博士、散骑郎,推辞不就,于江南传经授业,学徒甚广,在儒学的传播及对古代丧仪的规定等方面对后世都产生深远的影响。唐人评论他说:"宣子之乐道安贫,弘风阐教,通儒之高尚者也。"

[2]挑:上声。挑挖,挖出来。

[3]邪:疑问语气词。相当于现代汉语的"吗"、"呢"。这个意义后来写作

耶"。

[4]不敢毁伤:《孝经》原文"身体发肤,受之父母,不敢毁伤"之省略,指孝心。

[5]耳:语气词。表示肯定。

[6]韩豫章:即韩伯,生卒年不详,大约与名将谢玄同时。字康伯。颖川长社(今河南省长葛市)人。东晋著名玄学家、训诂学家。历任豫章太守、丹杨尹、吏部尚书。病重后朝廷改任为太常,还未就任便已去世,时年四十九岁。

[7]遗:音未。赠送。

[8]既:终了。与"终"意思同。

[9]裈:音昆。有裆的裤子。

**【译文】**

范宣八岁那年,有一次在后园挖菜,无意中伤了手指,就大哭起来。别人问道:"很痛吗?"他回答说:"不是为痛,身体发肤,不敢毁伤,因此才哭呢。"范宣品行高洁,为人清廉俭省,豫章太守韩康伯送给他一百匹绢,他不肯接受。减到五十匹,还是不接受。这样一路减半,终于减至一匹,他到底还是不肯接受。后来韩康伯邀范宣一起坐车,在车上撕了两丈绢给范宣,说:"一个人难道可以让老婆没有裤子穿吗?"范宣才笑着把绢收下了。

## 身无长物

**【原文】**

王恭[1]从会稽还,王大[2]看之。见其坐六尺簟[3],因语[4]恭:"卿[5]东来[6],故[7]应有此物,可以一领[8]及[9]我。"恭无言。大去[10]后,即举所坐者送之。既无余席,便坐荐[11]上。后大闻之,甚惊,曰:"吾本谓卿多,故[12]求耳[13]。"对曰:"丈人[14]不悉[15]恭,恭作人无长物[16]。"(南朝·宋·刘义庆《世说新语·德行》)

**【注释】**

[1]王恭:生年不详,卒于公元398年。字孝伯,小字阿宁。太原晋阳(今山西省太原市)人。曾任中书令,为人清廉。晋安帝时起兵反对帝室,被杀。

[2]王大:王忱,小名佛大,也称阿大,是王恭的同族叔父辈,官至荆州刺史。

[3]簟:音店。竹席。

[4]语:音玉。告诉,对……说。

[5]卿：六朝时，尊辈称晚辈，或同辈熟人间的亲热称呼。

[6]东来：从东边来。东晋的国都在建康，会稽在建康东南。

[7]故：通"固"。本来。

[8]领：量词。用于衣服或席子。

[9]及：这里的意思是给。

[10]去：离开。

[11]荐：草席。

[12]故：因此，所以。

[13]耳：语气词。表示肯定。

[14]丈人：古时晚辈对长辈的尊称。

[15]悉：知道，熟悉。

[16]长物：多余的东西。长：音杖。

## 【译文】

王恭从会稽回来后，王大去看望他。看见他坐着一张六尺长的竹席子，便对王恭说："你从东边回来，自然会有这种东西，可以拿一张席子给我。"王恭没有说什么。王大离开后，王恭就拿起所坐的那张竹席送给王大。自己既然没有多余的竹席，就坐在草席子上。后来王大听说这件事，非常吃惊，对王恭说："我原来以为你会有多余的，所以才向你要的啊。"王恭回答说："叔叔您不了解我，我为人处世，没有多余的东西。"

# 仲堪拾粒

## 【原文】

殷仲堪[1]既为[2]荆州，值水俭[3]，食常五碗盘[4]，外无余肴。饭粒脱落盘席间，辄拾以啖[5]之。虽欲率物[6]，亦缘[7]其性真素[8]。每语[9]子弟云："勿以我受任方州[10]，云我豁[11]平昔[12]时意[13]，今吾处之不易[14]。贫者士之常，焉得登枝而捐其本[15]！尔曹其存之[16]！"（南朝·宋·刘义庆《世说新语·德行》）

## 【注释】

[1]殷仲堪：生年不详，卒于公元399年。陈郡长平（今河南省周口市西华县）人。曾任荆州刺史。与著名画家顾恺之友善，与玄学家韩康伯齐名，甚得世人

爱慕。

[2]为：治理。

[3]水俭：因水灾而年成不好。俭：歉收，年成不好。

[4]五碗盘：古代南方一种成套食器，由一个托盘和放在其中的五只碗组成，形制较小。

[5]啖：音蛋。吃。

[6]率物：率人，为人表率。

[7]缘：因为。

[8]真素：真诚无饰，质朴。

[9]语：音玉。告诉，对……说。

[10]方州：指州郡长官。

[11]豁：音或阴平。舍弃，抛弃。

[12]平昔：往昔，平日。

[13]时意：时俗。

[14]易：变，改变。

[15]焉得登枝而捐其本：指不能因为登上高枝就抛弃树根，比喻不能因为身居高位就忘掉了做人的根本。捐：弃，舍弃。

[16]尔曹其存之：你们要记住我的话。尔：第二人称代词。你，你们。曹：辈，可译为现代汉语的"们"。其：表命令、劝告的语气副词，大致可译为"还是"或"要"。

**【译文】**

殷仲堪治理荆州时，正遇上水灾歉收，吃饭通常只用五碗盘，此外没有其他荤菜。饭粒掉在盘里或座席上，马上捡起来吃了。这样做，虽然是想给大家做个好榜样，也是因为他的本性质朴。他常常告诫子侄们说："不要因为我担任州郡的长官，就认为我把平素的生活习惯抛弃了，现在我的这种习惯并没有变。贫穷是读书人的常态，怎么能因为做了官就丢掉做人的根本呢！你们要记住我的话！"

## 卖狗嫁女

**【原文】**

初，隐之[1]为奉朝请[2]，谢石[3]请为卫将军[4]主簿[5]。隐之将嫁女，石知其贫素[6],遣女必当率薄[7],乃令移厨帐助其经营[8]。使者至,方见婢牵犬卖之,此外萧然[9]无办。后至自番禺,其妻刘氏赍[10]沈香[11]一斤,隐之见之,遂投于湖亭之水。(唐·房玄龄等《晋书·吴隐之传》)

**【注释】**

[1]隐之:即吴隐之,生年不详,卒于公元414年。字处默。濮阳鄄城(今山东省菏泽市鄄城县)人。东晋著名廉吏,曾任中书侍郎、左卫将军、广州刺史等职,官至度支尚书。

[2]奉朝请:东汉时给予闲散大官的优厚待遇。古称春季朝见为"朝",秋季朝见为"请"。奉朝请即有参加朝会的资格。

[3]谢石:生于公元327年,卒于公元389年。字石奴。陈郡阳夏(今河南省太康县)人。谢哀第五子,太保谢安之弟。曾统领谢玄等人于淝水之战战胜前秦。

[4]卫将军:官名,西汉时首设。总领京城各军,是防卫部队的统帅。后置官属,掌握禁兵,预闻政务。

[5]主簿:古代官名。各级主官属下掌管文书的佐吏。

[6]贫素:清贫,寒素。素:清贫。

[7]率薄:音律雹。简约,简单。

[8]经营:筹划,组织管理。

[9]萧然:虚空,什么也没有的样子。

[10]赍:音机。带着,携带。

[11]沉香:薰香料名。又称沉水香、蜜香。

**【译文】**

起初,吴隐之为奉朝请,谢石请他担任卫将军主簿。吴隐之的女儿将要出嫁,谢石知道他家中清贫,嫁女一定会从简,就命令将厨房移去帮助他料理婚事。使者到吴家时,正见到婢女牵着狗去卖,此外什么也没有预备。后来。吴隐之从番禹返回京城,他的妻子刘氏带了一斤沉香,吴隐之见到后,就取出扔到湖亭的水中。

## 岂可竞利

**【原文】**

元嘉[1]十二年,转在临海[2],并以简约见称。所得禄秩[3],悉[4]散之亲故,妻子<sup>[5]</sup>常饥寒。人有劝其营<sup>[6]</sup>田者,秉之<sup>[7]</sup>正色曰:"食禄之家,岂可与农人竞利!"在郡作书案一枚,及<sup>[8]</sup>去<sup>[9]</sup>官,留以付库。(南朝·梁·沈约《宋书·良吏传·江秉之》)

**【注释】**

[1]元嘉:南朝宋文帝刘义隆的年号,始于公元424年,止于公元453年。

[2]临海:今浙江省台州市。

[3]禄秩:俸禄。秩:官吏的俸禄。

[4]悉:副词。全,都。

[5]妻子:妻子和儿女。

[6]营:经营,管理。

[7]秉之:即江秉之,生于公元381年,卒于公元440年。字玄叔。济阳考城(今河南省兰考县)人。曾任新安、临海太守,有政绩,以简约著称。

[8]及:到,等到。

[9]去:离开。

**【译文】**

宋文帝元嘉十二年,江秉之转任临海太守,和以前一样仍然以简朴被人称颂。他从朝廷所得到的俸禄,都散发给自己的亲戚和朋友,妻子和儿女们却经常吃不饱穿不暖。有人劝告他经营田地,江秉之态度严肃地说:"拿朝廷俸禄的人,怎么能够和老百姓去争夺农利呢!"在官任上自费做了一个书案,等到自己离开官任时,把它留下来交给官府。

## 清贫无此

**【原文】**

于是拜允<sup>[1]</sup>中书令<sup>[2]</sup>,著作如故。司徒<sup>[3]</sup>陆丽<sup>[4]</sup>曰:"高允虽蒙宠待,而家贫布衣,妻子<sup>[5]</sup>不立<sup>[6]</sup>。"高宗<sup>[7]</sup>怒曰:"何不先言!今见朕用之,方<sup>[8]</sup>言其贫。"是日幸<sup>[9]</sup>允第<sup>[10]</sup>,惟草屋数间,布被缊袍<sup>[11]</sup>,厨中盐菜而已。高宗叹息曰:"古人之清贫岂有此乎!"(北齐·魏收《魏书·高允传》)

**【注释】**

[1]允:即高允,生于公元390年,卒于公元487年。字伯恭。渤海蓨县(今河

北省景县)人。南北朝时期北魏大臣。历任郡功曹、中书博士、侍郎等,修国记,以经授太子,以修史暴露国恶罪将受极刑,太子营救获免。后拜中书令,封咸阳公。高允历仕北魏五帝,死后追赠为侍中、将军等,谥号文。

[2] 中书令:古代官职,负责在皇帝书房整理宫内文库档案,其主官称中书令,掌传宣诏命等。

[3] 司徒:古代官职名,晋时属三公。

[4] 陆丽:生年不详,卒于公元465年。鲜卑政权北魏文成帝一朝的高官,官至司徒、侍中。

[5] 妻子:妻子和儿女。

[6] 立:生存,生活。

[7] 高宗:北魏文成帝拓跋濬,北魏第五位皇帝。

[8] 方:副词。才。

[9] 幸:指封建帝王到达某地。

[10] 第:府第,住宅。

[11] 缊袍:以乱麻为絮的袍子,古时贫者所服。

【译文】

于是授予高允中书令一职,还像以前一样著书立说。司徒陆丽对文成帝拓跋濬说:"高允虽然蒙受恩宠,但是家中贫穷,自己穿着布衣,妻子和儿女们也没有立身之物。"文成帝拓跋濬非常生气地说:"那你为什么不早说!现在看见我重用他,才说起他的贫穷。"就在这一天他亲自到高允家中,看见只有几间草屋,粗布被,旧麻衣,厨房之中也只有咸菜而已。文成帝拓跋濬叹息着说:"古代贤人的清贫哪里至于这样啊!"

# 独以官贫

【原文】

彦谦[1]居家,每子侄定省[2],常为讲说督勉之,亹亹[3]不倦。家有旧业,资产素[4]殷[5],又前后居官,所得俸禄,皆以周恤[6]亲友,家无余财,车服器用,务存素俭。自少及[7]长,一言一行,未尝[8]涉私,虽致屡空[9],怡然[10]自得。尝从容[11]独笑,顾[12]谓其子玄龄[13]曰:"人皆因禄富,我独以官贫。所遗[14]子孙,在于清白

耳。"(唐·李延寿《北史·房彦谦传》)

【注释】

[1]彦谦:即房彦谦,生于公元544年,卒于公元613年。字孝冲。隋朝齐州(今山东省济南市)人。幼年丧父,在母亲、兄长抚养下成人,天资聪颖,好学强记。隋文帝开皇年间曾任监察御史,仁寿年间,文帝遣使巡行全国考察官吏政绩,房彦谦被评为天下第一。隋炀帝杨广即位后,因正直无私、敢于弹劾,被贬出朝廷,不久病卒。其子房玄龄,为唐朝名相。

[2]定省:子女早晚向亲长问安。省:音醒。

[3]亹亹:勤勉不倦的样子。亹:音伟。

[4]素:向来,一向。

[5]殷:富足,富裕。

[6]周恤:周济,接济。恤:音旭。

[7]及:到。

[8]尝:副词。曾,曾经。

[9]屡空:经常贫困。这里指穷无财。

[10]怡然:安适自在的样子。

[11]从容:悠闲舒缓的样子。

[12]顾:回头看。

[13]玄龄:即房玄龄,生于公元579年,卒于公元648年。名乔,字玄龄。齐州临淄(今山东省淄博市)人。唐朝开国宰相,善谋略,与杜如晦合称"房谋杜断"。

[14]遗:遗留。

【译文】

房彦谦平时在家,每次儿子和侄子们进来问安的时候,总是对他们教导督促勉励,不止不休说了很多也不知疲倦。房彦谦家中留有祖传产业,资产向来殷富,再加上前前后后担任官职,所得俸禄,都用来周济亲朋好友,家里没有多余的钱财,日常开销,务必保持朴素勤俭作风。房彦谦自小到大,一言一行,从没有涉及到私利,虽然常常招致贫乏,但也怡然自得。曾经在悠闲当中独自微笑,回头对他的儿子房玄龄说:"人家都因官俸而富贵,只有我因做官而贫穷。留给子孙后代的财产,就只有'清白'二字了。"

## 迎奉无具

**【原文】**

太祖[1]以[2]范质[3]寝疾[4],数[5]幸[6]其家。其后,虑烦[7]在朝大臣,止[8]令内夫人[9]问讯。质家迎奉器皿不具,内夫人奏知,太祖即令翰林司[10]送果子床、酒器凡[11]十副以赐之。复幸其第[12],因[13]谓质曰:"卿为宰相,何自苦如此?"质奏曰:"臣向[14]在中书[15],门无私谒[16],所与饮酌,皆贫贱时亲戚,安[17]用器皿?因循[18]不置,非力不及也。猥蒙[19]厚赐,有涉近名[20],望陛下察之。"寻[21]薨[22]。开宝[23]中,因相位乏人,太祖累言[24]:"如范质,真宰相也。"嗟悼[25]久之[26]。(宋·王君玉《国老谈苑》)

**【注释】**

[1]太祖:宋太祖赵匡胤。

[2]以:因为。

[3]范质:生于公元911年,卒于公元964年。字文素。大名宗城(今河北省威县)人。五代后周和北宋初大臣。后唐长兴四年(公元930年)进士,官至户部侍郎。编定后周的《显德刑律统类》。北宋时任宰相。历经后梁、后唐、后晋、后汉、后周、北宋六朝,五朝为官,两朝为相。

[4]寝疾:卧病。

[5]数:音硕。副词。多次,屡次。

[6]幸:指封建帝王到达某地。

[7]虑烦:烦劳。

[8]止:仅,只。

[9]内夫人:唐宋时宫廷女官名。职责为侍帝左右,记其起居。

[10]翰林司:宋官署名,属光禄寺。掌供应茶茗汤果等,以备皇帝游幸、宴饮需要,兼掌翰林院执役者名籍,并安排其轮流服役。

[11]凡:总共。

[12]第:府第,住宅。

[13]因:副词。于是,就。

[14]向:从前,往昔。

[15]中书:中书省的属官中书舍人的省称。
[16]私谒:因私事而干谒请托。谒:音业。
[17]安:疑问代词。哪里。
[18]因循:沿袭,继承。
[19]猥蒙:谦词。辱蒙。
[20]近名:好面子,追求名誉。
[21]寻:不久,时间很短。
[22]薨:音轰。古代称诸侯或有爵位的官员死去。
[23]开宝:宋太祖赵匡胤年号,始于公元968年,止于公元976年。
[24]累言:重复说。
[25]嗟悼:哀伤,悲悼。
[26]久之:很久,时间很长。

## 【译文】

宋太祖赵匡胤因为范质卧病在床,屡次去他家探视病情。后来,太祖又烦请在朝的大臣们知道,通知只让内夫人每日去问候病情。范质家迎接的时候连基本的器皿都准备不出来,内夫人把这种情况奏报给太祖,太祖马上下令翰林司送果子床、酒器总共十副赐给范质。又一次到他的府第时对范质说:"爱卿你身为宰相,怎么能使自己清苦成这个样子呢?"范质回奏说:"我以前身为中书舍人,家里从来没有因为私事请托的,所有和我喝茶饮酒的,都是我贫贱时的亲戚,哪里用得着器皿呢?因此还像以前那样不办理各种器皿,不是我的财力不够。承蒙陛下您多有厚赏,可能会有人说我好面子,希望陛下您明察。"不久以后就去世了。开宝年间,因为丞相的位置缺乏合适的人选,太祖反复说:"像范质那样的人,才是真的宰相啊。"哀伤悲悼了很久。

# 无楼台公

## 【原文】

寇准[1]出入[2]宰相三十年,不营[3]私第[4]。处士[5]魏野赠诗曰:"有官居鼎鼐[6],无地起楼台。"洎[7]准南迁[8]时,北使[9]至内宴[10],宰执[11]预[12]焉。使者历[13]视诸相,语[14]译导者[15]曰:"孰[16]是'无地起楼台'相公[17]?"坐无答者。

(宋·王君玉《国老谈苑》)

**【注释】**

[1]寇准:生于公元961年,卒于公元1023年。字平仲。华州下邽(今陕西省渭南市)人。北宋著名政治家。历任同知枢密院事、参知政事。后两度入相,一任枢密使。死后谥忠愍,复爵莱国公,后人多称"寇忠愍"或"寇莱公"。

[2]出入:指寇准两次做宰相,先被罢职后又复职。

[3]营:经营,修建。

[4]第:府第,住宅。

[5]处士:有才学而隐居不仕的人。

[6]鼎鼐:原为古代烹煮用的两种容器,后喻指宰相等朝廷重臣。鼐:音奶去声。

[7]洎:音计。到,及。

[8]南迁:指公元1022年寇准被贬为广东雷州司户参军。

[9]北使:北方辽国的使臣。

[10]内宴:宫廷宴会。

[11]宰执:指宰相等执掌国家政事的重臣。

[12]预:参与,参加。

[13]历:逐个,逐一。

[14]语:音玉。告诉,对……说。

[15]译导者:指负责翻译和导送的人。

[16]孰:疑问代词。谁。

[17]相公:旧时对宰相的尊称。

**【译文】**

寇准先后两次当宰相,长达三十年,不建造豪华住宅。当时的隐士魏野写诗赠给他说:"有高位的官职,却没有地方建造豪华的住宅。"等寇准被贬广东雷州后,辽国使臣到宋国宫廷赴宴,宰相等重臣都参与宴会。使者看遍了在座的各位执政大臣,对翻译说:"谁是'无地起楼台'的大臣呢?"在座的重臣没有一个回答的。

## 邵子勤训

**【原文】**

治生之道,莫[1]尚[2]乎勤。故邵子[3]云:"一日之计在于晨,一岁之计在于春,一生之计在于勤。"言虽近而旨[4]则远矣。无如[5]人之常情,恶[6]劳而好逸,甘食媮衣[7],玩日愒岁[8]。以之为农,则不能深耕[9]而易耨[10];以之为工,则不能计日而效[11]工;以之为商,则不能乘时[12]而趋利[13];以之为士,则不能笃志[14]而力行,徒然[15]食息于天地之间,是一蠹[16]耳。夫[17]天地之化,日[18]新则不敝[19]。故户枢[20]不蠹[21],流水不腐,诚[22]不欲其常安也。人之心于力,何独不然?劳则思,易则忘,物之情也。大禹[23]之圣,且惜寸阴;陶侃[24]之贤,且惜分阴。又况圣贤不若[25]彼者乎?(北宋·邵雍《恒斋文集》)

**【注释】**

[1]莫:否定性无定代词。没有什么。

[2]尚:超过,高出。

[3]邵子:即邵雍,生于公元1011年,卒于公元1077年。范阳(今河北省涿县)人。字尧夫,谥号康节,自号安乐先生、伊川翁,后人称百源先生。北宋著名哲学家、易学家,有内圣外王之誉。仁宗嘉祐及神宗熙宁年间,先后被召授官,皆不赴。创"先天学",以为万物皆由"太极"演化而成。

[4]旨:意义。

[5]无如:无奈。

[6]恶:音物。厌烦,厌恶。

[7]甘食媮衣:吃美好的食物,穿漂亮的衣服。"甘食"、"媮衣"均活用为动词。媮:音鱼。美丽的。

[8]玩日愒岁:消磨时光,荒废时日。愒:音开去声。荒废。

[9]深耕:精耕细作。

[10]耨:除草。

[11]效:效力,效劳。

[12]乘时:乘机,趁势。

[13]趋利:求取利益。

[14]笃志:志向坚定。笃:坚定。

[15]徒然:白白地,枉然。

[16]蠹:音杜。蛀蚀器物的虫子。

[17]夫:音服。语气词。放在句首,表示将发议论。

[18]日:时间名词作状语。每天。

[19]敝:坏,破旧。

[20]户枢:门轴。枢:音书。门上的转轴。

[21]蠹:音杜。腐蚀。

[22]诚:确实,的确。

[23]大禹:夏朝的第一位天子,故又称夏禹。中国古代与尧、舜齐名的圣王,曾治洪水,又划定中国国土为九州。

[24]陶侃:生于公元259年,卒于公元334年。字士行(一作士衡)。庐江寻阳(今江西省九江市)人。东晋名将,著名军事家。

[25]若:及,赶得上。

【译文】

谋生的道理,没有比勤劳更重要的了。所以北宋的邵雍先生曾说过:"一天行程的筹划,重点在于早晨;一年工作的筹划,重点在于春天;一生事业的规划,重点在于勤劳的态度。"这话说得浅近,但是它的道理却很深远啊。无可奈何的是一般人的习性,通常都是厌恶劳苦而喜爱安逸;在食物方面,贪图美味;在衣着方面,讲究华丽;怠惰偷安,浪费光阴。如果用这种态度去当农民,就不能把土耕深,把草除尽;如果用这种态度去当工人,就不能计算日期来求工作的成效;如果用这种态度去当商人,就不能把握时机而追求利润;用这种态度来读书,就不能坚定志向,努力实践。像这样白活在世上,一点用处也没有,只能算是一只蛀虫罢了。天地间变化的道理,每天更新就不会败坏。所以,时常转动的门轴不会被蛀蚀,流动的水不会腐臭,实在是上天不要万物时常安逸啊!人的心思和体力,又何尝不是这样呢?劳动就会用心去思考,安逸享乐就会放荡、昏乱,这也是人之常情啊!像大禹那样的圣人,尚且珍惜一寸的光阴;像陶侃那样的贤人,尚且珍惜一分的光阴。又何况贤能与圣明都赶不上他们的人呢?

## 卖田葬妻

**【原文】**

光[1]于物澹然[2]无所好,于学无所不通,惟不喜释[3]、老[4],曰:"其微言[5]不能出吾书,其诞[6]吾不信也。"洛中有田三顷,丧妻,卖田以葬,恶衣菲[7]食以终其身。(元·脱脱等《宋史·司马光传》)

**【注释】**

[1]光:即司马光,生于公元1019年,卒于公元1086年。字君实,号迂叟。陕州夏县(今山西省夏县)涑水乡人,世称涑水先生。北宋著名政治家、文学家。历仕仁宗、英宗、神宗、哲宗四朝,卒赠太师、温国公,谥文正。为人温良谦恭、刚正不阿。

[2]澹然:恬淡的样子。

[3]释:原为佛教创始人释迦牟尼的简称,后泛指佛教。

[4]老:老子学说的简称。

[5]微言:精微深妙的言辞。

[6]诞:荒诞。

[7]菲:音匪。微,微薄。

**【译文】**

司马光对于钱财等身外之物非常恬淡没有什么爱好,对学问却没有不精通的。他惟独不喜欢佛教、老子的思想,说:"佛、老的精微深妙的言辞也不能够超过我的书,里面的荒诞我却不相信。"他在洛阳有田地三顷,妻子死后,他卖掉土地作为丧葬的费用,粗布衣服微薄的饭菜一直到死。

## 饼羹待客

**【原文】**

王安石[1]在相位,子妇之亲[2]萧氏子至京师[3],因[4]谒[5]公,公约之饭。翌日[6],萧氏子盛服[7]而往,意为公必盛馔[8]。日过午,觉饥甚而不敢去[9]。又久之[10],方[11]命坐,果蔬[12]皆不具[13],其人已心怪[14]之。酒三行[15],初供胡饼[16]两枚,次供猪脔[17]数四,顷[18]即供饭,旁置[19]菜羹[20]而已。萧氏子颇骄纵[21],不复下箸[22],惟啖[23]胡饼中间少许,留其四旁。公取自食之。其人愧甚而退。(宋·曾敏行《独醒杂志·卷二》)

## 【注释】

[1]王安石:生于公元1021年,卒于公元1086年。字介甫,号半山,人称半山居士。北宋临川县(今江西省抚州市)人。中国历史上杰出的政治家、思想家、文学家,北宋丞相、新党领袖。唐宋八大家之一。封舒国公,后又改封荆国公,宋徽宗时追封为舒王。故世人又称王荆公、舒王。

[2]子妇之亲:儿媳妇家的亲戚。

[3]京师:京城。

[4]因:于是,就。

[5]谒:音业。拜见。

[6]翌日:次日,明日。翌:音易。

[7]盛服:服饰整齐。

[8]盛馔:准备丰盛的饭菜。馔:音篆。

[9]去:离开。

[10]久之:很久,时间很长。

[11]方:副词。才。

[12]果蔬:泛指果品菜肴。

[13]具:备,准备。

[14]怪:形容词的意动用法。对……感到很奇怪。

[15]酒三行:指喝了三杯酒。行:斟酒。

[16]胡饼:烧饼。

[17]脔:音栾。切成小块的肉。

[18]顷:时间很短。

[19]置:放,摆放。

[20]羹:音耕。带汁的食物。

[21]骄纵:放任,娇惯。

[22]箸:音住。筷子。

[23]啖:音蛋。吃。

**【译文】**

  王安石在宰相位置上的时候,儿媳妇家的亲戚萧氏到达京城,于是拜见王安石,王安石请他吃饭。第二天,萧氏衣着整齐前往,以为王安石一定会准备好丰盛的食物来款待他。已经过了中午,萧氏觉得十分饥饿,但又不敢离开。又过了很久,王安石才让他坐下。菜肴都没有准备,萧氏心里已经对此感到十分奇怪。他们喝了几杯酒,先上了两块胡饼,再上了四份切成块的肉。一会儿就上饭了,一旁摆放着菜羹罢了。萧氏从小娇生惯养,不再动筷子,只吃了胡饼中间的一小部分,把四边都留下。王安石拿过来自己吃了。萧氏十分羞愧地离去了。

# 青菜于公

**【原文】**

  自江防[1]迁[2]闽臬[3],舟将发,趣[4]人买萝卜至数石[5]。人笑曰:"贱物耳[6],何多为?"公[7]曰:"我沿途供馔[8],赖此矣。"其自北直赴江宁也,与幼子赁[9]驴车一辆,各袖[10]钱数十文,投旅舍,未尝[11]烦驿递公馆也。在制府[12]署[13],日惟啖[14]青菜,江南人或[15]呼为"于青菜"。仆从无从得茗[16],则日[17]采衙后槐叶啖[18]之,树为之秃。诸子冬衣[19]褐[20],或木棉袍,未尝制[21]一裘。官[22]楚时,长公子将归,署中偶有腌鸭,剐[23]半与[24]之。民间有"于公豆腐量太狭,长公临行割半鸭"之谣。公卒[25]之日,僚吏[26]见床头敝笥[27]中,惟绨袍[28]一袭,靴带二事,瓦瓮[29]中粗米数斛[30],盐豉[31]数器而已。(清·陈康祺《郎潜纪闻二笔》)

**【注释】**

  [1]江防:长江一带的军事防御。

  [2]迁:古代称调动官职,一般指升职。这里指1678年二月,于成龙升任福建按察使。

  [3]臬:音聂。古代主管一省司法的官员,"臬司"、"臬台"的简称。

  [4]趣:通"促"。催促。

  [5]石:音蛋。中国市制容量单位,十斗为一石。

  [6]耳:语气词。相当于"而已"、"罢了"。

  [7]公:即于成龙,生于公元1617年,卒于公元1684年。字北溟,号于山。清代山西永宁(今山西省吕梁市)人。顺治十八年(公元1661年)出仕,历任知县、知

州、知府、道员、按察使、布政使、巡抚和总督、兵部尚书、大学士等职。在二十余年的宦海生涯中，三次被举"卓异"，以卓著的政绩和廉洁刻苦的一生，深得百姓爱戴和康熙帝赞誉，以"天下廉吏第一"蜚声朝野。曾在布政使任上在公堂前写下廉政对联："累万盈千，尽是朝廷正赋，倘有侵欺，谁替你披枷戴锁？一丝半缕，无非百姓脂膏，不加珍惜，怎晓得男盗女娼！"

[8] 馔：音篆。饮食。

[9] 赁：音吝。租。

[10] 袖：名词活用为动词。在袖子里揣着。

[11] 尝：副词。曾，曾经。

[12] 制府：即制置司衙门，掌军务。明清时期的总督均尊称为"制府"。

[13] 署：衙署，办理公务的机关。

[14] 啖：音蛋。吃。

[15] 或：肯定性无定代词。有人，有的人。

[16] 茗：茶。

[17] 日：时间名词作状语。天天，每天。

[18] 啖：音蛋。这里的意思是喝。

[19] 衣：名词活用作动词。穿。

[20] 褐：粗布衣服。

[21] 制：裁制衣服。

[22] 官：名词活用作动词。做官。

[23] 刳：音哭。剖，剖开。

[24] 与：给。

[25] 卒：死，去世。

[26] 僚吏：属吏，属官。

[27] 笥：音四。盛饭或衣物的方形竹器。

[28] 绨袍：厚缯制成之袍。绨：音题。一种粗厚光滑的丝织品。

[29] 瓦瓮：陶制的小口大腹容器。

[30] 斛：音胡。容量单位，十斗为一斛，南宋后改为五斗。

[31] 盐豉：即豆豉，用黄豆煮熟霉制而成，常用以调味。豉：音齿。

【译文】

（于成龙）从管理长江防务升迁福建按察使，船将要出发时，督促随从购买几石萝卜。随从笑着说："这么便宜的东西而已，为什么要购买那么多呢？"于成龙说:"我沿途的饮食,就指着这些东西呢。"他从直隶任赴南京,和小儿子雇驴车一辆,各带钱仅数十文,沿途投住私人旅舍,不曾惊动当地官设驿道公馆。在南京城的府衙内,他每天只吃青菜,江南人有的称他为"于青菜"。仆人没有地方找得到茶叶,就每日采府衙后槐树叶当茶叶喝,树叶都给采光了,成了秃树。他的儿子冬天只穿粗布棉衣,从来没有裁制一件裘袍。在湖北做官时,他的大儿子要回赴任上,府衙中有腌制的鸭子,割一半给大儿子带着。于是民间有"于公豆腐量太狭,长公临行割半鸭"的谣谚。于成龙去世的那天,他的属吏看见他的床头破败的竹筒中仅有一件绨袍,靴子顶戴各一件,陶瓷中有几斗粗米,几罐豆豉而已。

## 蹙额珍馔

**【原文】**

彭雪琴[1]力崇[2]俭朴,偶微服[3]出,状如村夫子[4]。巡阅长江时,每赴营官[5]处,营官急将厅事陈设之古玩及华焕[6]之铺陈[7],一律撤去,始[8]敢迎入。副将某以千金购玉钟,闻公至,捧而趋[9],硜然堕地。公见之,微笑曰:"惜哉!"副将悚服[10],不敢仰视。曾饭[11]友人处,见珍馔[12],辄[13]蹙[14]额,终席不下箸[15],惟嗜[16]辣椒豆腐。友人谒[17]之于西湖退省庵,公衣[18]茧绸[19]袍,加羊毛外褂,已裂数处,冠缨[20]作[21]黄色。室中除笔砚外,惟竹簏[22]二事。久之[23],命饭,园蔬数种,中置肉一盘而已。(陆春祥《新世说》)

**【注释】**

[1]彭雪琴:即彭玉麟,生于公元1817年,卒于公元1890年。字雪琴,号退省庵主人、吟香外史。祖籍衡州府衡阳县(今湖南省衡阳市衡阳县),生于安庆府(今安徽省安庆市)。清朝著名政治家、军事家、书画家。清末水师统帅,湘军首领,人称雪帅。与曾国藩、左宗棠并称"大清三杰",与曾国藩、左宗棠、胡林翼并称大清"中兴四大名臣"。湘军水师创建者、中国近代海军奠基人。官至两江总督兼南洋通商大臣、兵部尚书。彭玉麟于军事之暇,绘画作诗,以画梅名世。

[2]崇:推重,崇尚。

[3]微服:帝王或高官为隐蔽身份而改穿平民便服。

[4]村夫子:乡村的学者,多指村学究。

[5]营官:营一级的长官。

[6]华焕:光彩绚丽。

[7]铺陈:陈设,布置。

[8]始:才,方才。

[9]趋:小步快走。

[10]悚服:恐惧顺服。悚:音耸。害怕,恐惧。

[11]饭:吃饭。这里指被别人请吃饭。

[12]馔:音篆。饮食。

[13]辄:音哲。立即,就。

[14]蹙:音促。皱,收缩。

[15]箸:音住。筷子。

[16]嗜:音事。喜欢,爱好。

[17]谒:音业。拜见。

[18]衣:名词活用为动词。穿。

[19]茧绸:柞丝绸的旧称。

[20]冠缨:帽带。结于颔下,使帽固定于头上。

[21]作:这里指呈现,现出。

[22]簏:音路。书箱。

[23]久之:很久以后。

## 【译文】

彭雪琴极力主张俭朴,有时私行察访,穿着的样子像个乡村学究。巡视长江时,每去营一级的军官住的地方,军官们总是急匆匆地把厅堂里陈设的古玩及华美绚丽的摆设全部撤去,才敢迎接彭雪琴入内。有个副将,用一千两银子买了一架玉制的编钟,听说彭雪琴到了,急忙捧着快步往里跑,玉制编钟"砰"地一声掉在地上。彭雪琴看见了,微笑着说:"真是可惜啊!"副将惊惧顺服,不敢抬头看他一眼。曾经有友人邀请他吃饭,他见满桌山珍海味,便皱起了眉头,自始至终没动筷子吃这些东西,只是喜欢吃一点辣椒豆腐。有个朋友到彭雪琴所住的西湖退省庵去拜访他,他穿着粗丝织成的衣服,外加一件羊毛短褂,而且好几处已裂了缝,帽带也已经泛黄了。居室里除了笔墨纸砚外,只有两只竹制的书箱子。很长时间后,他吩咐开饭,只有园子里自己种的几种蔬菜,中间仅放一盘肉罢了。

## 环堵萧然

**【原文】**

典[1]秉性[2]清严[3],贵后自奉[4]俭约。杨昌濬[5]尝[6]诣[7]典,环堵萧然[8],一如寒素[9],寓[10]书宗棠[11]共称[12]之。(民国·赵尔巽等《清史稿·刘典传》)

**【注释】**

[1]典:即刘典,生于公元1820年,卒于公元1879年。字伯敬。宁乡(今湖南省长沙市宁乡县)人。近代著名爱国将领。

[2]秉性:天性,本性。

[3]清严:清廉严正。

[4]自奉:自己日常生活享用。

[5]杨昌濬:生于公元1826年,卒于公元1897年。字石泉,号镜涵,别号壶天老人。湘乡(今湖南省湘乡市)人。官至浙江巡抚、陕甘总督、闽浙总督。以错判杨乃武与小白菜案件和替左宗棠办理收复新疆的后勤闻名。濬:音俊。

[6]尝:副词。曾,曾经。

[7]诣:音易。到,特指到尊长那里去。

[8]环堵萧然:形容室中空无所有,极为贫困。环:四面。堵:墙。萧然:萧条的样子。

[9]寒素:门第寒微,地位卑下。

[10]寓:寄托,寄。

[11]宗棠:即左宗棠,生于公元1812年,卒于公元1885年。字季高,一字朴存,号湘上农人。湘阴(今湖南省岳阳市湘阴县)人。晚清重臣,著名军事家、政治家。湘军名将,洋务派首领。

[12]称:称赞,赞扬。

**【译文】**

刘典本性清廉严正,地位高贵以后自己的日常生活享用简朴有节。杨昌濬曾经去刘典家中拜访,室中空无所有,极为贫困,就像地位卑下的人家一样,于是就寄书信给左宗棠一起赞扬刘典。

# 第七·重义篇

义指道义,即行为是正义的或是符合道德规范的。古人所说的重义指看重义行,甚至可以为了义行而轻视自己的生命。重义是中华民族传统美德之一,也是一种独立伟大的人格,古往今来仁人志士不但要具备"富贵不能淫,贫贱不能移,威武不能屈"的傲岸品性,而且更要有舍生取义的勇气,如果要在"生"与"义"之间作出选择,很多人会为道义而献身。

在儒家文化中,"义"常与"利"相对而言。先义后利、以义制利是儒家文化的重要思想。在现代社会中,我们虽然不能一味地排斥"利",但要"取之有道",不能损害他人、集体和国家的利益,不能违背法律和道德的原则。

本篇共选文三十章。

# 李离伏剑

**【原文】**

李离[1]者,晋文公[2]之理[3]也。过[4]听[5]杀人,自拘当[6]死。文公曰:"官有贵贱,罚有轻重。下吏有过,非子[7]之罪也。"李离曰:"臣居官为长,不与吏让位;受禄为多,不与下分利。今过听杀人,傅[8]其罪下吏,非所闻也。"辞不受。文公曰:"子则[9]自以为有罪,寡人亦有罪邪[10]?"李离曰:"理有法,失刑当刑,失死当死。公以臣能听微决疑[11],故使[12]为理。今过听杀人,罪当死。"遂[13]不受令,伏[14]剑[15]而死。(西汉·司马迁《史记·循吏列传》)

**【注释】**

[1]李离:春秋时期晋文公手下掌管刑狱的官员。

[2]晋文公:生于公元前697年,卒于公元前628年。姬姓,名重耳。初为公子,后游历诸侯十九年后终复国,杀怀公而立,开创晋国长达百年的霸业。与齐桓公同属"春秋五霸",并称"齐桓晋文"。

[3]理:狱官,法官。

[4]过:错误,错。

[5]听:判决。

[6]当:判罪。

[7]子:对人的尊称,多指男子,相当于现代汉语中的"您"。

[8]傅:通"附"。附着,引申为推及。

[9]则:假设连词。假使,如果。

[10]邪:音爷。疑问语气词。相当于现代汉语的"吗"、"呢"。这个意义后来写作"耶"。

[11]听微决疑:听察微理,判断疑难案件。

[12]使:役使,派遣。

[13]遂:副词。于是,就。

[14]伏:屈服,承认错误或受到惩罚。

[15]剑:名词活用为动词。用剑自杀。

**【译文】**

李离是晋文公的狱官,他因为错误地判决而误杀了人,就把自己关押起来定了死罪。晋文公说:"官有贵贱之分,处罚有轻重之分,下级官吏有错,不是你的过错。"李离说:"我担任的官职是长官,并不让位给下级官吏;享受俸禄多,并不和下属平分利益,现在由于我的错误判决而误杀了人,却把罪转嫁到下级官吏身上,这可是我没有听说过的。"他推辞不接受命令,晋文公说:"你如果认为自己有罪,那么我也有罪吗?"李离说:"狱官有法纪,错误地判刑就应判自己的刑,错误地判人死罪就应判自己死罪。您认为我能听察细微的事情,就能判断案情,所以才让我当狱官,现在我错误地判人死刑,罪责应当死。"于是他仍不接受命令,用剑自杀而死。

# 解扬守信

【原文】

十一年[1],楚庄王[2]伐宋,宋告急于晋。晋景公[3]欲发兵救宋,伯宗[4]谏晋君曰:"天方[5]开[6]楚,未可伐也。"乃求壮士得霍人[7]解扬[8],字子虎,诓[9]楚,令宋毋[10]降。过郑,郑与楚亲,乃执解扬而献楚。楚王厚赐与约,使反其言,令宋趣[11]降,三要[12]乃许。于是楚登[13]解扬楼车[14],令呼宋。遂[15]负楚约而致[16]其晋君命曰:"晋方悉[17]国兵以救宋,宋虽急,慎毋降楚,晋兵今[18]至矣!"楚庄王大怒,将杀之。解扬曰:"君能制命为义,臣能承命为信。受吾君命以出,有死无陨[19]。"庄王曰:"若[20]之许我,已而[21]背之,其信安[22]在?"解扬曰:"所以许王,欲以成吾君命也。"将死,顾[23]谓楚军曰:"为人臣无忘尽忠得死者!"楚王诸弟皆谏王赦[24]之,于是赦解扬使归。晋爵[25]之为上卿[26]。(西汉·司马迁《史记·郑世家》)

【注释】

[1]十一年:这里指周定王十一年,即公元前594年。

[2]楚庄王:芈姓,熊氏,名侣,谥号庄。楚穆王之子,春秋时期楚国最有成就的君主,"春秋五霸"之一。在位二十三年,后世对其有较高评价。

[3]晋景公:姬姓,名獳,一名据。春秋时期晋国君主,晋文公之孙、晋成公之子。

[4]伯宗:春秋时期晋国大夫。姬姓。品德贤明高尚,好直言。晋景公六年以"鞭之长,不及马腹"谏止晋攻楚。

[5]方:正,正要。

[6]开:扩大,发展。这里是使动用法,使楚国扩大发展。

[7] 霍人:地名,古为晋邑。在今山西省繁峙县东郊。

[8] 解扬:春秋时期晋国人。字子虎,人称霍虎。武艺高强,能言善辩,聪明过人。

[9] 诳:音筐。欺骗。

[10] 毋:音吴。不,不要。

[11] 趣:通"促"。赶快,急促。

[12] 要:音腰。要挟,威胁。

[13] 登:使动用法。使解扬登。

[14] 楼车:古代战车的一种,上设望楼,用以窥探敌人情势。

[15] 遂:副词。于是,就。

[16] 致:传达,表达。

[17] 悉:全,全部。

[18] 今:表示事情即将发生,可译为"很快"、"马上"等。

[19] 陨:坠落,毁坏。这里指国君的命令不能毁弃。

[20] 若:第二人称代词。你。

[21] 已而:不久,马上。

[22] 安:疑问代词。哪里。

[23] 顾:回头看。

[24] 赦:音社。赦免,饶恕。

[25] 爵:名词活用为动词。封爵,赐爵。

[26] 上卿:春秋时期权利很大的高级官员,多授予有功之臣或贵族。

**【译文】**

公元前594年,楚庄王出兵讨伐宋国,宋国向晋国求救。晋景公想派军救助宋国,大夫伯宗进谏晋君说:"上天正兴助楚国扩大势力,不能攻打楚国。"晋国于是找到一位壮士,是霍邑人解扬,字子虎。晋国想让解扬欺骗楚国,让宋国不要投降。解扬故意路过郑国,郑国和楚国关系亲密,就逮捕解扬献给楚国。楚王赏赐给解扬一份厚礼并跟他立约,让他把原来的话反转过来说,叫宋国赶快投降,楚王多次要挟解扬,解扬才勉强答应。于是楚王让解扬登上观望敌军的楼车,让他向宋军喊话。于是解扬就违背了与楚人的约定,传达了晋君给他的命令,他向宋人大声喊:"晋国正聚集全国的军队赶来援救宋国,宋国虽然形势紧迫,但千万不要投降楚国,晋军马上就要赶到了!"楚王一听非常生气,将要杀死解扬。解扬说:"国君以制定命令为本分,臣民以执行命令为讲信用。我接受我国国君的命令出国办事,我的命可以没,但君主的命令不能毁弃。"楚庄王说:"那么,你已经答应了我,很快就又背叛了我,你的信用在哪里呢?"解扬说:"我之所以答应您,就是想用来完成我国国君的命令。"解扬将要受刑时,回过头看着楚军说:"做人臣的不要忘记竭尽忠诚然后去死!"楚王的弟弟们都劝谏楚王赦免解扬,于是楚王赦免了他,让他回到晋国。晋国封他爵位为上卿。

## 子鱼尸谏

【原文】

史䲡[1],字子鱼,病且[2]死。谓子曰:"吾不能进[3]蘧伯玉[4],退[5]弥子瑕[6]。生不能正[7]君,死不能成礼[8],置尸北堂[9]足矣。"䲡死,灵公[10]往吊丧,其子具[11]言。公曰:"夫子[12]生而进贤,退不肖[13],死以尸谏[14],可谓忠矣。"乃召蘧伯玉为卿,退弥子瑕,徙[15]丧正堂,成礼而后返。卫国以[16]治。(西汉·刘向《新序·节士》)

【注释】

[1]史䲡:生卒年不详。字子鱼。春秋时期卫国人。史官,曾以对卫灵公尸谏而受孔子称赞。䲡:音秋。

[2]且:将,将要。

[3]进:不及物动词的使动用法。使……进,即举荐。

[4]蘧伯玉:春秋时期卫国大夫,名瑗,谥号成子,有贤名。蘧:音渠。

[5]退:不及物动词的使动用法。使……退,即辞退。

[6]弥子瑕:春秋时期卫国大夫,卫灵公男宠,善于阿谀奉承。

[7]正:形容词的使动用法。匡正。

[8]成礼:按正规的礼仪安葬。

[9]北堂:夫人居住的寝室,非正室。按照礼节,人死后应寝于正室。

[10]灵公:春秋时期卫国君主卫灵公,名姬元,卫襄公之子,公元前534年至公元前493年在位。

[11]具:完全,全部。

[12]夫子:旧时对德行高尚年老的男人的尊称。

[13]不肖:不成材或不正派之人,也就是小人。

[14]谏:规劝君主或尊长的过失,使之改正错误。

[15]徙:转移,迁移。

[16]以:因为,由于。

**【译文】**

史鳅,字子鱼,生病快要死了。他告诉他儿子说:"我既不能使蘧伯玉得到提拔,也不能使弥子瑕被辞退。我活着不能纠正国君的错误,死了不能按照正规的礼仪安葬。把我的尸体放在北堂就足够了。"史鳅死后,卫灵公来吊丧,他儿子把这些话全都告诉给了卫灵公。卫灵公说:"夫子生的时候推荐贤人,弹劾不肖的人,死了还要用尸体来进谏,可以称得上是'忠'了。"于是卫灵公召见蘧伯玉,封他为卿,辞退了弥子瑕,把史鳅的尸体迁移到正堂,行礼后返回。卫国自此而进入治世。

# 石奢纵父

**【原文】**

石奢[1]者,楚昭王[2]相也。坚直廉正,无所阿[3]避。行县[4],道有杀人者,相[5]追之,乃其父也。纵[6]其父而还自系[7]焉。使人言之王曰:"杀人者,臣之父也。夫[8]以父立政[9],不孝也;废法纵罪,非忠也;臣罪当死。"王曰:"追而不及[10],不当伏罪,子其[11]治事矣。"石奢曰:"不私[12]其父,非孝子也;不奉[13]主法,非忠臣也。王赦[14]其罪,上惠[15]也;伏诛[16]而死,臣职也。"遂不受令,自刎而死。(西汉·司马迁《史记·循吏列传》)

**【注释】**

[1]石奢:春秋时期楚国人,楚昭王之相,为人刚正廉直,守法重义。

[2]楚昭王:芈姓,熊氏,名壬,又名轸。楚平王之子。公元前515年至公元前489年在位。

[3]阿:音婀。偏袒,迎合。

[4]行县:出行属县。

[5]相:国相,即石奢。

[6]纵:释放。

[7]系:拴,绑。这里指囚禁。

[8]夫:音服。表示议论的发语词,不译。

[9]立政:树立政绩。

[10]及:追上,赶上。

[11]其:句中语气词,表示命令或期望。

[12]私:偏私,偏袒。

[13]奉:遵从,遵守。

[14]赦:音社。赦免,免除。

[15]惠:慈惠,恩惠。

[16]伏诛:被法律惩罚而受到死刑。

**【译文】**

石奢,是楚昭王的国相。为人刚强正直,廉洁公正,既不阿谀逢迎,也不胆小避事。一次出行属县,恰逢途中有凶手杀人,他追捕凶犯,却是自己的父亲。他放走父亲,回来便把自己囚禁起来。他派人告诉楚昭王说:"杀人凶犯,是为臣的父亲。如果用惩治父亲来树立自己的政绩,这是不孝;如果废弃法度释放罪犯,又是不忠;因此我该当死罪。"楚昭王说:"你追捕凶犯而没抓获,不该论罪伏法,你还是去治理国事吧。"石奢说:"不偏袒自己的父亲,不是孝子;不遵守国家法律,不是忠臣。您赦免我的罪责,是主上的恩惠;服刑而死,是臣子的本分。"于是石奢不听从楚王的命令,自杀而死。

## 曾参拒衣

**【原文】**

曾子[1]衣[2]敝衣[3]以耕,鲁君使人往致[4]邑焉,曰:"请以此修衣[5]。"曾子不受。反[6],复往,又不受。使者曰:"先生非求于人,人则[7]献之,奚为[8]不受?"曾子曰:"臣闻之,受人者畏人,予人者骄[9]人。纵[10]君有赐,不我骄[11]也,我能不畏乎?"终不受。孔子闻之,曰:"参之言,足以全[12]其节也。"(西汉·刘向《说苑·立节》)

**【注释】**

[1]曾子:姓曾,名参,字子舆。春秋末年鲁国人。小孔子四十六岁,被尊称为曾子。出身没落贵族家庭,年少就参加农业劳动,后从师孔子。他勤奋好学,颇得孔子真传。他积极推行儒家主张,传播儒家思想,并在修身和躬行孝道上颇有建

树。是孔子学说的主要继承人和传播者,在儒家文化中居有承上启下的重要地位。

[2]衣:名词活用为动词。穿。

[3]敝衣:破旧的衣服。

[4]致:送,给予。

[5]修衣:添置或更换衣服。修:修饰。

[6]反:回去,返回。这个意义后来写作"返"。

[7]则:副词。表示强调。可以译为"都"或"已经"。

[8]奚为:为什么。奚:疑问代词。什么。

[9]骄:形容词活用为动词。显露骄傲的神色。

[10]纵:纵然,即使。

[11]不我骄:否定句中代词宾语前置,即"不骄我",不向我显露骄傲的神色。

[12]全:形容词的使动用法。使其节全。

**【译文】**

曾子穿着破旧衣服耕地,鲁国国君派人去送城给他作封邑,说:"就用这封邑的收入添置一些好的衣服吧。"曾子不接受。使者回去了,反复又去,还是不接受。出使的人说:"这不是先生你求别人的,而是别人献给你的,为什么不接受呢?"曾子说:"我听说过这句话,接受别人东西的人会感到对人家有亏欠,给予别人东西的人会对人家傲慢,纵然你们给予我东西而不对我傲慢,可我自己能不觉得对别人有亏欠吗?"最终也没有接受。孔子听说了这件事,说:"曾参的话足以保全他的气节了。"

## 不弃糟糠

**【原文】**

时帝[1]姊湖阳公主[2]新寡,帝与共论朝臣,微[3]观其意。主[4]曰:"宋公[5]威容德器,群臣莫及[6]。"帝曰:"方且[7]图[8]之。"后弘被引见,帝令主坐屏风后,因[9]谓弘曰:"谚言'贵易[10]交,富易妻',人情乎?"弘曰:"臣闻'贫贱之知不可忘,糟糠[11]之妻不下堂'。"帝顾[12]谓主曰:"事不谐[13]矣。"(南朝·宋·范晔《后汉书·宋弘传》)

**【注释】**

[1]帝:指东汉光武帝刘秀。

[2]湖阳公主:光武帝刘秀长姊刘黄。

[3]微:暗中伺察。

[4]主:皇帝的女儿,也就是公主。

[5]宋公:即宋弘,字仲子。京兆长安(今陕西省西安市)人。东汉初年名臣,为人正直,做官清廉,对皇帝直言敢谏。

[6]及:赶得上。

[7]方且:将会,将要。

[8]图:计划,谋划。

[9]因:副词。于是,就。

[10]易:换,更换。

[11]糟糠:穷人用来充饥的酒渣、米糠等粗劣食物,借指曾经共患难的妻子。

[12]顾:回头看。

[13]谐:和谐。这里指办成。

**【译文】**

当时光武帝刘秀的姐姐湖阳公主刚刚失去丈夫,刘秀和她一起讨论朝中的臣子,暗中细察她的心意。公主说:"宋公威仪容貌德行品质,群臣没有人能赶得上的。"刘秀说:"我将要为你谋划这件事。"过后光武帝召见宋弘,使湖阳公主坐在屏风后,于是刘秀试着问宋弘说:"谚语说'人尊贵后应更换朋友,富有后应更换妻子',这是人之常情吗?"宋弘回答说:"臣听说'贫穷低贱的老朋友不能忘却,吃糟糠共患难的妻子不能抛弃'。"刘秀回过头看着公主说:"这件事情办不成了。"

# 有信于心

**【原文】**

初,晖[1]同县张堪[2]素[3]有名称[4],尝[5]于太学[6]见晖,甚重[7]之,接以友道,乃把晖臂曰:"欲以妻子[8]托[9]朱生。"晖以堪先达[10],举手未敢对,自后不复[11]相见。堪卒[12],晖闻其妻子贫困,乃自往候视,厚赈赡[13]之。晖少子怪而问曰:"大人不与堪为友,平生未曾相闻,子孙窃[14]怪[15]之。"晖曰:"堪尝有知己之言,吾以信于心也。"(南朝·宋·范晔《后汉书·朱晖传》)

**【注释】**

[1]晖:朱晖,字文季。南阳宛(今河南省南阳市)人。与张堪同为东汉初年

人。性格端庄,人品高尚,有儒者之称。

[2]张堪:字君游,与朱晖同为东汉初年人。品行超群。

[3]素:向来,一向。

[4]名称:名声,名望。

[5]尝:副词。曾,曾经。

[6]太学:汉朝(武帝元朔五年,即公元前124年)设在京城长安的最高学府。

[7]重:形容词的意动用法。以……为重,即看重,器重。

[8]妻子:妻子与儿女。

[9]托:托付,委托。

[10]先达:指有道德、有学问的前辈。

[11]复:又,再。

[12]卒:死。

[13]赈赡:以财物周济。赈:音震。救济。赡:音善。供给,供养。

[14]窃:谦词。私自,私下。

[15]怪:形容词的意动用法。对……感到奇怪。

**【译文】**

当初,与朱晖同县的张堪向来非常有名气,曾经在太学见过朱晖,特别看重他,把他当朋友对待,握着朱晖的胳膊说:"我想把妻子和儿女托付给朱先生。"朱晖因为张堪已经是德高望重的前辈,所以只是拱手没有敢应承,从此之后二人再也没有见面。张堪死后,朱晖听说他的妻子与儿女生活很贫困,于是亲自前往探视,送去丰厚的钱物接济他们。朱晖的小儿子感到很奇怪地问道:"父亲您不和张堪为友,平生也没有什么往来,我们私下对您的做法感到奇怪。"朱晖说:"张堪曾经对我说过知己的话,我因为在内心相信他的话才会这样做的。"

## 梁鸿尚节

**【原文】**

家贫而尚[1]节,博览无不通,而不为章句[2]。学毕,乃牧豕[3]于上林苑[4]中。曾误遗火[5],延及他舍。鸿[6]乃寻访烧者,问所去失,悉[7]以豕偿之。其主犹以为少。鸿曰:"无他财,愿以身居作[8]。"主人许[9]之。因为执勤[10],不懈朝夕。邻家耆老[11]见鸿非恒人[12],乃共责让[13]主人,而称鸿长者[14]。于是始敬异[15]焉,悉还其豕。鸿不受而去[16]。(南朝·宋·范晔《后汉书·梁鸿传》)

**【注释】**

[1]尚:崇尚,推崇。

[2]不为章句:不去著述章句。为:著述。章句:分章析句地注释古书的一种注解体例。

[3]豕:音使。猪。

[4]上林苑:中国秦汉时期的皇家园林。秦朝始建,汉武帝建元三年(公元前138年)加以扩建。地跨长安、咸阳、周至、户县、蓝田五县境,纵横三百里。上林苑地域辽阔,地形复杂,有极为丰富的天然植被和人工栽植的树木。园内豢养百兽,还设大量台观建筑及供应皇室所需的手工作坊。

[5]遗火:留下火种。

[6]鸿:即梁鸿,生卒年不详。字伯鸾。东汉初年扶风平陵(今陕西省咸阳市)人。家贫博学,与妻子孟光隐居,为人佣工舂米。每归,孟光为具食,举案齐眉,以示敬爱。

[7]悉:全,都。

[8]愿以身居作:愿意让自己留下来做事。

[9]许:同意,答应。

[10]执勤:执守做工。

[11]耆老:老人,长者。耆:音齐。老。

[12]恒人:一般人,普通人。恒:平常,普通。

[13]责让:指责,批评。

[14]长者:忠厚老实的人。

[15]异:奇特,与众不同。这里是形容词的意动用法。

[16]去:离去,离开。

**【译文】**

梁鸿家庭贫困但是崇尚节操,广泛读书没有不通晓的事情,但是不著述章句。读完书,就到上林苑放猪。曾经不小心留下火种,蔓延到别人的房屋。梁鸿就寻访被烧到的人家,问他家损失的财物,全部用自己的猪作赔偿还给房屋主人。但房屋主人还认为得到的补偿很少,梁鸿说:"我没有别的财富,愿意让自己留下来做事。"主人同意了。梁鸿于是勤奋做工,从早到晚从不松懈。邻家老人们见梁鸿不是一般人,于是就一同责备批评那家主人,并且称赞梁鸿是忠厚的人。因此,主人开始尊敬梁鸿,把猪还给他。梁鸿没有接受就离开了。

# 义孕囚妻

【原文】

安丘[1]男子毌丘长[2]与母俱[3]行市,道遇醉客辱其母,长杀之而亡[4],安丘追踪于胶东得之。祐[5]呼长谓曰:"子母见[6]辱,人情所耻。然孝子忿[7]必虑难,动不累[8]亲。今若[9]背亲逞[10]怒,白日杀人,赦[11]若非义,刑[12]若不忍,将如之何[13]?"长以械[14]自系[15],曰:"国家制法,囚身犯之。明府[16]虽加哀矜[17],恩无所施。"祐问长有妻、子乎?对曰:"有妻未有子也。"即移安丘逮长妻,妻到,解其桎梏[18],使同宿狱中,妻遂怀孕。至冬尽行刑,长泣谓母曰:"负[19]母应死,当何以报吴君乎?"乃啮[20]指而吞之,含血言曰:"妻若生子,名之'吴生',言我临死吞指为誓,属[21]儿以报吴君。"因[22]投缳[23]而死。(南朝·宋·范晔《后汉书·吴祐传》)

【注释】

[1]安丘:今山东省安丘市。位于山东半岛中部,中国古代历史名城,汉景帝中元二年(公元前148年)置县。

[2]毌丘长:东汉安丘人,复姓毌丘,名长(音常)。

[3]俱:副词。一起。

[4]亡:逃跑,逃亡。

[5]祐:吴祐,字季英。东汉名儒,曾任胶东侯相,为政宽仁,德高望重,为世人所推重。

[6]见:被。

[7]忿:愤怒,怨恨。

[8]累:牵累,带累。

[9]若:第二人称代词。你。

[10]逞:放任,放肆。

[11]赦:音社。赦免,饶恕。

[12]刑:名词活用为动词。对……施加刑罚。

[13]如之何:怎么样,怎么办。

[14]械:桎梏,脚镣和手铐。

[15]系:音细。拘囚,拘禁。

[16]明府:也称明府君,汉代对太守的尊称。

[17]矜:音今。怜悯,同情。

[18]桎梏:音至固。古代的刑具,即脚镣和手铐。

[19]负:辜负,对不起。

[20]啮:音聂。咬。

[21]属:叮嘱,嘱咐。这个意义后来写作"嘱"。

[22]因:副词。于是,就。

[23]投缳:上吊,自缢。缳:音环。绳套。

## 【译文】

安丘有个男子叫毋丘长,跟母亲一起到市场去,路上遇到一名醉客污辱他母亲,毋丘长把这人杀了以后逃亡他乡,吴祐从安丘县一直追到胶东才抓住了他。吴祐把毋丘长叫过来对他说:"你母亲受到污辱,这是作为人子感到羞耻的。然而孝子愤恨时要考虑到后果,行动不要牵累了父母。而今你违背亲人放任自己的怒气,白日杀人,赦免你不合道义,对你施加刑罚又于心不忍。你说该怎么办呢?"毋丘长就用枷锁把自己囚禁起来,说:"国家制定了法律,我自己触犯了它。大人虽说同情于我,这恩情也没处去实施了。"吴祐问他有无妻子和孩子?回答说:"有妻子还没有生孩子。"就赶到安丘县抓来他的妻子,妻子来到,便除掉他俩的枷锁,让他俩一起睡在狱中,妻子就怀孕了。到冬季终了时该行刑了,毋丘长哭着对母亲说:"我辜负了母亲自应去死,可该怎么报答吴大人的恩情呢?"于是就咬断指头吞进肚中,含着血说道:"妻子如果生下儿子,名字就叫'吴生',告诉他我临死吞掉手指发誓,嘱咐儿子一定要报答吴大人。"便上吊自杀了。

## 仲弓责吏

## 【原文】

陈仲弓[1]为太丘长,时吏有诈称母病求假,事觉[2],收之,令吏杀焉。主簿[3]请付狱[4]考[5]众奸[6],仲弓曰:"欺君不忠,病[7]母不孝;不忠不孝,其罪莫[8]大。考求众奸,岂[9]复过此!"(南朝·宋·刘义庆《世说新语·政事》)

**【注释】**

[1]陈仲弓:生于公元104年,卒于公元187年。名寔(音时),字仲弓。东汉颖川许(今河南省许昌市)人。做过太丘县令,以德行高尚著称于世。

[2]觉:这里指被发觉。

[3]主簿:官名,主管文书簿籍,是属官之首。

[4]狱:官司。

[5]考:查究。

[6]众奸:指诸多犯法的事。

[7]病:这里是名词活用为动词。诅咒母亲生病。

[8]莫:否定性无定代词。没有哪一个。

[9]岂:副词。表示反问。可以翻译为"难道"。

**【译文】**

陈仲弓任太丘县县长,当时有个小官吏假称母亲有病请假,事情被发觉,陈仲弓就逮捕了他,并命令狱吏处死。主簿请求交给诉讼机关查究其他犯罪事实,陈仲弓说:"欺骗君主就是不忠,诅咒母亲生病就是不孝;不忠不孝,没有哪一个比这个罪状更大的了。查究其他罪状,难道还能超过这件吗!"

## 暮夜却金

**【原文】**

四迁[1]荆州[2]刺史、东莱[3]太守。当之[4]郡,道经昌邑[5],故[6]所举荆州茂才[7]王密为昌邑令,谒[8]见,至夜怀金十斤以遗[9]震[10]。震曰:"故人[11]知君,君不知故人,何也?"密曰:"暮夜[12]无知者。"震曰:"天知,神知,我知,子知。何谓无知者?"密愧而出。(南朝·宋·范晔《后汉书·杨震传》)

**【注释】**

[1]迁:升迁,升官。

[2]荆州:古州名,今在湖北省荆州市。

[3]东莱:山东省龙口市的古称。

[4]之:到……去,这里指上任。

[5]昌邑:古地名,今山东省昌邑市,位于胶东半岛西北部,渤海之滨。

[6]故:过去,以前。

[7]茂才:即秀才,亦称茂材。东汉时为避讳光武帝刘秀之名,将"秀才"改为"茂才"。

[8]谒:音业。拜见,请见。

[9]遗:音未。给予,赠送。

[10]震:杨震,生年不详,卒于公元 124 年。字伯起。弘农华阴(今陕西省华阴市东)人。东汉名臣,通晓经籍,博览群书,时人赞为"关西孔子杨伯起"。其子孙世代任大官僚,"弘农杨氏"成为东汉有名的世家大族。

[11]故人:原指老朋友或老熟识,这里指"我"。

[12]暮夜:深夜。

## 【译文】

杨震屡次升迁,升到荆州刺史、东莱太守。当他去东莱郡上任时,路过昌邑县,过去他所推荐的秀才王密,这时做昌邑县令,夜里怀中揣着十斤金子来赠送给杨震。杨震说:"作为老朋友,我是了解你的,但你不了解我,这是怎么回事呢?"王密说:"夜里没有人知道这事。"杨震说:"天知道,神知道,我知道,你知道,怎么说没人知道!"王密惭愧地出门走了。

# 雷义还金

## 【原文】

雷义[1]字仲公,豫章鄱阳[2]人也。初为郡功曹[3],皆擢[4]举善人,不伐[5]其功。义尝[6]济[7]人死罪,罪者后以金二斤谢之,义不受,金主伺[8]义不在,默投金于承尘[9]上。后葺[10]理屋宇,乃得之,金主已死,无所复还,义乃以付县曹。(南朝·宋·范晔《后汉书·雷义传》)

## 【注释】

[1]雷义:东汉时人,品德高尚,为世人所称颂。

[2]豫章鄱阳:古地名,今江西省南昌市。

[3]功曹:官名,汉代郡守有功曹史,简称功曹。除掌人事外,得以参与一郡的政务。北齐后改称参军。

[4]擢:音啄。提拔。

[5]伐:夸耀。
[6]尝:副词。曾,曾经。
[7]济:救济,救助。
[8]伺:音四。观察,侦候。
[9]承尘:指藻井,天花板。
[10]葺:音气。修葺,修理。

【译文】

雷义字仲公,是豫章鄱阳人。当初曾是郡的功曹,总是提拔举荐郡中有善行的人,不夸耀自己的功劳。雷义曾经救助过一个犯了死罪的人。这个人后来拿了两斤黄金来感谢雷义,雷义坚决不接受,这个人趁雷义不在家时,暗中把金子放在雷义家的天花板上。后来雷义修葺房屋,翻开屋顶,才发现金子。但是送金子的人已过世,无法再归还给他了,雷义便将这两斤黄金交付县曹。

# 弃子存侄

【原文】

石勒[1]过泗水[2],攸[3]乃斫[4]坏车,以牛马负[5]妻子[6]而逃。又遇贼,掠其牛马,步走,担[7]其儿及其弟子绥。度[8]不能两全,乃谓其妻曰:"吾弟早亡,唯有一息[9],理不可绝,止[10]应自弃我儿耳。幸而得存,我后当有子。"妻泣而从之,乃弃之。其子朝弃而暮及[11]。明日,攸系之于树而去[12]。(唐·房玄龄等《晋书·良吏传》)

【注释】

[1]石勒:后赵明帝,生于公元274年,卒于公元333年。字世龙。上党武乡(今山西省晋中市榆社县)人。十六国时期后赵建立者,作战勇猛,史传为"拼命三郎"。

[2]泗水:河流名称,位于山东省中部,于济宁市东南注入京杭大运河。

[3]攸:邓攸,西晋时人,字伯道。平阳襄陵(今山西省临汾市襄汾县)人,高节重义。

[4]斫:音啄。砍。

[5]负:背。

[6]妻子:妻子与儿女。

[7]担:担着,挑着。

[8]度:音夺。揣度,推测。

[9]息:子女,这里指儿子。

[10]止:只是,仅仅。

[11]及:赶上。

[12]去:离开,离去。

【译文】

石勒率兵过泗水,邓攸就砍坏车辆,用牛、马驮着妻子与儿子逃跑。又遇到强盗,掠走牛、马,只好担着自己的儿子以及侄子邓绥。邓攸估计不能保全两个孩子,就对自己的妻子说:"我弟弟早已去世,只留下这一个儿子,按理不能使他断绝后代,只能舍弃咱们自己的儿子。假如有幸能活下去,我以后还应当有儿子。"他妻子哭着同意了。于是把自己儿子扔掉。他儿子早晨被扔掉,傍晚时又追上来。第二天,邓攸把儿子绑在树上而离去。

# 庾亮留马

【原文】

庾公[1]乘[2]马有的卢[3],或[4]语[5]令卖去,庾云:"卖之必有买者,即复害其主,宁可[6]不安己[7]而移于他人哉!昔[8]孙叔敖[9]杀两头蛇以为后人,古之美谈[10]。效[11]之,不亦达[12]乎!"(南朝·宋·刘义庆《世说新语·德行》)

【注释】

[1]庾公:即庾亮,生于公元289年,卒于公元340年。字元规。东晋名臣,颍川鄢陵(今河南省鄢陵县)人。善谈论,好老庄,有德行。历仕元帝、明帝、成帝三朝。官至征西大将军、荆州刺史,谥号文康。庾:音宇。

[2]乘:驾车,驱马拉车。

[3]的卢:又名的颅,骏马,性烈。按迷信说法,这是凶马,它的主人会得祸。余嘉锡《世说新语笺疏》引伯乐《相马经》提到:"马白额入口至齿者,名曰榆雁,一名的卢。奴乘客死,主乘弃市,凶马也。"的:音第。

[4]或:肯定性无定代词。有人,有的人。

[5]语:音玉。告诉。

[6]宁可:怎么可以,怎么能。

[7]不安己:不使自己安适,也就是危害自己。安:形容词的使动用法。

[8]昔:从前,以往。

[9]孙叔敖:春秋时期楚国的令尹。据贾谊《新书》记载,孙叔敖小时候在路上看见一条两头蛇,回家哭着对母亲说:"听说看见两头蛇的人一定会死,我今天竟看见了。"母亲问他蛇在哪里,孙叔敖说:"我怕后面的人再见到它,就把它打死埋掉了。"他母亲说:"你心肠好,一定会好心得好报,不用担心。"

[10]美谈:亦作美谭,指令人赞扬称道的好事。

[11]效:效法,效仿。

[12]达:通达,旷达。

**【译文】**

庾亮驾车的马中有一匹的卢马,有人告诉他应该把马卖掉。庾亮说:"卖它,必定有买主,那就要害那个买主,怎么可以因为对自己不利就转嫁给别人呢!从前孙叔敖打死两头蛇,用来保护后面来的人,这件事是古时候人们乐于称道的。我学习他,不也是很旷达的事情吗!"

# 刘惔拒肴

**【原文】**

刘真长[1]、王仲祖[2]共行,日旰[3]未食。有相识小人贻[4]其餐,肴案[5]甚盛,真长辞焉。仲祖曰:"聊[6]以充虚,何苦辞!"真长曰:"小人都不可与作缘[7]。"(南朝·宋·刘义庆《世说新语·方正》)

**【注释】**

[1]刘真长:即刘惔(音谈),字真长,世称刘尹。东晋人,明帝婿,谢安妻舅。少清远有标格,雅善理言。性峭拔,为政清静,门无杂宾。年三十六岁而卒。

[2]王仲祖:即王濛,字仲祖。东晋太原晋阳(今山西省太原市)人。精通隶书,通礼制,善玄谈。

[3]旰:音赣。天色晚。

[4]贻:音姨。送,赠与。

[5]肴案:菜肴及食盘。

[6]聊:姑且,暂且。

[7]作缘:打交道,交朋友。

**【译文】**

刘真长、王仲祖一起外出,天色很晚了还没有吃饭。有个认识他们的吏役送来饭食给他们吃,菜肴很丰盛,刘真长辞谢了。王仲祖说:"暂且用来充饥吧,何苦推辞呢!"刘真长说:"那些小人我们绝不能跟他们打交道。"

# 直言不讳

**【原文】**

王含[1]作庐江郡[2],贪浊[3]狼藉[4]。王敦[5]护其兄,故[6]于众坐称:"家兄在郡定[7]佳,庐江人士咸[8]称之。"时何充[9]为敦主簿[10],在坐,正色[11]曰:"充即庐江人,所闻异[12]于此!"敦默然。旁人为之反侧[13],充晏然[14],神意自若。(南朝·宋·刘义庆《世说新语·方正》)

**【注释】**

[1]王含:生卒年不详。字处弘。东晋琅琊临沂(今山东省临沂市)人,王敦兄。王敦举兵时为敦军元帅,后兵败被杀。

[2]作庐江郡:作庐江的行政长官。庐江:古地名,今安徽省境内。

[3]贪浊:贪污。

[4]狼藉:行为不检,名声不好。

[5]王敦:生于公元266年,卒于公元324年。字处仲。东晋琅琊临沂(今山东省临沂市)人。晋武帝之婿。西晋亡,拥司马睿建立东晋政权。后起兵作乱,病死兵败。

[6]故:故意,特意。

[7]定:副词。确实,一定。

[8]咸:副词。都,全。

[9]何充:生于公元292年,卒于公元346年。字次道。东晋庐江灊县(今安徽省六安市霍山县)人。成帝、康帝、穆帝三朝为官,不树亲党,敢于直言。

[10]主簿:官职名称,主管文书印章等。

[11]正色:神色庄重,态度严肃。

[12]异:不同。

[13]反侧:担心,惶恐不安。

[14]晏然:安适,安闲。

【译文】

王含任庐江郡的行政长官,贪污,名声特别不好。王敦袒护他的哥哥,特意在很多人在座时声称:"我的哥哥在庐江郡确实很好,庐江郡的人士都称赞他。"当时何充担任王敦属下掌管文书的官吏,也在座,表情严肃地说:"何充就是庐江人,所听到的与这种说法不一样。"王敦没有说话。其他人都为何充担心。而何充安适坦然,神情姿态跟平时一样。

## 王华沉金

【原文】

王华[1]六岁,与群儿戏水滨,见一客来濯[2]足,以[3]大醉,去[4],遗[5]所提囊。取视之,数十金也。公度[6]其醒必复来,恐人持去,以投水中,坐守之。少顷[7],其人果号[8]而至,公迎谓曰:"求尔金耶[9]?"为指其处。其人喜,以一铤[10]为谢,却[11]不受。(明·焦竑《玉堂丛语·夙惠》)

【注释】

[1]王华:生卒年不详。字子陵。南朝刘宋琅琊临沂(今山东省临沂市)人。曾任大司马、右卫将军、司徒左长史等职。

[2]濯:音啄。洗。

[3]以:因为。

[4]去:离去,离开。

[5]遗:落下,丢失。

[6]度:音夺。猜想,料想。

[7]少顷:时间不长,不久。

[8]号:音豪。嚎哭,大哭。

[9]耶:音爷。句末语气词,表示疑问或反问。相当于现代汉语的"吗"、"呢"。

[10]铤:音定。古同"锭",专门铸成的各种形态的金银块,用以货币流通。

[11]却:拒绝,推却。

**【译文】**

王华六岁的时候,和一群小孩子在水边嬉戏,见到一个客人来洗脚,因为大醉的缘故,离开时落下了他携带的包裹。王华拿来看了看,有数十两黄金。王华估计他酒醒后必定再来,担心别人拿了金子离开,就把它投到水里,坐在那儿等他来。不一会儿,那个人果然大哭着来了,王华迎上去对他说:"找你的金子吗?"为他指明了地点。那个人很高兴,用一锭银子作为酬劳,王华推却不接受。

## 更适自经

**【原文】**

新蔡[1]徐元[2]妻许,年二十一,丧夫,子甄年三岁,父揽愍[3]其年少,以更[4]适[5]同县张买[6]。许自誓不行,父逼载送买。许自经[7]气绝,家人奔赴,良久[8]乃苏[9]。买知不可夺,夜送还揽。许归徐氏,养元父季。(唐·李延寿《南史·孝义传》)

**【注释】**

[1]新蔡:古地名,今河南省驻马店市新蔡县。
[2]徐元:南朝宋人,生卒年不详。
[3]愍:音敏。怜悯,哀怜。
[4]更:改。
[5]适:女子出嫁。
[6]张买:南朝宋人,生卒年不详。
[7]经:缢死,上吊。
[8]良久:很久,时间很长。
[9]苏:在昏迷中醒过来,苏醒。

**【译文】**

新蔡县徐元的妻子许氏,年龄二十一岁,死了丈夫,儿子徐甄才三岁。许氏的父亲许揽可怜她太年轻了,想要把她改嫁给同县人张买。许氏自己发誓坚决不嫁,父亲逼迫着把她用车装着送到张买家。到了张家后许氏上吊闭过气去,家人赶忙去张家抢救,过了很久才苏醒过来。张买知道许氏肯定是不会改嫁的,便连夜把许氏送还给许揽。许氏又回到了徐家,赡养徐元的老父亲徐季。

# 富不易妻

**【原文】**

太宗[1]谓尉迟公[2]曰:"朕[3]将嫁女与爱卿,称意不[4]?"敬德谢[5]曰:"原妇虽鄙陋,亦不失夫妻情。臣每闻说古人语:'富不易[6]妻,仁也。'臣窃[7]慕之,愿停圣恩。"叩头固[8]让[9]。帝嘉[10]之而止。(唐·刘铢《隋唐嘉话》)

**【注释】**

[1]太宗:即唐太宗李世民,生于公元598年,卒于公元649年。唐朝第二位皇帝。文治天下,虚心纳谏,休养生息,开创了中国历史上著名的"贞观之治",为后来唐朝一百多年的盛世奠定了重要基础。

[2]尉迟公:唐太宗时重臣尉迟恭,生于公元585年,卒于公元658年。复姓尉迟,字敬德。以武勇著称,曾随太宗李世民击败王世充,镇压窦建德、刘黑闼义军,参与玄武门之变并射杀齐王李元吉。后自负有功,好与人争,为太宗所责。晚年信方术,杜门不出以避祸。

[3]朕:音镇。我,秦始皇后天子自称为朕。

[4]不:相当于"否"。

[5]谢:拒绝,推辞。

[6]易:换,改换。

[7]窃:私下里,偷偷地。

[8]固:坚决。

[9]让:推辞,辞让。

[10]嘉:形容词的意动用法。表扬,赞许。

**【译文】**

唐太宗对尉迟敬德说:"我想把心爱的女儿嫁给你,不知你感觉称意吗?"尉迟敬德听了后谢绝道:"臣下的妻子虽然粗俗丑陋,但至今没有失掉夫妻恩爱的情分。臣下经常听到古人的话:'富贵不换原来妻子,这是仁德的表现。'臣下打心眼里仰慕这种高尚的品德。因此,臣下希望停止圣上赐妻的恩泽。"于是向太宗深深叩头,坚决推辞。唐太宗听后赞赏尉迟敬德的态度和做法,并且打消了把女儿嫁给尉迟敬德的想法。

# 断发守志

【原文】

李德武[1]妻裴氏，字淑英，户部尚书、安邑公矩[2]之女也。性婉顺有容德，事[3]父母以孝闻。适[4]德武，经一年而德武坐[5]从父[6]金才事徙[7]岭表[8]。矩时为黄门侍郎，奏请德武离婚，炀帝[9]许之。德武将与裴别，谓曰："燕婉[10]始尔[11]，便事分离，方[12]远投瘴疠[13]，恐无还理。尊君[14]奏留，必欲改嫁耳，于此即事长诀[15]矣！"裴泣而对曰："妇人事夫，无再醮[16]之礼。夫者，天也，何可背乎！守之以死，必无他志！"因操刀欲割耳自誓，保者[17]禁之，乃止。

裴与德武别后，容貌毁悴，常读佛经，不御[18]膏泽[19]。李氏之姊妹在都邑[20]者，岁时[21]朔望[22]，必命左右致敬而省[23]焉。裴又尝读《烈女传》，见称述不改嫁者，乃谓所亲曰："不践[24]二庭，妇人常理，何为以此载于记传乎？"后十余年间，与德武音信断绝。矩欲夺[25]其志。时有柳直[26]求婚，许之。期有定日，乃以翦[27]刀断其发，悲泣绝粒[28]。矩不可夺，乃止。（后晋·刘昫《旧唐书·列女传》）

【注释】

[1]李德武：唐初人，生卒年不详。

[2]矩：裴矩，生年不详，卒于公元627年。字弘大。隋末唐初河东闻喜（今山西省运城市闻喜县）人。历仕北齐、北周、隋、唐等，李世民时任户部尚书。

[3]事：侍奉。

[4]适：女子出嫁。

[5]坐：因为。

[6]从父：父亲的兄弟，也就是伯父或叔父。从：堂房亲属。

[7]徙：调职。

[8]岭表：指五岭以南的地方。

[9]炀帝：隋炀帝杨广。

[10]燕婉：指夫妇和爱。

[11]尔：语气词。

[12]方：将，将要。

[13]瘴疠:原指瘴气,这里指岭南蛮荒之地。

[14]尊君:对他人父亲的敬称。

[15]诀:辞别,告别。

[16]再醮:再婚。醮:音战。古代婚娶时用酒祭神的礼。

[17]保者:指身边陪伴的人。

[18]御:治,治理。

[19]膏泽:润发用的油脂。

[20]都邑:这里指京城、京都。

[21]岁时:每年一定的季节或时间。

[22]朔望:朔日和望日,古有每逢朔望朝谒之礼。朔:农历每月初一日。望:月圆,农历每月十五日前后。

[23]省:音醒。探视,问候。

[24]践:踏上,登上。

[25]夺:强行改变。

[26]柳直:与裴矩同时之人,生平不详。

[27]鬋:通"剪"。

[28]粒:米粒,这里指粮食。

# 【译文】

李德武的妻子裴氏,字淑英,是户部尚书、安邑公裴矩大人的女儿。性情温婉柔顺又有容貌和品德,侍奉父母以孝而闻名。嫁给了李德武,过了一年李德武因为叔父李金才的事调职到岭南地区任职。裴矩当时是黄门侍郎,上奏让李德武离婚,隋炀帝答应了这件事。李德武将与妻子裴氏告别,对妻子说:"燕婉和谐的新婚生活刚开始啊,便要和你分离,要去那遥远、蛮荒的岭南地带,恐怕不会回来了。你的父亲上奏请求把你留下来,一定是要你改嫁,我们可能就此永别了!"裴氏哭泣着回答说:"女子对待丈夫,没有再婚之礼。丈夫,就是天啊,怎么可能背叛呢!我要守着天一直到死,绝对不会有别的想法!"于是拿起刀想要割掉耳朵发誓,身边的人强力阻拦才停止。

裴氏和李德武分别后,容貌消瘦憔悴,经常诵读佛经,根本不像以往那样正常打扮梳理。李德武的姐妹居住在京城中的,每年一定的季节或朔望日,一定会让左右去致敬探视。裴氏曾读《烈女传》,看到那上面称赞不改嫁的女子,对身边比较亲近的人说:"不嫁给两家那是女子应当遵守的常理,为什么要把这些书写到记传上呢?"后来十多年里,与李德武音信断绝。裴矩想要强迫她改嫁。当时有柳直求婚,裴矩答应了。到了约定结婚的那天,裴氏就用剪刀剪断自己的头发,悲伤地哭泣拒绝进食。裴矩知道根本不能强行改变,只好作罢。

## 倾钱相济

【原文】

郭代公[1]年十六,入太学[2],与薛稷[3]、赵彦昭[4]为友。时有家信至,寄钱四十万,以为学粮[5]。忽有一衰服者[6]扣门云:"五代未葬,各在一方,今欲同时举大事[7],乏于资财。闻公家信至,颇[8]能相济[9]否?"公即命以车,一时载去,略无[10]留者,亦不问姓氏,深为薛、赵所诮[11]。元振怡然[12]曰:"济彼大事,亦何诮焉。"其年,为粮食断绝,竟不成举[13]。(五代·王定保《唐摭言·气义》)

【注释】

[1]郭代公:唐朝名臣郭震,生于公元656年,卒于公元713年。字元振。魏州贵乡(今河北省邯郸市大名县)人。据《旧唐书》记载,震少有才智,咸亨时进士,任通泉尉。后因出使吐蕃、参与平息皇室内乱有功,封代国公,兼御史大夫,故称"郭代公"。

[2]太学:汉朝(武帝元朔五年,即公元前124年)设在京城长安的最高学府。

[3]薛稷:唐代著名画家、书法家。生于公元649年,卒于公元713年。字嗣通。蒲州汾阴(今山西省运城市万荣县)人。曾任黄门侍郎、参知机务等职,后官至太子少保、礼部尚书,人称"薛少保"。工书法,师承褚遂良,与虞世南、欧阳询、褚遂良并称"初唐四大书法家"。

[4]赵彦昭:生卒年不详。字奂然。甘州张掖(今甘肃省张掖市)人。少豪迈,风骨秀爽。官至吏部侍郎、刑部尚书,封耿国公。

[5]学粮:指求学的费用。

[6]衰服者:指穿着丧服的人。衰:通"缞(音崔)"。古代丧服的一种。

[7]举大事:这里指将前人迁到一起合葬。

[8]颇:副词。表示程度不深或数量不多,通常用在动词之前,可译为"稍稍"、"略微"等。

[9]济:接济,救济。

[10]略无:毫无。

[11]诮:音俏。讥讽,嘲笑。
[12]怡然:安适自在的样子。
[13]举:指参加科举考试。

【译文】

代国公郭元振十六岁就进入了太学学习,与薛稷、赵彦昭结交成朋友。一次他家里来信,给他寄来四十万文钱,作为他学习和参加科举考试的费用。忽然有一个穿着丧服的人敲开门对他说:"我家五代亲人没有下葬,分别埋在不同的地方,如今我想把他们迁到一起合葬,但是缺少钱财。听说您家里来信寄钱来了,您能稍稍地救济我一下吗?"郭元振便叫来人将自己家里寄来的钱全都装上车,一时间全都运给了那个人,自己一点儿也没留,也没问那个人的姓名,被薛稷和赵彦昭深深地嘲笑。郭元振却安适自在地说:"接济别人办理大事,有什么可嘲笑的!"那一年,郭元振因为没有钱粮,竟没能参加当年的科举考试。

# 李勉埋金

【原文】

天宝[1]中,有一书生旅次[2]宋州[3]。时李公[4]年少,贫苦,与此书生同店。而不旬日[5],书生疾作[6],遂至不救。临绝[7],语[8]公曰:"某[9]家住洪州[10],将于北都[11]求官,于此得疾且[12]死,其命也。"因[13]出囊金百两遗[14]勉,曰:"某之仆使[15],无知有此,足下为我毕[16]死事,余金奉之[17]。"勉许[18]为办事。及礼毕,置金于墓中,而同葬焉。后数年,勉尉[19]开封。书生兄弟赍[20]洪州牒[21]来,而累[22]路寻生行止[23],至宋州,知李为主丧事,专诣[24]开封,诘[25]金之所。勉请假至墓所,出金付焉。(唐·李绰《尚书谈录》)

【注释】

[1]天宝:唐玄宗的年号,始于公元742年,止于公元756年。
[2]旅次:在旅行中暂时停留。次:临时停留。
[3]宋州:古地名,今河南省商丘市。隋朝置州,曾称梁园,北宋升为应天府。
[4]李公:即李勉,生于公元717年,卒于公元788年。唐朝宗室,曾祖李元懿为唐高祖李渊第十三子。唐代中期名臣,幼通经史,长有俊名,官至开封尉,深得唐肃宗的信任。

[5]旬日:十天,也指较短的时间。
[6]作:开始,这里指疾病发作。
[7]绝:断,这里指快要死亡。
[8]语:音玉。告诉,对……说。
[9]某:谦词。我,常用在对话或书信中。
[10]洪州:江西省南昌市的古称。
[11]北都:唐朝及五代时称山西省太原市为北都,玄宗天宝年间还曾称北京。
[12]且:将,将要。
[13]因:于是,就。
[14]遗:音未。给予,送。
[15]仆使:仆人。
[16]毕:结束,完成。
[17]余金奉之:剩下的金子送给你。余:剩余,剩下。奉:送给,送。之:你。
[18]许:应允,答应。
[19]尉:古代官名,多是武官。这里名词活用为动词。
[20]赍:音机。携带。
[21]牒:音迭。文书,文件。
[22]累:积累,连续。
[23]行止:行踪。
[24]诣:音意。到……去。
[25]诘:音杰。问,询问。

**【译文】**

唐玄宗天宝年间,有一个书生游学停留在宋州。当时李勉还年轻,贫穷困苦,和这个书生同住在一家旅店里。没过多久,书生患了病,到后来已经无法医治。书生临死前对李勉说:"我家住在洪州,我将到北都去谋求官职,在这里得病将要死了,这是我的命啊。"并从口袋里拿出百两金子交给李勉,说:"我的家丁仆人,没有知道这个的,你为我处理完后事,剩下的钱就送给你了。"李勉答应为他办理后事,等到丧事安排好后,把剩下的金子放在坟墓里。多年以后,李勉担任了开封县尉。书生的兄弟带着洪州官府开的文书,一路寻找书生的行踪,到了宋州,知道是李勉为书生办理了丧事,专门到开封去见他,寻问金子的下落。李勉请假到了墓地,挖出金子交给了他。

## 姚坦直言

**【原文】**

王[1]，帝[2]第五子元杰也。尝[3]作假山，召僚属[4]置酒，众皆褒[5]美，坦[6]独俯首。王强使视之，坦曰："但见血山，安[7]得假山？"王惊问故，坦曰："坦在田舍时，见州县督税，上下相急，父子兄弟鞭笞[8]苦楚，血流满身。此假山皆民租所出，非血山而何？"时帝亦为假山未成，闻之亟[9]毁之。（清·吴楚材《纲鉴易知录·宋纪》）

**【注释】**

[1] 王：指益王赵元杰，宋太宗第五子。

[2] 帝：宋太宗赵匡义，又名炅、光义。

[3] 尝：副词。曾，曾经。

[4] 僚属：下属官吏。

[5] 褒：褒赞，赞美。

[6] 坦：即姚坦，宋代官员，生于公元935年，卒于公元1009年。字明白。曹州济阴（今山东省菏泽市）人。

[7] 安：疑问代词。哪里。

[8] 鞭笞：鞭打，杖击。笞：音吃。

[9] 亟：音气。马上，立即。

**【译文】**

益王是宋太宗的第五个儿子，名叫赵元杰。他曾经造了一座假山，设酒招待下属官吏，官吏们都称赞这座假山，只有姚坦低着头。益王强迫叫他看假山，姚坦说："我只看见一座血山，哪里有假山？"益王感到惊讶，问这是什么缘故，姚坦说："我在乡下时，看到州和县的官吏督促百姓缴纳租税，上下一起逼迫，父子兄弟被鞭打得痛苦不堪，血流满身。这座假山都是用百姓的租税筑成的，不是血山又是什么呢？"当时太宗皇帝也正在造假山，但还没造成，听到了姚坦的话，便马上叫人毁掉假山。

## 断指拒画

**【原文】**

赵广[1]，合肥人，本李伯时[2]家小史[3]。伯时作画，每使侍左右，久之遂善画，尤工[4]作马，几[5]能乱真。建炎[6]中陷贼[7]。贼闻其善画，使图[8]所掳妇人。广毅然辞以实不能画。胁以白刃，不从，遂断右手拇指遣去。（南宋·陆游《老学庵笔记》）

**【注释】**

[1]赵广：北宋著名画家，生卒年不详。学画于孙玠，名重当时。

[2]李伯时：北宋著名画家，生卒年不详。名公麟，号龙眠居士。安徽舒州（今安徽省安庆市）人。元祐进士，博学好古，善画山水。

[3]小史：书童。

[4]工：善于，擅长。

[5]几：几乎，差不多。

[6]建炎：南宋高宗赵构的年号，始于公元1127年，止于公元1131年。

[7]贼：这里指金兵。

[8]图：画。

**【译文】**

赵广是合肥人，本来是李伯时家里的书童。李伯时作画的时候经常让他侍奉在身边，时间长了就擅长画画了，尤其是画马，几乎和李伯时所作的一样。建炎年间，他落在金兵手里。金兵听说他擅长画画，就让他画抢来的妇女。赵广毅然推辞作画，金兵用刀子威胁，他也坚决不答应，金兵就将他的右手拇指砍断撵他离开了。

## 王质独饯

**【原文】**

初，范文正[1]公贬饶州[2]，朝廷方[3]治朋党[4]，士大夫莫[5]敢往别，王待制质[6]独扶病饯[7]于国门[8]，大臣责之曰："君，长者，何自陷朋党？"王曰："范公天下

贤者,顾[9]质何敢望之。若得为范公党人,公之赐质厚矣!"闻者为之缩颈[10]。(北宋·王辟之《渑水燕谈录》)

【注释】

[1]范文正:即范仲淹,生于公元989年,卒于公元1052年。字希文。真定府(今河北省石家庄市正定县)人。北宋著名的政治家、思想家、军事家和文学家。为政清廉,体恤民情,刚直不阿,屡遭奸佞诬谤,数度被贬。谥号文正,封楚国公、魏国公。

[2]饶州:州名,州所在今江西省鄱阳县。

[3]方:正,正在。

[4]朋党:旧时士大夫各树党羽,为争权夺利、排斥异己而互相倾轧,称朋党。

[5]莫:否定性无定代词。没有人,没有谁。

[6]王待制质:即王质,北宋官员。生于公元1001年,卒于公元1045年。字子野。莘县(今山东省莘县)人。待制:官名,唐太宗时置,命京官五品以上更宿中书、门下两省,以备访问。

[7]饯:音建。告别,送别。

[8]国门:国都的城门。

[9]顾:转折连词。只是,只不过。

[10]缩颈:即缩头,表示害怕或吃惊。

【译文】

当初,范文正公被贬到饶州,朝廷正在治理朋党,士大夫都不敢前去告别,只有待制王质独自抱病在国都城门为范仲淹饯行,大臣们都责怪他说:"你,是长者,为什么要把自己搅进朋党里面去?"王质说:"范先生是天下的贤人,只是我哪敢和他比呢。真要是让我做了范先生的朋党,那范公对我的恩赐就太厚重了。"听到的人都惭愧得缩脖子。

## 济盗成良

【原文】

曹州[1]于令仪[2]者,市井人[3]也,长厚[4]不忤物[5],晚年家颇丰富[6]。一夕,盗[7]入其室,诸子擒之,乃邻子也。令仪曰:"汝素[8]寡悔[9],何苦而为盗邪[10]?"

曰:"迫于贫耳!"问其所欲,曰:"得十千[11]足以衣食。"如[12]其欲与[13]之。既去[14],复呼之,盗大恐。谓曰:"汝贫甚,夜负十千以归,恐为人所诘[15]。"留之,至明使去。盗大感愧,卒[16]为良民。(北宋·王辟之《渑水燕谈录》)

## 【注释】

[1]曹州:山东省菏泽市的古称。

[2]于令仪:生卒年不详,疑为北宋人。

[3]市井人:做生意的人,也就是商人。市井:街市。

[4]长厚:品行敦厚。长:音掌。

[5]忤物:做事情违背天理和人情。忤:音五。违反,抵触。

[6]丰富:丰饶,富足。

[7]盗:贼,小偷。

[8]素:平日,向来。

[9]寡悔:很少有懊悔,也就是很少做错事。寡:少。

[10]邪:音爷。疑问语气词。相当于现代汉语中的"吗"、"呢"。这个意义后来写作"耶"。

[11]十千:指十贯铜钱。

[12]如:如同,按照。

[13]与:给予,给。

[14]去:离开。

[15]诘:音杰。追问,盘问。

[16]卒:最后,最终。

## 【译文】

山东曹州有个叫于令仪的人,他是个商人,为人忠厚从不做伤天害理的事情,晚年时的家道非常殷实富足。有一天晚上,一个小偷侵入他家中行窃,他的几个儿子逮住了那个小偷,发现原来是邻居家的儿子。于令仪问他说:"你一向很少做错事,为什么要做小偷呢?"那人回答说:"是被生活贫困所逼迫的啊。"于令仪再问他想要什么东西,那个人回答说:"能得到十贯钱足够穿衣吃饭就行了。"于令仪依照他的要求给了他。那个人已经离开了,于令仪又叫住了他,他大为恐惧。于令仪对他说:"你太贫穷了,晚上带着十贯铜钱回去,恐怕你会被人追问的。"于是就把他留下了,到了第二天才让他离开。那个小偷深感惭愧,后来终于成了善良的人。

## 不负初心

**【原文】**

齐人刘庭式[1]未及第[2]时,议娶其乡人之女,既[3]成约[4]而未过门,两人情好日[5]笃[6]。后庭式及第,其女以[7]疾,两目皆盲。女家躬耕[8],贫甚,不敢复言婚姻之事。或[9]劝庭式纳[10]其幼女,庭式笑曰:"吾心已许[11]之矣。虽盲,岂负[12]吾初心哉。"卒[13]娶盲女,与之偕老[14]。(南宋·吴曾《能改斋漫录》)

**【注释】**

[1]刘庭式:生卒年不详。字得之。北宋齐州(今山东省济南市)人,苏轼守密州时任通判。

[2]及第:考上科举。

[3]既:已经。

[4]成约:约定婚姻关系。

[5]日:越来越,一天天地。

[6]笃:深重,厚重。

[7]以:因为。

[8]躬耕:躬身耕种,意思是家里都是种田人。

[9]或:肯定性无定代词。有人,有的人。

[10]纳:娶。

[11]许:答应。

[12]负:违背。

[13]卒:终于。

[14]偕老:和好到老。

**【译文】**

山东人刘庭式还没考上科举时,父母商议要给他娶同乡人的女儿,两家已经订立婚约,但还没正式成婚,两人感情越来越好。后来,刘庭式考上科举,这个女子却因患疾病,两眼都瞎了。女家是农耕之家,很穷,不敢再提这件婚事。有人规劝他迎娶那家的小女儿,刘庭式笑着说:"我的心已经属于她了。即使她两眼瞎了,怎能违背我早先的心愿呢?"最终迎娶了盲女,与她白头到老。

# 义不啖梨

【原文】

时[1]兵乱中,衡[2]夜思昼诵,身体而力践[3]之,言动必揆[4]诸义而后发。尝[5]暑中过河阳[6],渴甚,道有梨,众争取啖[7]之,衡独危坐[8]树下自若[9]。或[10]问之,曰:"非其有而取之,不可也。"人曰:"世乱,此无主。"曰:"梨无主,吾心独[11]无主乎?"(明·宋濂等《元史·许衡传》)

【注释】

[1]时:当时。

[2]衡:许衡,生于公元1209年,卒于公元1281年。字仲平,号鲁斋。元怀孟河内(今河南省沁阳市)人。官至集贤大学士兼国子祭酒,与郭守敬等编定《授时历》。

[3]践:践行,实践。

[4]揆:音魁。揣测,估量。

[5]尝:副词。曾,曾经。

[6]河阳:古地名,今河南省孟州市。

[7]啖:音但。吃。

[8]危坐:古人以两膝着地,耸起上身为"危坐",即正身而跪,表示严肃恭敬。后泛指正身而坐。

[9]自若:一如既往,依然如故。

[10]或:肯定性无定代词。有人,有的人。

[11]独:副词。表示反问。相当于"难道"。

【译文】

当时正处在战乱时期,许衡晚上思考白天诵读,亲身体验努力践行,说话做事一定要揣度书中的大义然后才实行。他曾经在酷暑天路过河阳,渴得很厉害,道旁边有棵梨树,大家都争着摘梨吃,唯独许衡在树下正身独坐,依然如故。有人问他为什么不摘梨吃,他回答说:"不是自己的而拿来吃,是不可以的。"那人说:"世道混乱,这棵树是没有主人的。"许衡回答:"梨树无主,我的内心难道也没有主人吗?"

# 不爱此金

【原文】

汪魏美[1]乱后隐居不出,其内姻[2]欲强之试礼部,出千金视汪妻[3]曰:"能劝夫子[4]驾[5],则畀[6]汝。"对曰:"夫子不可劝,吾亦不爱此金。"其人惭而止。(清·王晫《今世说·贤媛》)

【注释】

[1]汪魏美:明末清初名士,生卒年不详。与黄宗羲等交善,为人不好声华,时人号曰"汪冷"。

[2]内姻:女眷方面的姻亲。

[3]汪妻:汪魏美妻子钱瑟瑟,生卒年不详。

[4]夫子:旧时女子称自己的丈夫为夫子。

[5]驾:把车套在马身上,这里指启程赴试。

[6]畀:音毕。给,给予。

【译文】

汪魏美在战乱后隐居不出门,他妻子那边的姻亲想要强迫他去参加礼部考试,拿出一千斤黄金对他的妻子钱瑟瑟说:"如果能劝你的丈夫启程去参加礼部考试,这些金子就给你了。"钱瑟瑟回答说:"我的丈夫是不能劝动的,我也根本不爱这些黄金。"那个人非常惭愧打消了这个念头。

# 蔡磷归金

【原文】

蔡磷[1],字勉旃,吴县人。重[2]诺责[3],敦[4]风义[5]。有友某以千金寄[6]之,不立券。亡何[7],其人亡。蔡召其子至,归之。愕然不受,曰:"嘻!无此事也,安[8]有寄千金而无券者?且父未尝[9]语[10]我也。"蔡笑曰:"券在心,不在纸。而[11]翁[12]知我,故不语郎君[13]。"卒[14]辇[15]而致[16]之。(清·徐珂《清稗类钞·敬信》)

【注释】

[1]蔡磷:清人,生卒年不详。字勉旃。笃情重义,为世人所称颂。

[2]重:形容词的意动用法。以……为重。

[3]诺责:诺言和责任。

[4]敦:厚,这里是形容词的意动用法。重视,推崇。

[5]风义:情谊。

[6]寄:托付,寄存。

[7]亡何:不久。亡:音无。

[8]安:疑问代词。哪里。

[9]尝:副词。曾,曾经。

[10]语:音玉。告诉,对……说。

[11]而:第二人称代词。你,你的。

[12]翁:父亲。

[13]郎君:古代对年轻男子的尊称。

[14]卒:最后,最终。

[15]辇:车子。这里名词活用为动词,用车子运。

[16]致:还给,送还。

【译文】

　　蔡磷,字勉旃,吴县人。他重视诺言和责任,重视情谊。有一个朋友把千两黄金寄存在他这儿,没立字据。过了不久,他的朋友死了。蔡磷把他朋友的儿子叫来,要把千两黄金还给他。朋友的儿子非常惊讶而不肯接受,说道:"哎呀!没有这样的事情,哪里有寄存千两黄金却不立字据的人?而且我的父亲也未曾告诉过我这件事。"蔡磷笑着说:"字据在心里,不在纸上。你的父亲了解我,所以不告诉你。"最后还是用车子把千两黄金送还给他。

# 第八·学习篇

中华民族自古就有勤勉好学、孜孜不倦的美德,正因如此,我们的祖先才建造起雄伟壮观的文明大厦。中华民族在创造伟大文明的社会实践中,充分认识到勤于学习的重要性,所以唐人吴兢曾说:"勤于学文,谓之懿德。"

在中国古代,儒家学派非常重视学习的作用,同时也总结了一些相当成功的经验。古人留给我们很多关于学习作用、态度、方法等方面的启示,如"玉不琢,不成器;人不学,不知道"(《礼记·学记》)、"善学者,假人之长以补其短"(《吕氏春秋·用众》)、"夫学须静也,才须学也,非学无以广才,非志无以成学"(诸葛亮《诫子书》)、"学贵得师,亦贵得友"(唐甄《潜书·讲学》)等。现代人更应重视通过学习的积累,勤勉好学,以便更好地为社会服务。

本篇共选文三十章。

## 师旷论学

【原文】

晋平公[1]问于师旷[2]曰:"吾年七十,欲学,恐已暮[3]矣。"师旷曰:"暮?何不炳[4]烛乎?"平公曰:"安[5]有为人臣而戏[6]其君乎?"师旷曰:"盲臣安敢戏其君乎?臣闻之:少而好学,如日出之阳;壮而好学,如日中之光;老而好学,如炳烛之明。孰与昧行乎[7]?"平公曰:"善哉!"(西汉·刘向《说苑·建本》)

【注释】

[1]晋平公:姬姓,名彪。春秋时期晋国国君,晋悼公之子。公元前557年至公元前532年在位。

[2]师旷:生卒年不详。字子野。春秋时代晋国乐师。他双目失明,仍热爱学习,对音乐有极高的造诣。

[3]暮:本义是"黄昏",这里是"晚"的意思。

[4]炳:点燃。

[5]安:疑问代词。怎么,哪里。

[6]戏:作弄,戏弄。

[7]孰与昧行乎:跟在黑暗中行走到底哪个更好呢?孰与:"与……比,哪一个……"。昧行:在黑暗中行走。昧:黑暗。

【译文】

晋平公问师旷说:"我今年七十岁了,想要学习,恐怕已经晚了。"师旷回答说:"晚了?为什么不点燃蜡烛(来学习)呢?"平公说:"哪里有作为臣子的人来戏弄君主的呢?"师旷说:"双目失明的我怎么敢戏弄君主呢?我听说:少年时喜好学习,就如同初升太阳的阳光一样明媚;中年时喜好学习,就像正午太阳的阳光一样强烈;晚年时喜好学习,就像拿着蜡烛照明。拿着蜡烛在走路和在黑暗中走路,究竟哪个更好呢?"晋平公说:"说得好啊!"

# 断织诫子

**【原文】**

孟子[1]少时,诵,其母方[2]织。孟子辍然[3]中止,乃复[4]进。其母知其喧[5]也,呼而问之:"何为[6]中止?"对曰:"有所失,复得。"其母引[7]刀裂其织,以此诫[8]之。自[9]是[10]之后,孟子不复喧矣。(《韩诗外传》卷九)

**【注释】**

[1]孟子:约生于公元前372年,约卒于公元前289年。名轲,字子舆。邹国(今山东省邹城市)人。战国时期伟大的思想家、教育家、政治家。儒家学派的主要代表人物之一。后世尊奉为"亚圣"。

[2]方:正,正在。

[3]辍然:突然停止的样子。辍:停止,废止。

[4]复:再,重新。

[5]喧:通"谖(音宣)"。忘记。

[6]何为:为何,为什么。

[7]引:拿过,拿起。

[8]诫:告诫。

[9]自:从。

[10]是:指示代词。这。

**【译文】**

孟子年少的时候,有一次,正在背诵诗文,他的母亲正在一旁织布。孟子突然停了下来,(过了一会儿,)又接着背诵。他的母亲知道他忘记了,叫他问道:"为什么中间停止了?"孟子回答说:"突然忘记了,一会儿又想起来了。"孟子的母亲拿起刀子就割断织的布,用来警告孟子。从这以后,孟子读书就不会再遗忘了。

## 悬梁刺股

**【原文】**

（苏秦[1]）读书欲睡[2]，引[3]锥自刺其股[4]。(《战国策·秦策一》)

孙敬[5]字文宝，好学，晨夕不休[6]，及[7]至眠[8]睡[9]疲寝[10]，以绳系头，悬屋梁。(东汉·班固《汉书·孙敬传》)

**【注释】**

[1]苏秦：生于公元前347年，卒于公元前284年。字季子。战国时期雒阳（今河南省洛阳市）人。战国时期著名的纵横家，与张仪齐名。相传为鬼谷子徒弟。

[2]睡：打瞌睡。

[3]引：取过，拿过来。

[4]股：大腿。

[5]孙敬：东汉时人，生卒年不详。以好学著称，人称"闭户先生"。

[6]休：止，停止。

[7]及：等到。

[8]眠：闭上眼睛。

[9]睡：打瞌睡。

[10]寝：睡觉。

**【译文】**

苏秦读书累了要打瞌睡时，就拿过针扎自己的大腿。

孙敬，字文宝，喜欢学习，学习起来早晚不停止，等到困了闭上眼睛打瞌睡累了要睡觉时，就拿绳子系上自己的脑袋，然后悬挂在屋梁上。

## 不观舍园

**【原文】**

董仲舒[1]，广川人也。以治《春秋》，孝景[2]时为博士。下帷[3]讲诵，弟子传以久次[4]相受业，或[5]莫[6]见其面。盖[7]三年董仲舒不观于舍园，其精如此。（西汉

·司马迁《史记·儒林列传·董仲舒》)

【注释】

[1]董仲舒:生于公元前179年,卒于公元前104年。广川郡(今河北省景县广川镇)人。汉代著名思想家、政治家、哲学家,今文经学大师。

[2]孝景:即汉景帝,汉文帝刘恒的长子,西汉第六位皇帝,在位16年。

[3]下帷:在帷帐下,这里指在自己家中。

[4]久次:指年资长短。

[5]或:肯定性无定代词。有人,有的人。

[6]莫:没,没有。

[7]盖:大概。一说为表示议论的发语词。

【译文】

董仲舒,是广川郡人。因为研究《春秋》,汉景帝时曾拜为博士。他在家教书,(上门求学的人太多不能亲授,)弟子之间便依时间长久短暂的位次辗转相传,有的人甚至没有见过他的面。董仲舒三年多的时间不曾到房屋旁的园圃观赏,他治学心志专精到了如此程度。

## 凿壁借光

【原文】

匡衡[1]字稚圭,勤学而无烛。邻居有烛而不逮[2],衡乃穿壁引[3]其光,以书映光而读之。邑人大姓文不识,家富多书,衡乃与其佣[4]作,而不求偿[5]。主人怪[6]而问衡,衡曰:"愿得主人书遍读之。"主人感叹,资给[7]以书,遂成大学。(东晋·葛洪《西京杂记》)

【注释】

[1]匡衡:生卒年不详。字稚圭。东海郡承县(今山东省枣庄市)人。西汉经学家,以说《诗》著称。汉元帝时位至丞相。

[2]逮:及,赶得上。

[3]引:引进,引入。

[4]佣:受雇佣,出卖劳动力。

[5]偿:报酬,酬金。

[6]怪:形容词的意动用法。对……感到奇怪。

[7]资给:资助,供给。给:音已。

**【译文】**

匡衡,字稚圭,勤奋好学,但家中没有灯烛照明。邻家有灯烛,只是光亮照不到,匡衡就把墙壁凿了一个洞引来邻家的光亮,让光亮照在书上来读。同县有个大户人家,姓文名不识,家中有很多书。匡衡就到他家去做雇工,又不要报酬。主人感到很奇怪,问他(为什么这样),匡衡说:"我希望能得到你家的书,通读一遍。"主人听了,深为感叹,就把书借给他读。最终匡衡成为了大学问家。

# 负笈从师

**【原文】**

任末[1]年十四,学无常师,负[2]笈[3]从师,不惧险阻。每言:"人而[4]不学,则何以成?"或[5]依林木之下,编茅为庵[6],削荆[7]为笔,刻树汁为墨。夜则映星月而读,暗则缚麻蒿[8]以自照。观书有会意处,题[9]其衣裳[10],以记其事。门徒悦[11]其勤学,更以静[12]衣易[13]之。非圣人之言不视。临终诫[14]曰:"夫[15]人好学,虽死犹存。不学者虽存,谓之行尸走肉耳[16]。"(东晋·王嘉《拾遗记·后汉》)

**【注释】**

[1]任末:生卒年不详。字叔本。蜀郡繁(今四川省成都市)人。东汉学者,著名经学家和教育家。自幼勤奋好学,后通晓《五经》,游京师,教授十年。

[2]负:背。

[3]笈:音及。书箱。

[4]而:表示假设的连词。如果。

[5]或:肯定性无定代词。有时,有时候。

[6]庵:茅草小屋。

[7]荆:一种灌木,这里指荆的枝条。

[8]麻蒿:一种植物,点燃后可照明。

[9]题:写在……上。

[10]衣裳:古时衣指上衣,裳指下裙,后泛指衣服。

[11]悦:欣赏,敬佩。

[12]静:通"净"。干净。

[13]易:交换。

[14]诫:劝诫,告诫。

[15]夫:表示议论的句首发语词。

[16]耳:语气词。相当于"而已"、"罢了"。

**【译文】**

任末十四岁的时候,学习没有固定的老师,经常背着书箱跟老师求学,不怕困难阻碍。他常常说:"人如果不学习,那么靠什么能够成功呢?"任末有的时候靠在树下,编茅草搭成小屋,削荆条制成笔,刻划树汁作为墨水。晚上就在星月的辉映下读书,没有月亮时便点燃麻蒿取光。看书有领会的时候,写在他的衣服上,用来记住这件事。学生们钦佩他的勤学精神,常用洗净的衣服换取他写满字的衣服。不是古代圣贤的著作他是不看的。他快死时告诫别人说:"人喜欢学习,即使死了也好像活着。不学习的人,即便是活着,也不过是行尸走肉罢了。"

## 拾薪执苦

**【原文】**

承宫[1]字少子,琅邪姑幕[2]人也。少孤[3],年八岁,为人牧豕[4]。乡里徐子盛[5]者,以《春秋经》授诸生数百人。宫过息[6]庐[7]下,乐[8]其业,因[9]就[10]听经,遂请留门下,为诸生拾薪。执苦[11]数年,勤学不倦。(南朝·宋·范晔《后汉书·承宫传》)

**【注释】**

[1]承宫:生卒年不详。字少子。琅邪姑幕(今山东省诸城市)人。后汉明帝永平时人,以勤苦学习而闻名。

[2]琅邪姑幕:古地名,今山东省诸城市。

[3]孤:幼年死去父亲或父母双亡。

[4]豕:音使。猪。

[5]徐子盛:与承宫同时人,儒士。

[6]息:止息,停止。

[7]庐:房屋,此指学舍。

[8]乐:形容词的意动用法。喜欢,羡慕。

[9]因:副词。于是,就。

[10]就:靠近。

[11]执苦:干苦活。

**【译文】**

承宫字少子,是琅邪姑幕人。很小的时候就失去了父亲,这年八岁,替别人放猪。乡里有一个叫徐子盛的人,给几百个学生教授《春秋经》。承宫经过学舍前休息,羡慕他们在学习,所以就靠近学舍听老师讲经书,于是承宫就请求老师允许自己留在门下学习,承宫为这些学生捡拾薪柴。就这样承宫干苦活许多年,勤奋学习而不厌倦。

## 失冠队阮

**【原文】**

穆[1]字公叔,年五岁便有孝称,父母有病,辄[2]不饮食,差[3]乃复[4]常。及[5]壮耽[6]学,锐意讲诵。或[7]时思至,不自知亡[8]失衣冠,颠队[9]阮[10]岸。其父常以为专愚,几[11]不知数马足。穆愈[12]更精笃。(南朝·宋·范晔《后汉书·朱穆传》)

**【注释】**

[1]穆:即朱穆,生于公元100年,卒于公元163年。字公叔。南阳宛(今河南省南阳市)人。东汉大臣,曾任刺史、尚书等职。

[2]辄:就。

[3]差:通"瘥(音柴)"。病愈。

[4]复:恢复。

[5]及:到,等到。

[6]耽:沉迷,沉湎于。

[7]或:肯定性无定代词。有时,有时候。

[8]亡:丢失。

[9]队:坠落。这个意义后来写作"坠"。

[10]阮:同"坑"。

[11] 几:几乎。

[12] 愈:更加。

**【译文】**

朱穆,字公叔,五岁时就有非常孝顺的名声,父母生病了,他就不吃不喝,直到他们病好了他才会正常生活。等到他长大后沉湎于学习,一心研究诵读经典文献。有时思想灵感来了,自己的衣帽丢了也不知道,甚至有时会因此颠倒在坑边坠落在坑里。他父亲常常认为他就是愚笨,几乎查不清马有几条腿。朱穆在学业上则更加专心致志。

## 邴原泣学

**【原文】**

原[1]十一而丧父,家贫,早孤[2]。邻有书舍,原过其旁而泣。师问曰:"童子何悲?"原曰:"孤者易伤,贫者易感。夫[3]书者,必皆具有父兄者。一则羡[4]其不孤,二则羡其得学,心中恻然[5]而为涕零也。"师亦哀原之言而为之泣曰:"欲书可耳[6]!"答曰:"无钱资。"师曰:"童子苟[7]有志,我徒[8]相教,不求资也。"于是遂就书。一冬之间,诵《孝经》、《论语》。(南朝·宋·裴松之《三国志·魏志·邴原传》注)

**【注释】**

[1] 原:即邴原,东汉末人,生卒年不详。字根矩。北海朱虚(今山东省潍坊市临朐县)人。家贫、早孤。年少时与华歆、管宁一起游学,时人称三人为"一龙",歆为龙头,原为龙腹,宁为龙尾。

[2] 孤:幼年时失去父亲。

[3] 夫:音服。表示议论的句首发语词。

[4] 羡:音现。羡慕。

[5] 恻然:悲痛、忧伤的样子。恻:悲痛。

[6] 耳:名词活用为动词。听。

[7] 苟:如果,要是。

[8] 徒:白白的。

**【译文】**

邴原十一岁时就失去了父亲,家里特别贫穷,早早就成了没有父亲的孩子。邻居家有学堂,邴原经过时哭了。学堂里的老师问他说:"小孩子,你为什么哭泣呢?"邴原回答说:"失去父亲的人容易伤心,贫穷的人容易伤感。凡是能够学习的人,都是那些有父母的孩子。我一羡慕他们有父亲,二羡慕他们能够上学。内心感到很是悲伤,所以就哭了。"老师也很可怜邴原,哭泣着对他说:"想要读书可以来听。"邴原说:"我没有钱支付学费。"老师说:"孩子你如果有志向读书,我将免费传授你知识,不收学费。"于是邴原就开始来学堂读书。一个冬天的时间,就已经能背诵《孝经》、《论语》了。

# 潦水流麦

**【原文】**

高凤[1],字文通,南阳叶人也。少为书生,家以农亩[2]为业,而专精诵读,昼夜不息[3]。妻尝[4]之[5]田,曝[6]麦于庭,令凤护鸡[7]。时天暴雨,而凤持竿诵经,不觉潦水[8]流麦[9]。妻还,怪[10]问,凤方[11]悟[12]之。其后遂为名儒,乃教授业于西唐山中。(南朝·宋·范晔《后汉书·逸民传·高凤》)

**【注释】**

[1]高凤:生卒年不详。字文通。南阳叶(今河南省平顶山市叶县)人。东汉人,以笃学见称。

[2]农亩:农田。

[3]息:止息,停止。

[4]尝:副词。曾,曾经。

[5]之:去。

[6]曝:音瀑。晒。

[7]护鸡:指守住麦子,不让鸡吃。护:看守,防范。

[8]潦水:雨后地上的流水、积水。潦:音老。

[9]流麦:把麦子冲走。

[10]怪:形容词的意动用法。以……为怪,感到惊讶。

[11]方:副词。才。

[12]悟：醒悟，发觉。

**【译文】**

高凤，字文通，是南阳叶地人。年轻时是一个书生，家庭以种地为生，自己专长诵读经书，昼夜不停止。妻子曾经去田地里干活，把麦子晾晒在庭院里，让高凤看住麦子别让鸡吃。当时突然下了大雨，高凤拿着竹竿读书，没有发觉积水已经把麦子冲走了。妻子回来觉得很奇怪，便责问他，高凤才知道发生什么事。他后来成了一位有名的学者，在西唐山里教学生读书。

## 孙权劝学

**【原文】**

初[1]，权[2]谓吕蒙[3]曰："卿[4]今当涂掌事[5]，不可不学！"蒙辞以军中多务。权曰："孤[6]岂欲卿治经为博士[7]邪[8]？但[9]当涉猎[10]，见往事耳[11]。卿言多务，孰若孤？孤常读书，自以为大有所益。"蒙乃始就学。及鲁肃[12]过寻阳，与蒙论议，大惊曰："卿今者才略[13]，非复[14]吴下阿蒙[15]！"蒙曰："士别三日，即更[16]刮[17]目相待，大兄[18]何见事之晚乎！"肃遂拜蒙母，结友而别。（北宋·司马光《资治通鉴》）

**【注释】**

[1]初：当初，起初。

[2]权：即孙权，字仲谋。三国时吴国君主。

[3]吕蒙：东汉末年东吴名将，字子明。曾被封为虎威将军，故亦称吕虎威。

[4]卿：古代君对臣或朋友之间的爱称。

[5]当涂掌事：当权管理政事。当涂：当道，即当权的意思。涂：通"途"。掌事：掌管政事。

[6]孤：古时候王侯或帝王对自己的谦称。

[7]博士：古代学官名，专授经书。

[8]邪：疑问语气词。相当于现代汉语的"吗"、"呢"。这个意义后来写作"耶"。

[9]但：只，仅。

[10]涉猎：阅读。

[11]耳：表示限制的语气词。相当于"而已"、"罢了"。

[12]鲁肃：生于公元172年,卒于公元217年。字子敬。临淮东城(今安徽省定远县)人。东汉末年杰出战略家、政治家、外交家。与周瑜、陆逊、吕蒙同为孙权得力臂膀。

[13]才略：军事或政治方面的才干和谋略。

[14]非复：不再是。

[15]吴下阿蒙：指在吴下时没有才学的吕蒙。吴下：吴县,现在江苏省苏州市。阿蒙：指吕蒙,名字前加"阿",有亲昵的意味。现多用"吴下阿蒙"来喻指学识肤浅的人。

[16]更：另外,重新。

[17]刮：擦拭。

[18]大兄：长兄,这里是对同辈年长者的尊称。

【译文】

当初,孙权对吕蒙说："你现在正居要职掌握重权,一定要进一步学习啊！"吕蒙推辞说军中事务繁多。孙权说："我难道是想要你研究经书而成为教授经书的博士吗！只是要你粗略地阅读,了解以往的事罢了。你说你事务繁忙,谁比得上我处理的事务多呢？我常常读书,自己感到有很大的收益。"于是吕蒙就开始学习。鲁肃来到寻阳的时候,和吕蒙讨论天下大事,鲁肃非常惊奇地说："你现在的才干谋略,可不再是当年的那个东吴阿蒙了！"吕蒙说："与有志向的人分别几日,就要重新用新眼光来看待,长兄知道这件事太晚了啊！"于是,鲁肃拜见吕蒙的母亲,与吕蒙结为朋友后告别。

## 佣书供学

【原文】

阚泽[1]字德润,会稽山阴[2]人也。家世农夫,至泽好学,居贫无资,常为人佣书,以供纸笔。所写既毕,诵读亦遍。追师论讲,究[3]览群籍,兼通历数[4],由是[5]显名。(西晋·陈寿《三国志·吴书·阚泽传》)

【注释】

[1]阚泽：生年不详,卒于公元243年。字德润。会稽山阴(今浙江省绍兴市)人。三国时期吴国人,通学大儒,官至中书令、太子太傅。

[2]会稽山阴:古地名,今浙江省绍兴市。

[3]究:追论,研究。

[4]历数:历法,算数。

[5]由是:因此。

**【译文】**

阚泽,字德润,会稽山阴人。家庭世世代代都是农民,到了阚泽这里特别喜好学习,家里贫困没钱,经常被别人雇佣去抄书,来给自己供应读书用的纸笔。抄写的内容完毕,自己也就能全部都记诵下来了。经常跟着老师讨论学习的内容,研究阅览经典文献,同时精通天文历法和算数,因此扬名天下。

## 丐食诵诗

**【原文】**

欢[1]字君厚,乐陵[2]人也。安贫乐道,专精耽[3]学,不营[4]产业。常丐[5]食诵《诗》,虽家无斗储[6],意怡如[7]也。其妻患之,或[8]焚毁其书而求改嫁。欢笑而谓之曰:"卿不闻朱买臣[9]之妻邪[10]?"时闻者多哂[11]之。欢守志弥[12]固,遂为通儒[13]。(唐·房玄龄等《晋书·儒林传·王欢》)

**【注释】**

[1]欢:王欢,晋人。生卒年不详,大致与前秦苻坚同时。

[2]乐陵:古地名,今山东省德州市乐陵县。

[3]耽:音丹。沉迷,潜心。

[4]营:谋求。

[5]丐:乞求。

[6]斗储:一斗粮食的贮存。

[7]怡如:安适愉快的样子。怡:安适,愉快。如:形容词词尾。

[8]或:肯定性无定代词。有时,有时候。

[9]朱买臣:西汉吴郡(今江苏省吴县)人,家境贫苦,少而发奋读书。妻嫌其穷困而改嫁,年五十岁经同乡推荐做官,曾任会稽太守。

[10]邪:句末语气词。这个意义后来写作"耶"。

[11]哂:音审。讥笑。

[12]弥:更,更加。

[13]通儒:指贯通古今、学识渊博的儒者。

**【译文】**

王欢,字君厚,是乐陵县人。他安于贫困,乐守圣贤之道,专心研究,潜心于做学问。不去经营家庭生活需要的产业。常常边要饭边诵读《诗经》,虽然家里存粮不多,但他的心境却始终保持安适愉悦。他的妻子对此感到忧虑,有时就要焚毁他的书籍并且要求改嫁。王欢就笑着对他妻子说:"你没听说过汉代朱买臣妻子的事吗?"当时知道这件事的人都讥笑他。王欢却更加坚定了自己的志向,后来终于成为贯通古今、学识渊博的儒生。

# 然火披览

**【原文】**

葛洪[1],丹阳人,贫无童仆,篱落[2]不修。常披[3]榛[4]出门,排[5]草入室。屡遭火,典籍尽。乃负笈[6]徒步,不远千里,借书抄写。卖薪买纸,然[7]火披[8]览。所写皆反覆[9],人少能读之。(明·李贽《初谭集》)

**【注释】**

[1]葛洪:生于公元284年,卒于公元364年。字稚川,自号抱朴子。丹阳郡句容(今江苏省句容县)人。东晋道教学者、著名炼丹家、医药学家。著有《抱朴子》、《西京杂记》等。

[2]落:村落,人聚集处。

[3]披:分开,裂开。

[4]榛:杂乱的草木。

[5]排:推,推开。

[6]笈:书箱。

[7]然:燃烧。这个意义后来写作"燃"。

[8]披:翻阅。

[9]覆:通"复"。重复。

**【译文】**

葛洪,是丹阳人,家中贫穷没有书童仆人,家里的篱笆墙院等也不修理。他经常用手拨开杂乱的草木出门,推开杂草回家。家里多次失火,收藏的典籍都被焚毁了。于是他就背着书箱徒步行走,不怕千里之远,借别人家的书抄写。他卖柴草买纸抄书,点燃柴草翻阅书籍。他用过的一张纸要反复写多次,很少有人能阅读。

## 囊萤映雪

【原文】

胤[1]恭勤不倦,博学多通。家贫,不常得油。夏夜,则练[2]囊盛数十萤火以照书,以夜继日焉。(唐·房玄龄等《晋书·车胤传》)

晋代孙康[3],京兆人,性敏好学。家境贫寒。灯已无油,尝[4]于冬月映雪读书。(明·廖用贤《尚友录》)

【注释】

[1]胤:即车胤,约生于公元333年,约卒于公元401年。字武子。东晋南平郡江安县(今湖北省荆州市公安县)人。历任中书侍郎、吏部尚书等职。为人公正,不畏强权。

[2]练:白绢。这里是名词活用为动词,意思是"用白绢做"。

[3]孙康:生卒年不详。晋代京兆(今河南省洛阳市)人,官至御史大夫。

[4]尝:副词。曾,曾经。

【译文】

晋朝人车胤谨慎勤劳而不知疲倦,知识广博,学问精通。家境贫寒,不能经常得到点灯使用的油。夏天的夜晚,他就用白绢做成透光的袋子,装几十个萤火虫照着书本,夜以继日地来学习。

晋朝人孙康,是京兆人,天性聪颖喜好学习。家境贫寒。读书的时候灯没有油了,就在冬天夜晚的雪地里映着雪光来读书。

## 燃糠自照

【原文】

欢[1]字景怡,吴郡盐官人。欢年六七岁,父使驱田中雀,欢作《黄雀赋》而归,雀食过半。父怒,欲挞[2]之,见赋乃止[3]。乡中有学舍,欢贫,无以受业,于舍壁后倚听,无遗亡[4]者。八岁,诵《孝经》、《诗》、《论》。及[5]长,笃志好学。母年老,躬[6]耕读书,夜则燃糠[7]自照。同郡顾恺之[8]临[9]县,见而异[10]之,遣诸子与游,及[11]孙宪之[12]并受经句。(南朝·梁·萧子显《南齐书·顾欢传》)

**【注释】**

[1]欢:即顾欢,字景怡,一字玄平。生卒年不详,大致晚于顾恺之,卒于永明末年。吴郡盐官(今浙江省海宁市)人。南朝齐著名道教学者。家贫好学,于天台山开馆讲授,徒生常近百人。

[2]挞:音榻。鞭打,鞭挞。

[3]止:停止,作罢。

[4]亡:丢失,遗落。

[5]及:等到。

[6]躬:亲自。

[7]糠:糟糠。

[8]顾恺之:生于公元348年,卒于公元409年。字长康。晋陵无锡(今江苏省无锡市)人。博学有才气,工诗赋、书法,尤善绘画。时人称之为三绝:画绝、文绝和痴绝。与曹不兴、陆探微、张僧繇合称"六朝四大家"。

[9]临:到。

[10]异:形容词的意动用法。对……感到惊讶。

[11]及:同,和。

[12]宪之:顾恺之的孙子顾宪之。

**【译文】**

顾欢字景怡,吴郡盐官人。顾欢六七岁的时候,父亲让他驱赶田里的麻雀,他作了一篇《黄雀赋》就回去了,麻雀把田里的粮食吃了一大半。父亲很愤怒,要用鞭子打他,看见他所作的《黄雀赋》就作罢了。乡里有学堂,顾欢家中贫困没钱上学,就在学堂墙壁后面倚着听,所听没有遗漏掉的。八岁时,可以背诵《孝经》《诗经》《论语》。等到长大了,专心致志,勤奋好学。母亲年老以后,顾欢边亲自种地边背书,晚上就把糠点燃,照着看书。同郡的顾恺之来到县里,见到他感到惊异,就让自己的几个儿子与他交朋友,和孙子顾宪之一起跟着顾欢学习经文章句。

## 随月升屋

**【原文】**

泌[1]少贫,昼日斫屧[2],夜读书,随月光握卷升[3]屋。(南朝·梁·萧子显《南齐书·孝义传·江泌》)

**【注释】**

[1]泌:即江泌,生卒年不详。字士清。济阳考城(今河南省兰考县)人。南朝齐时忠孝人物。

[2]斫屧:砍木做鞋底。斫:砍。屧:音谢。古代鞋的木底。

[3]升:登。

**【译文】**

江泌年轻时特别贫穷,白天砍木头做鞋底,夜晚读书,家穷点不起灯,就随着月光的移动手握着书卷登上屋顶看书。

## 燎发复读

**【原文】**

峻[1]好学,寄[2]人庑[3]下,自课[4]读书。常灯[5]麻炬[6],从夕达旦[7]。时或昏睡,燎[8]其须发[9],及[10]觉[11]复读,其精力如此。(唐·李延寿《南史·刘峻传》)

**【注释】**

[1]峻:即刘峻,生于公元462年,卒于公元521年。字孝标。平原郡(今山东省德州市平原县)人。南朝著名文学家,曾注《世说新语》。好学苦读,日夜不倦,时人誉之"书淫"。

[2]寄:寄居,住在别人家里。

[3]庑:音五。堂下周围的走廊、廊屋。

[4]课:计划,规划。

[5]灯:名词活用为动词。烧。

[6]麻炬:用麻燃火照明。

[7]旦:天明,天亮。

[8]燎:同"燎(音辽上声)"。挨近火而烧焦。

[9]须发:胡须和头发。

[10]及:等到。

[11]觉:睡醒。

**【译文】**

刘峻喜欢学习,寄居在别人家的小屋子里,自己按照自己的计划读书。常用麻燃火照明,从晚上一直学习到天亮。有时睡着了,麻火烧断了他的胡须和头发,等到被烧醒了后又接着读书。他学习的专心致志已经达到了这种程度。

## 书不释手

**【原文】**

牛弘[1]性宽厚,笃志[2]于学,虽职务繁杂,书不释[3]手。弟弼,好酒而酗[4],尝[5]醉射杀弘驾车牛。弘还宅,其妻迎谓曰:"叔[6]射杀牛。"弘闻,无所怪问,直[7]答曰:"作脯[8]。"坐定,其妻又曰:"叔忽[9]射杀牛,大是异[10]事。"弘曰:"已知。"颜色[11]自若[12],读书不辍[13]。(唐·李延寿《北史·牛弘传》)

**【注释】**

[1]牛弘:生于公元545年,卒于公元610年。字里仁。安定鹑觚(今陕西省长武县)人。隋朝名臣。袭封临泾公。少好学,博览群书。

[2]笃志:专心致志,一心一意。

[3]书不释手:书从来不放手。释:放开,放下。

[4]酗:音旭。撒酒疯。

[5]尝:副词。曾,曾经。

[6]叔:丈夫的弟弟。牛弘妻子称牛弘的弟为"叔",俗称"小叔子"。

[7]直:爽快。

[8]脯:音府。肉干。

[9]忽:突然,忽然。

[10]异:奇怪,怪异。

[11]颜色:面色,神色。

[12]自若:一如既往,依然如故。

[13]辍:音啜。停止,中止。

【译文】

牛弘性格宽容厚道,总是专心致志地学习,即使职务繁杂,书也从来不离手。他的弟弟牛弼,喜好喝酒还好撒酒疯,曾经在酒醉中射杀牛弘驾车的牛。牛弘回到家,他的妻子迎上来对他说:"弟弟射杀了你的牛。"牛弘听说了这件事,没有感到任何奇怪,也不追问,爽快地说:"做成牛肉干。"牛弘坐定后,他的妻子又说:"弟弟突然射杀牛,这是件非常异常的事。"牛弘说:"我已经知道了。"脸上神色跟平常一样,依然读书没有停止。

## 不遽称善

【原文】

太宗[1]朝,有王著[2]学右军[3]书,深得其法,侍书翰林[4]。帝听政[5]之余,留心笔札[6],数[7]遣内侍持书示著,著每以为未善,太宗益[8]刻意临学。又以问著,对如初。或[9]询[10]其意,著曰:"书固佳矣,若遽[11]称善,恐帝不复[12]用意[13]。"其后,帝笔法精绝,超越前古,世以为由著之规[14]益[15]也。(北宋·王辟之《渑水燕谈录》)

【注释】

[1]太宗:宋太宗赵光义,公元976年至公元997年在位。

[2]王著:生年不详,卒于公元992年。字知微。成都(今四川省成都市)人。入宋后历任著作左郎、翰林侍读、左拾遗、殿中侍御史等职。

[3]右军:晋代著名书法家王羲之曾领右将军之职,世称"王右军"。

[4]翰林:皇帝的文学侍从官。

[5]听政:处理政务。

[6]笔札:毛笔与简牍,借指古代的书法作品。札:音闸。

[7]数:音烁。数次,屡次。

[8]益:更加。

[9]或:肯定性无定代词。有人,有的人。

[10]询:询问。

[11]遽:音拒。快速,匆忙。

[12]复:再。

[13]用意:用心。

[14]规:勉励,劝诫。

[15]益:好处。

【译文】

宋太宗赵光义在位的时候,有个名叫王著的官员学习王羲之书法,很是得其要领,被太宗任命为翰林。太宗在处理朝政的空余时间也爱好书法,每有心得都派内侍去送给王著看,但每次王著都说不行,太宗又去刻意临摹。然后又去问王著,王著还是像开始时说不行。有人就问他为什么呢,王著说:"皇上的书法本来已经很好,但匆忙地说好,恐怕皇上以后就不再用心练习了。"后来太宗的书法已是精妙绝伦,超过了很多以前的著名书法家。世人都说这是王著劝诫勉励的好处啊。

## 以荻教字

【原文】

欧阳公[1]四岁而孤[2],家贫无资[3]。太夫人[4]以荻[5]画地,教以书[6]字。多诵古人篇章,使学为诗。及[7]其稍长,而家无书读,就闾里[8]士人家[9]借而读之,或[10]因[11]抄录。抄录未毕,而已能诵其书。以至昼夜忘寝食,惟读书是务[12]。自幼所作诗赋文字[13],下笔已如成人。(北宋·欧阳修《欧阳公事迹》)

【注释】

[1]欧阳公:指欧阳修,生于公元1007年,卒于公元1072年。字永叔,号醉翁、六一居士。吉州永丰(今江西省吉安市永丰县)人。北宋时期卓越的文学家、政治家,北宋诗文革新运动的领导者。"唐宋八大家"之一,苏轼父子及曾巩、王安石皆出于其门下。

[2]孤:幼年丧父。

[3]资:财费,钱财。

[4]太夫人:指欧阳修的母亲郑氏。

[5]荻:音敌。芦苇秆,多年生草本植物,与芦苇相似。

[6]书:写。

[7]及:等到。

[8]闾里:街坊,乡里。闾:音驴。

[9]士人家:读书人家。

[10]或:肯定性无定代词。有时,有时候。

[11]因:趁机。

[12]惟读书是务:即"惟务读书"。惟:只。是:代词,复指前置宾语"读书"。务:致力,从事。

[13]文字:文章。

**【译文】**

欧阳修先生四岁时父亲就去世了,家里没有钱读书。欧阳修的母亲用芦苇秆在沙地上写画,教给他怎么写字。还教给他诵读许多古人的篇章,让他学习作诗。等到他年龄稍微大些了,家里没有书可读,就到街坊上读书人家去借书来读,有时趁机进行抄写,有时书还没抄完便已经能够背诵。以至于到了夜以继日、废寝忘食,只致力于读书。欧阳修小时候写的诗赋文章,文笔就像成人的水平那样高了。

# 下帷绝编

**【原文】**

司马温公[1]幼时,患[2]记问不若人。群居讲习,众兄弟既[3]成诵,游息[4]矣。独下帷[5]绝编[6],迨[7]能倍[8]诵乃[9]止。用力多者收功远,其所精诵,乃终身不忘也。温公尝[10]言:"书不可不成诵,或在马上,或中夜不寝时。咏其文,思其义,所得多矣。"(南宋·朱熹《三朝名臣言行录》)

**【注释】**

[1]司马温公:即司马光,生于公元1019年,卒于公元1086年。字君实,号迂叟。陕州夏县(今山西省夏县)涑水乡人,世称涑水先生。北宋著名政治家、文学家。历仕仁宗、英宗、神宗、哲宗四朝,卒赠太师、温国公,谥号文正。为人温良谦恭、刚正不阿。因其死后被封温国公,故称司马温公。

[2]患:担心,忧患。

[3]既:已经,表示动作的完成。

[4]息：休息，息止。

[5]下帷：原指汉代董仲舒下帷讲学，三年不看窗外事。这里借指读书专心。

[6]绝编：据《史记·孔子世家》记载，孔子读《周易》，"韦编三绝"，翻阅的次数多了，编竹简的牛皮绳子多次弄断，后以"绝编"指勤奋读书。

[7]迨：音带。及，到。

[8]倍：通"背"。背诵。

[9]乃：才。

[10]尝：副词。曾，曾经。

[11]或：肯定性无定代词。有时，有时候。

【译文】

司马光幼年时，担心自己记诵诗书以备应答的能力不如别人。大家在一起学习讨论，别的兄弟已经会背诵了，去玩耍休息了。他独自苦读，像董仲舒和孔子读书时那样专心和刻苦，一直到能够熟练地背诵为止。读书时下的力气多，收获就长远，所以他所精读和背诵过的书，就能终身不忘。司马光曾经说："读书不能不背诵，在骑马走路的时候，在半夜睡不着觉的时候。吟咏读过的文章，想想它的意思，收获就多了。"

## 程门立雪

【原文】

杨时[1]见程颐[2]于洛[3]，时盖[4]年四十矣。一日见颐，颐偶瞑坐[5]，时与游酢[6]侍立不去。颐既觉[7]，则门外雪深一尺矣。（元·脱脱等《宋史·杨时传》）

【注释】

[1]杨时：生于公元1053年，卒于公元1135年。字中立，号龟山。南剑州将乐（今福建省三明市将乐县）人。勤奋好问，学习成绩优异，与游酢、伊熔、谢良佐并称"程门高弟"。

[2]程颐：生于公元1033年，卒于公元1107年。字正叔。洛阳伊川（今河南省洛阳市伊川县）人，世称伊川先生。北宋著名理学家和教育家。与其胞兄程颢合称"二程"，并共创"洛学"，为理学奠定了基础。

[3]洛：洛阳。

[4]盖:大约,差不多。

[5]瞑坐:坐着小睡。

[6]游酢:生于公元1053年,卒于公元1123年。字定夫。建州建阳(今福建省建阳市)人。北宋著名理学家,与杨时、伊熔、谢良佐并称"程门高弟"。

[7]觉:醒,醒来。

【译文】

杨时在洛阳见到了程颐,他那时大概有四十岁了。一天他与游酢二人去拜见老师程颐,正赶上老师坐着小睡,他就与游酢在门外站立等着,没有离开。等到程颐醒来时,门外的雪已下了一尺多深。

# 就明窗下

【原文】

张无垢[1]谪[2]横浦,寓[3]城西宝界寺。其寝室有短[4]窗,每日昧爽[5],执书立窗下,就[6]明而读。如是者十四年。洎[7]北归,窗下石上,双趺[8]之迹隐然[9],至今犹[10]存。(北宋·罗大经《鹤林玉露》)

【注释】

[1]张无垢:生于公元1092年,卒于公元1159年。字子韶,号无垢,又号横浦居士。南宋开封(今河南省开封市)人。对经学有独创见解,后形成"横浦学派"。

[2]谪:音哲。贬官。

[3]寓:寄居,居住。

[4]短:小。

[5]昧爽:黎明,拂晓。昧:昏暗。爽:明亮。

[6]就:接近,靠近。

[7]洎:音计。及,到。

[8]趺:音肤。足迹,脚印。

[9]隐然:隐隐约约的样子。

[10]犹:尚且,还。

【译文】

张无垢被贬官到横浦,住在城西的宝界寺。他住的房间有一扇小窗,每天黎明时分,他总是拿着书本站在窗下,就着微弱的晨光读书。这样一直坚持了十四年。等到他回到北方,在窗下的石头上,双脚踏出的痕迹还隐约可见,到现在还在。

## 拾薪继晷

【原文】

汪应辰[1],字圣锡,信州玉山人。幼凝重异[2]常童,五岁知读书,属对[3]应声语惊人,多识奇字[4]。家贫无膏油[5],每拾薪苏[6]以继晷[7]。从人借书,一经目不忘。(元·脱脱等《宋史·汪应辰传》)

【注释】

[1]汪应辰:生于公元1118年,卒于公元1176年。初名洋,字圣锡。信州玉山(今江西省上饶市玉山县)人。南宋著名文学家。精于义理,好贤乐善,学者称其玉山先生。

[2]异:不同于。

[3]属对:指诗文对仗。

[4]奇字:多指古隶以前的小篆等少人能识的古代文字。

[5]膏油:灯油。

[6]薪苏:薪柴,柴薪。苏:柴草。

[7]晷:音鬼。日影。这里指白天。

【译文】

汪应辰,字圣锡,是信州玉山人。年幼时沉稳聪明,和普通的孩童不一样,五岁时就知道读书,回答他人的问话常常语出惊人,认识很多别人不认识的古代文字。家里特别穷,没有灯油,就经常拾柴火用来点接着白天看书。从别人那里借来的书,一看就不会忘记。

## 僧寺夜读

【原文】

王冕[1]者,诸暨人。七八岁时,父命牧[2]牛陇[3]上,窃[4]入学舍[5],听诸生诵书。听已[6],辄[7]默记。暮归,忘其牛。或[8]牵牛来责蹊[9]田,父怒,挞[10]之。已而[11]复初。母曰:"儿痴[12]如此,曷不听[13]其所为?"冕因去[14],依[15]僧寺以居。夜潜[16]出坐佛膝上,执策[17]映长明灯读之,琅琅达旦[18]。佛像多土偶[19],狞恶可怖,冕小儿,恬[20]若不见。安阳韩性[21]闻而异[22]之,录为弟子,遂为通儒[23]。(明·宋濂《元史·王冕传》)

**【注释】**

[1]王冕:生于公元1287年,卒于公元1359年。字元章,号煮石山农。诸暨(今浙江省诸暨市)人。元代著名文学家、书法家、画家。

[2]牧:放牧牲畜。

[3]陇:通"垄"。田埂。

[4]窃:偷偷地。

[5]学舍:学堂。

[6]已:毕。

[7]辄:就。

[8]或:肯定性无定代词。有人,有的人。

[9]蹊:音西。走过,践踏。

[10]挞:音榻。用鞭子、棍子等打人。

[11]已而:不久,不久以后。

[12]痴:痴迷,入迷,这里指一心一意。

[13]听:听从,任凭。

[14]去:离开,这里指离开家。

[15]依:依靠,依仗,这里指落脚。

[16]潜:暗暗地,悄悄地。

[17]策:通"册"。书本。

[18]旦:早上。

[19]偶:塑像,偶像。

[20]恬:内心安然的样子。

[21]韩性:生于公元1266年,卒于公元1341年。字明善。绍兴(今浙江省绍兴市)人。南宋末浙东著名理学家。死后朝廷赐谥号"庄节先生"。

[22]异:形容词的意动用法。对……感到惊奇。

[23]通儒:精通儒学的人。

**【译文】**

　　王冕是诸暨县人。七八岁的时候,父亲让他在田埂上放牛,他偷偷地进入附近的学堂听学生们读书。听完以后,就默默地记在脑子里。傍晚回家,他把放牧的牛都忘记了。有人来指责他放牧的牛踩坏了庄稼,王冕的父亲非常恼火,用鞭子打了王冕一顿。不久,他仍然像以前一样。他的母亲说:"这孩子对读书如此入迷,为什么不让他去做自己喜欢做的事呢?"于是王冕离开家,到一座寺庙来居住。夜里他偷偷地走出住处,坐在庙内佛像的膝盖上,拿着书映着佛像前长明灯的灯光诵读,书声琅琅一直读到天亮。佛像都是土制的偶像,狰狞凶恶,非常恐怖。王冕是小孩子,内心却安然仿佛没看到。安阳人韩性听说后,感到十分惊异,将他收录为学生,王冕很快成了博学多闻、通晓古今的人。

## 假书笔录

**【原文】**

　　余[1]幼时即嗜[2]学。家贫,无从[3]致书[4]以观。每假[5]于藏书之家,手自笔录,计日以还。天大寒,砚冰[6]坚,手指不可屈[7]伸,弗之怠[8]。录毕,走[9]送之,不敢稍逾约[10]。以是人多以书假余,余因得遍观群书。既加冠[11],益[12]慕圣贤之道,又患[13]无硕师[14]名人与游。尝[15]趋[16]百里外,从乡之先达[17]执经叩问[18]。先达德隆望尊[19],门人弟子填[20]其室,未尝稍降辞色。余立侍左右,援疑质理[21],俯身倾耳以请。或[22]遇其叱咄[23],色愈恭,礼愈至[24],不敢出一言以复[25]。俟[26]其欣悦,则又请焉。故余虽愚,卒[27]获有所闻。(明·宋濂《送东阳马生序》)

**【注释】**

　　[1]余:我。这里指作者宋濂。宋濂,生于公元1310年,卒于公元1381年。字景濂,号潜溪。浦江(今浙江省义乌市)人。元末明初著名文学家,曾被明太祖朱元璋誉为"开国文臣之首",学者称太史公。与高启、刘基并称为"明初诗文三大家"。

　　[2]嗜:音事。喜爱,喜好。

　　[3]无从:指没有办法。

　　[4]致书:得到书,这里是买书的意思。

　　[5]假:借。

[6]冰:名词作状语。像冰一样。

[7]屈:弯曲。

[8]弗之怠:即"弗怠之",不懈怠,这里指不放松抄书。

[9]走:跑。

[10]逾约:超过约定的期限。逾:超过,超越。

[11]加冠:古时男子二十岁举行加冠礼,表示已经成年。这里即指二十岁。

[12]益:更加。

[13]患:担心,忧虑。

[14]硕师:才学渊博的老师。硕:大,这里指学问渊博。

[15]尝:副词。曾,曾经。

[16]趋:奔向。

[17]先达:有道德、有学问的前辈。

[18]叩问:请教。叩:发问,询问。

[19]德隆望尊:道德高,声望重。隆:高。

[20]填:塞。这里指人多拥挤。

[21]援疑质理:提出疑难,询问道理。援:引,提出。质:询问。

[22]或:肯定性无定代词。有时,有时候。

[23]叱咄:音赤多。训斥,呵责。

[24]至:周到。

[25]复:回复,这里指辩解。

[26]俟:音四。等,等到。

[27]卒:最终,最后。

## 【译文】

我宋濂年幼时就很爱学习。因为家中贫穷,无法买书来读。每次向藏书的人家求借,亲手抄录,约定日期送还。天气寒冷时,砚池中的墨都冻得像冰一样坚硬,手指不能屈伸,我仍不懈怠地抄录。抄录完毕,跑着去送还,不敢稍微超过约期。因此人们大多肯将书借给我,我因而可以看遍许多书籍。到了成年时,更加仰慕圣贤的学说,又担心不能与学识渊博的老师和名人交游,曾经奔赴百里之外,手拿着经书向同乡前辈求教。前辈道德高,名望大,门人学生挤满了他的房间,他的言辞和态度从未稍有委婉。我站着陪侍在他左右,提出疑难,询问道理,低身倾耳向他请教。有时遭到他的训斥,表情更为恭敬,礼貌更为周到,不敢辩解一句话。等到他高兴时,就又向他请教。所以我虽然愚钝,最终还是得到不少教益。

## 指掌成茧

**【原文】**

溥[1]幼嗜[2]学,所读书必手钞[3],钞已[4],朗诵一过[5],即焚之。又钞,如是者六七始[6]已。右手握管[7]处,指掌成茧。冬日手皲[8],日沃[9]汤[10]数次,后名[11]读书之斋曰"七录"。溥诗文敏捷。四方征索[12]者不起草,对客挥毫[13],俄顷[14]立就[15],以故名高一时。(清·张廷玉等《明史·张溥传》)

**【注释】**

[1]溥:即张溥,生于公元1602年,卒于公元1641年。初字乾度,后字天如,号西铭。江苏太仓(今江苏省苏州市太仓县)人。明代著名文学家。与同乡张采齐名,合称"娄东二张"。精通诗词,尤擅散文、时论。代表作有《五人墓碑记》。

[2]嗜:音事。喜爱,喜欢。

[3]钞:通"抄"。抄写。

[4]已:完毕,停止。

[5]过:量词,表示行为次数。

[6]始:才。

[7]管:笔管。

[8]皲:音军。龟裂。

[9]沃:浸,浸泡。

[10]汤:热水。

[11]名:命名。

[12]征索:征求,索要。

[13]毫:毛笔。

[14]俄顷:一会儿,言时间之短。

[15]就:完成。

**【译文】**

张溥从小就特别喜欢学习,他所读过的书一定用手亲自抄写,抄完朗读一遍,马上烧掉。再抄写,这样做六七遍才停止。他右手握笔的地方,指掌上长满了老茧。冬天手指冻裂,每天要在热水里浸好几次,后来他把读书的房间命名为"七录"。张溥写诗作文敏捷。四方人士向他索要诗文，他从不打草稿，当着客人的面挥笔就写，一会儿就完成了，因为这个原因他的名气在当时特别高。

# 文石痴学

**【原文】**

江天一[1]，字文石，徽州歙县人。少丧父，事[2]其母及抚弟天表，具[3]有至性[4]。尝[5]语[6]人曰："士不立品[7]者，必无文章。"前明崇祯[8]间，县令傅岩[9]奇[10]其才，每试[11]辄[12]拔置第一。年三十六，始得补诸生[13]。家贫屋败[14]，躬[15]畚[16]土筑垣[17]以居。覆瓦不完，盛暑则暴[18]酷日中。雨至，淋漓蛇[19]伏，或张敝盖[20]自蔽[21]。家人且怨且叹，而天一挟书吟诵自若[22]也。（清·汪琬《尧峰文钞·江天一传》）

**【注释】**

[1]江天一：生于公元1602年，卒于公元1645年。字文石，初名涵颖，字淳初。徽州歙县（今安徽省黄山市歙县）人。明末生员，家贫以教书为生。明亡后因拒绝降清而被杀。

[2]事：服侍，奉养。

[3]具：全，全都。

[4]至性：善良的天性，这里指孝顺父母、友爱兄弟。

[5]尝：副词。曾，曾经。

[6]语：音玉。对……说，告诉。

[7]立品：树立良好品德。

[8]崇祯：明朝第十六位皇帝（也是最后一位皇帝）朱由检，生于公元1611年，卒于公元1644年。明光宗第五子，明熹宗异母弟，公元1627年至公元1644年在位，年号崇祯。

[9]傅岩：生卒年不详。字野清。浙江义乌（今浙江省义乌市）人。崇祯初年进士，授歙县令，官至监察御史。

[10]奇：形容词的意动用法。以……为奇。

[11]试：指童生岁试。

[12]辄：就。

[13]补诸生:考取秀才,成为县学生员。

[14]败:破、坏。

[15]躬:亲自。

[16]畚:音本。竹制或木制的撮土工具。这里名词活用为动词。

[17]垣:音元。墙。

[18]暴:通"曝"。晒。

[19]蛇:名词作状语。像蛇一样。

[20]敝盖:指破伞。

[21]蔽:遮蔽,遮挡。

[22]自若:自如,像平常一样。

## 【译文】

江天一,字文石,徽州歙县人。小时候就死了父亲,侍奉他的母亲并且抚养弟弟天表时都有善良淳厚的本性。他曾经对别人说:"一个读书人,不树立好的道德品行,就必然不会有好的文章。"前朝明末崇祯年间,歙县县令傅岩认为他奇异,每次县里童生的岁试,总是选拔他为第一名。但直到三十六岁,才补上一名生员。他家里很穷,房屋破败不堪,就自己动手用畚箕挑土筑墙而住。屋上盖的瓦片不齐全,大热天就曝晒在酷热的太阳中。雨来了,全身被雨淋得像蛇一样蜷伏着,有时张起破伞来遮挡一下。家里的人一面埋怨,一面叹息,可江天一却捧着书本朗读,和平常一样。

## 严母课子

## 【原文】

记母教铨[1]时,组[2]绣纺绩[3]之具,毕[4]陈[5]左右。膝置书,令铨坐膝下读之。母手任[6]操作,口授句读[7],咿唔[8]之声,与轧轧[9]相间[10]。儿怠[11],则少加夏楚[12],旋[13]复持儿而泣曰:"儿及此[14]不学,我何以见汝[15]父!"至夜分[16]寒甚,母坐于床,拥被覆双足,解衣以胸温儿背,共铨朗诵之。读倦,睡母怀,俄而[17]母摇铨曰:"可以醒矣!"铨张目视母面,泪方[18]纵横落,铨亦泣。少间[19],复令读。鸡鸣,卧焉。(清·蒋士铨《忠雅堂集·鸣鸡夜课图记》)

## 【注释】

[1]铨:即蒋士铨,生于公元1725年,卒于公元1784年。字心余、苕生,号藏

园,又号清容居士。铅山(今江西省上饶市铅山县)人。清代著名戏曲家、文学家。乾隆二十二年进士,官翰林院编修。精通戏曲,工诗古文,与袁枚、赵翼合称"江右三大家"。

[2]组:丝带。

[3]绩:纺织,织布。

[4]毕:全都,全部。

[5]陈:陈列,摆放。

[6]任:担任,这里指干活。

[7]句读:古代书文断句及停顿的地方叫句读,常用来泛指书文。读:音豆。

[8]咿唔:音依乌。读书的声调。

[9]轧轧:纺织的机声。轧:音渣。

[10]间:音建。间隔,交错。

[11]怠:懈怠,松懈。

[12]夏楚:本是古代老师责打学生的工具,这里活用为动词,责打。夏:音甲。

[13]旋:旋即,马上。

[14]及此:趁现在。及:趁着。

[15]汝:第二人称代词。你。

[16]夜分:半夜。

[17]俄而:不久,没多久。

[18]方:正。

[19]少间:过了一会儿。

【译文】

回忆我的母亲教我的时候,丝带刺绣和纺织的工具,全都摆放在身边。她膝上放着书,叫我坐在膝下小凳子上看着书读。母亲手里做活,嘴里教我读书,咿咿唔唔的读书声与织布声交错在一起。我倦怠时,她就拿戒尺打我几下,马上又抱住我,哭着说:"儿啊,你这时候不肯学习,将来叫我怎么去见你爸爸呢!"到了半夜里特别冷,母亲坐在床上,拉起被子盖住双脚,解开自己衣服用胸口温暖我的后背,和我一起朗读。我读得累了,就睡着在母亲怀里。刚过了不大一会儿,母亲就摇摇我,说:"可以醒了!"我睁开眼睛看母亲的脸,眼泪正纵横流落,我也哭起来。过一会儿,再叫我读。直到鸡叫,才和我一同睡去。

# 第九·交友篇

中华民族历来珍重朋友之情,在长期处理朋友关系的道德实践中,形成了注重交心、珍惜友情、遵守原则、谨慎择友的交友美德。

儒家文化认为,交友不仅在于相交的感情,更在于其共同的志趣爱好。所以交友时首先要选择志趣相近、理想相同的人相交,同时要真诚相待,朋友有过则劝,适可而止。

古人注重相交益友,目的在于与益友的交往中受到潜移默化的熏陶浸染,并不断地完善自我。所以墨子说:"君子不镜于水,而镜于人。镜于水,见面之容,镜于人,则知吉与凶。"(《墨子·非攻》)古人给我们留下了极多的交友的典故,现代人应从中深切地感受到古人在处理朋友关系时所表现出的强烈的道德感和责任感而这种道德感和责任感,正是中华民族交友美德形成和发展的内在动因。

本篇共选文二十五章。

# 管鲍之交

【原文】

管仲[1]曰:"吾始困[2]时,尝[3]与鲍叔[4]贾[5],分财利多自与[6],鲍叔不以我为贪,知我贫也;吾尝为鲍叔谋事而更穷困,鲍叔不以我为愚,知时有利不利也;吾尝三仕[7]三见[8]逐于君,鲍叔不以我为不肖[9],知我不遭[10]时也;吾尝三战三走[11],鲍叔不以我为怯,知我有老母也;公子纠[12]败,召忽[13]死[14]之,吾幽囚受辱,鲍叔不以我为无耻,知我不羞[15]小节而耻[16]功名不显于天下也。生我者父母,知我者鲍子也。"(西汉·司马迁《史记·管晏列传》)

【注释】

[1] 管仲:生于公元前719年,卒于公元前645年。名夷吾,字仲,谥敬。颍上(今安徽省颍上县)人。中国古代伟大的军事家、政治家,春秋时期法家代表人物。被称为管子、管夷吾、管敬仲。齐桓公尊称为"仲父"。

[2] 困:困厄,不得志。

[3] 尝:副词。曾,曾经。

[4] 鲍叔:即鲍叔牙,生于公元前723年,卒于公元前644年。颍上(今属安徽省颍上县)人。春秋时期齐国大夫。曾推荐管仲当上齐相,从而帮助齐桓公九合诸侯,成就齐国霸业。

[5] 贾:音古。商人。这里是名词活用为动词,经商。

[6] 与:给。

[7] 仕:做官。

[8] 见:被。

[9] 肖:贤,贤能。

[10] 遭:逢,遇。

[11] 走:败走,逃跑。

[12] 公子纠:生年不详,卒于公元前685年。春秋时期齐国人。齐襄公之弟,齐桓公之兄。

[13] 召忽:春秋时期齐国人。与管仲共同辅佐公子纠,后为公子纠自杀而死。

[14] 死:这里是为动用法。为……而死。

[15]羞:形容词的意动用法。以……为羞。

[16]耻:形容词的意动用法。以……为耻。

## 【译文】

管仲说:"我当初不得志的时候,曾经和鲍叔一起经商,分财利时自己常常多拿一些,但鲍叔并不认为我贪财,知道我是由于生活贫困的缘故;我曾经为鲍叔办事,结果使他更加困窘,但鲍叔并不认为我愚笨,知道这是由于时机有利和不利;我曾多次做官,多次都被君主免职,但鲍叔并不认为我没有才干,知道我是由于没有遇到好时机;我曾多次作战,多次都战败逃跑,但鲍叔并不认为我胆小,知道这是由于我还有老母的缘故;公子纠失败,召忽为他而死,我被囚禁起来受到屈辱,但鲍叔并不认为我不知羞耻,知道我不羞耻于小节,而以功名不显扬于天下为羞耻。生我的是父母,但了解我的却是鲍叔啊!"

# 高山流水

## 【原文】

伯牙[1]善[2]鼓琴,钟子期[3]善听。伯牙鼓琴,志[4]在高山,钟子期曰:"善哉,峨峨[5]兮[6]若[7]泰山!"志在流水,钟子期曰:"善哉[8],洋洋[9]兮若江河!"伯牙所念,钟子期必得[10]之。子期死,伯牙谓世再无知音[11],乃破琴绝[12]弦,终身不复[13]鼓。(战国·吕不韦《吕氏春秋·本味》)

## 【注释】

[1]伯牙:即俞伯牙,春秋时期楚国郢都(今湖北省荆州市)人。任晋国上大夫,精通琴艺。

[2]善:擅长,善于。

[3]钟子期:春秋时期楚国汉阳(今湖北省武汉市)人。名徽,字子期。

[4]志:意念,志趣。

[5]峨峨:高大的样子。

[6]兮:语气词。相当于"啊"。

[7]若:像。

[8]哉:语气词。表示感叹,相当于"啊"。

[9]洋洋:广大的样子。

[10]得:得到,这里的意思是理解。

[11]知音:理解自己心意、有共同语言的人。

[12]绝:断。

[13]复:再。

**【译文】**

俞伯牙擅长弹琴,钟子期擅长倾听。俞伯牙弹琴的时候,心里想到高山,钟子期听了赞叹道:"好啊!高峻的样子,就像泰山一样!"俞伯牙心里想到流水,钟子期说:"好啊!浩荡的样子,就像大江大河一样!"俞伯牙心里想到什么,钟子期都能准确地说出他心里想的。等到钟子期去世以后,俞伯牙认为世界上再也没有像钟子期那样了解自己的知音了。就把琴摔碎,弄断琴弦,一辈子不再弹琴。

## 脱衣并粮

**【原文】**

左伯桃、羊角哀[1],并燕人也。二人为友。闻楚王待士,乃同入楚。至梁山,值[2]雨雪,粮少。伯桃乃并衣、粮与角哀,令往来[3]楚,自饿死于空树中。哀至楚,为上大夫。乃告楚王,修礼葬于建康溧水县南四十五里仪凤乡孔镇南大驿路西。一夕,哀梦伯桃告之曰:"幸感子葬我,奈何与荆将军墓相邻,每与吾战,为人困迫。今年九月十五日,将大战以决胜负。幸[4]假[5]我兵马,叫噪冢[6]上以相助。"哀觉[7]而悲之。如期而往,叹曰:"今在冢上,安[8]知我友之胜负?"乃开棺自刎而死,葬伯桃墓中。(元·熊梦祥《析津志》)

**【注释】**

[1]左伯桃、羊角哀:春秋时期燕国人,生平不详,二人相交为友,事见刘向《列士传》。

[2]值:恰逢,赶上。

[3]来:当为衍文。

[4]幸:希望。

[5]假:借。

[6]冢:坟。

[7]觉:醒,睡醒。

[8]安:疑问代词。哪里。

【译文】

左伯桃、羊角哀都是燕国人。两个人是好朋友。听说楚国的国君能招贤纳士,就一同去楚国。到梁山这个地方,正赶上大风暴雪,两个人又缺少粮食。左伯桃就把自己的衣服和粮食都给了羊角哀,让他去楚国,自己饿死在大树的空洞中。羊角哀到了楚国以后,被楚王封为上大夫。就把这件事说给了楚王,楚王修礼厚葬左伯桃于建康溧水县南四十五里仪凤乡孔镇南大驿路西。一天晚上,羊角哀梦见左伯桃对他说:"非常感谢你埋葬了我,但我的坟墓和荆将军墓挨着,他经常和我打架,使我非常不舒服。今年九月十五日,我要和他大战决出胜负。希望你能够借我兵马,在我的坟头上大声呐喊来帮助我。"羊角哀醒过来后感到非常悲伤。按照梦中的日期去了,在左伯桃的坟头上说:"我现在在坟墓的外面,哪里能知道我的朋友是战胜了还是战败了呢?"就打开左伯桃的棺材自刎而死,把自己也埋葬在左伯桃的坟墓中。

## 莫逆之交

【原文】

子祀、子舆、子犁、子夹[1]四人相与[2]语曰:"孰能以无为首,以生为脊[3],以死为尻[4],孰知生死存亡之一体者,吾与之友[5]矣。"四人相视而笑,莫逆[6]于心,遂[7]相与为友。(《庄子·大宗师》)

【注释】

[1]子祀、子舆、子犁、子夹:庄子寓言中的人物。犁:音离。

[2]相与:互相。

[3]脊:音己。脊梁骨。

[4]尻:音考平声。屁股。

[5]友:名词活用为动词。交友。

[6]莫逆:彼此志同道合,交谊深厚。

[7]遂:于是,就。

【译文】

子祀、子舆、子犁、子夹等四人互相聊天说:"谁能把'无'当成脑袋,把'生'当成脊梁骨,把'死'当成屁股,谁就知道生死存亡本身就是一个整体的,我要和他交朋友了。"四个人相互对视而笑,心意相通,志同道合,于是就互相交往成为好友。

## 观人之友

**【原文】**

荆[1]有善相[2]人者,所言无遗策[3],闻於国。庄王[4]见而问焉。对曰:"臣非能相人也,能观人之友也。观布衣也,其友皆孝悌[5]纯谨畏令,如此者,其家必日[6]益,身必日荣矣,所谓吉人也;观事[7]君者也,其友皆诚信有行好善,如此者,事君日益,官职日进,此所谓吉臣也;观人主也,其朝臣多贤,左右多忠,主有失,皆交[8]争证谏[9],如此者,国日安,主日尊,天下日服,此所谓吉主也。臣非能相人也,能观人之友也。"(战国·吕不韦《吕氏春秋·贵当》)

**【注释】**

[1] 荆:楚国。

[2] 相:看,根据面相看人。

[3] 遗策:失策,这里指错误的判断。

[4] 庄王:即楚庄王,生年不详,卒于公元前591年。芈姓,熊氏,名侣(一作吕、旅),谥号庄。楚穆王之子,春秋时期楚国最有成就的君主,春秋五霸之一。

[5] 悌:尊敬兄长,引申为顺从长上。

[6] 日:一天比一天,一天天地。

[7] 事:服侍,侍奉。

[8] 交:一同,同时。

[9] 证谏:直言规劝。

**【译文】**

楚国有个善于给人看面相的人,他的判断不曾有过失误,全国闻名。楚庄王召见他,向他询问这件事。他回答说:"我并不是能给人看相,而是能观察人的朋友。观察平民,如果他的朋友都很孝顺淳朴、忠厚恭谨、敬畏王命,这样的平民,他的家一定会一天比一天富足,自身也一定会越来越显贵,这就是所谓的吉人;观察服侍君主的臣子,如果他的朋友讲求诚信、品德高尚、喜欢行善,这样的臣子,服侍君主就会不断有所进步,自己的官职也会不断得到升迁,这是所谓的吉臣;观察君主,如果他朝中臣子多是贤能、侍从多是忠良、君主有过失都争相进谏,这样的君主,他的国家就会日益安定,自身也会日益尊贵,天下就会日益敬服,这就是所谓的吉主。我并不是能给人看相,而是能观察人身边的朋友啊!"

## 刎颈之交

【原文】

既罢归国,以相如[1]功大,拜为上卿[2],位在廉颇[3]之右[4]。廉颇曰:"我为赵将,有攻城野战之大功,而蔺相如徒[5]以口舌为劳,而位居我上,且相如素[6]贱人[7],吾羞,不忍为之下。"宣言[8]曰:"我见相如,必辱之。"相如闻,不肯与会。相如每朝[9]时,常称病,不欲与廉颇争列[10]……廉颇闻之,肉袒[11]负荆[12],因[13]宾客[14]至蔺相如门谢罪。曰:"鄙贱之人,不知将军宽之至此也。"卒[15]相与欢,为刎颈之交[16]。(西汉·司马迁《史记·廉颇蔺相如列传》)

【注释】

[1]相如:即蔺相如,生于公元前329年,卒于公元前259年。赵国上卿,今河北省保定市曲阳县人。战国时期著名的政治家、外交家。完璧归赵、渑池之会与负荆请罪均与其有关。

[2]上卿:古代官名,战国时也是爵位的称谓,一般授予劳苦功高的大臣或贵族,相当于丞相的位置。

[3]廉颇:生卒年不详。嬴姓,廉氏,名颇。山西太原(一说山西运城)人。战国末期赵国名将,与白起、王翦、李牧并称"战国四大名将"。

[4]右:古代称等级高的。

[5]徒:仅仅,单单。

[6]素:原本,本来。

[7]贱人:地位卑贱的人。

[8]宣言:扬言,故意散播某种言论。

[9]朝:上朝。

[10]争列:争夺位置的先后。

[11]肉袒:脱去上衣,裸露上身。古人在祭祀或谢罪时以此表示恭敬或惶恐。袒:音坦。

[12] 负荆:背负荆条,谓愿受杖。后以"负荆请罪"为向人赔礼道歉之典。

[13] 因:凭借,通过。

[14] 宾客:古代贵族的门客或策士。

[15] 卒:最后,终于。

[16] 刎颈之交:可以同生死、共患难的朋友。刎颈:割脖子。交:交情,友谊。

【译文】

这件事情完毕后回国,因为蔺相如的功劳最大,封他为上卿,位置排在廉颇的前面。廉颇说:"我身为赵国的大将,有攻城野战的大功,而蔺相如仅仅是凭着口舌立了点儿功,位次却在我之上。况且蔺相如本来是个地位卑贱的人。我感到羞耻,不甘心位居他之后。"并公开扬言说:"我见了蔺相如,定要羞辱他。"相如听说了这话,不肯和他见面。相如每逢上朝时,常常推托有病,不愿跟廉颇争位次的先后……后来廉颇听到这话,就光着膀子背上荆条,由门客引导着到蔺相如府上赔罪,说:"我这粗野鄙贱的人,不知道将军您竟能宽容我到了这种地步啊!"两人终于彼此和好,成了同生共死的朋友。

# 贵贱交情

【原文】

始翟公[1]为廷尉[2],宾客[3]阗[4]门。及[5]废,门外可设雀罗[6]。翟公复为廷尉,宾客欲往,翟公乃大署[7]其门曰:"一死一生,乃知交情;一贫一富,乃知交态;一贵一贱,交情乃见[8]。"(西汉·司马迁《史记·汲黯列传》)

【注释】

[1] 翟公:生卒年不详。西汉下邽县(今陕西省渭南市临渭区)人。汉武帝元光五年到元朔二年(公元前130年—公元前127年)任廷尉。

[2] 廷尉:古代官职名称,掌管天下刑狱,为当时的最高法官。

[3] 宾客:古代贵族的门客或策士。

[4] 阗:音田。充满。

[5] 及:等到。

[6] 罗:捕鸟的网。

[7] 署:签署,题字。

[8]见:显现。这个意义后来写作"现"。

【译文】

当初翟公身为廷尉时,家中宾客时常挤满了大门。等到他被罢官后,门外便冷清得可以张设罗网去抓捕麻雀。他被复官后,宾客们又想来见,翟公就在家门上写下大字:"一死一生,才知道彼此交情;一贫一富,才知道结交的实情;一贵一贱,彼此的交情才会显现出来。"

## 相知恨晚

【原文】

伦[1]始以营长[2]诣[3]郡尹鲜于褒[4],褒见而异[5]之,署[6]为吏。后褒坐[7]事左转[8]高唐令,临去,握伦臂诀[9]曰:"恨相知晚。"(南朝·宋·范晔《后汉书·第五伦传》)

【注释】

[1]伦:即第五伦,生卒年不详。字伯鱼。京兆长陵(今陕西省咸阳市东北)人。新朝王莽时为郡吏,光武帝时因为孝廉而被推举为官,明帝时任蜀郡太守。为人忠贞无私,奉公尽节。

[2]营长:军队营垒中的首领。

[3]诣:音易。到,去,特指到君长那里去。

[4]鲜于褒:生卒年不详。东汉初年曾任京兆尹。

[5]异:形容词的意动用法。觉得惊奇。

[6]署:布置,安排。

[7]坐:因为。

[8]左转:降官,贬职。

[9]诀:音决。辞别,告别。

【译文】

第五伦当初以军队营垒首领身份去见郡长官鲜于褒,鲜于褒见到他后感到特别惊奇,安排他成为自己手下的官吏。后来鲜于褒因为过失贬职为高唐县令,临行时,握着第五伦的手告别说:"只恨与你相知太晚了。"

## 操异交亲

**【原文】**

遵[1]少与张竦伯松[2]俱[3]为京兆史[4]。竦博学通达,以廉俭自守。而遵放纵不拘,操行虽异,然相亲友,哀帝之末俱著[5]名字,为后进冠[6]。(东汉·班固《汉书·游侠传·陈遵》)

**【注释】**

[1]遵:即陈遵,生卒年不详。字孟公。西汉末年杜陵(今陕西省西安市)人。封嘉威侯。王莽时任河南太守。
[2]张竦伯松:张竦,号伯松。生卒年不详。西汉名臣张敞之孙。
[3]俱:皆,都。
[4]京兆史:官名,京兆尹的属吏。
[5]著:显著,显扬。
[6]冠:首,佼佼者。

**【译文】**

陈遵年轻时与一位名叫张竦号伯松的人都做了京兆史。张竦学问广博、事理通达,以清廉节俭自我约束。而陈遵却放纵而不拘小节,两个人操守品行虽然不同,但相互亲近友爱,汉哀帝末年时,他们的名和字已经非常著名,成为了后进人士中的佼佼者。

## 为友遮仇

**【原文】**

恽[1]友人董子张[2]者,父先为乡人所害。及[3]子张病,将终,恽往候之。子张垂[4]殁[5],视恽,歔欷[6]不能言。恽曰:"吾知子不悲天命,而痛雠[7]不复也。子在,吾忧而不手[8];子亡,吾手而不忧也。"子张但目击而已。恽即[9]起,将[10]客遮[11]仇人,取其头以示子张。子张见而气绝。(南朝·宋·范晔《后汉书·致恽传》)

## 【注释】

[1]恽：即致恽，东汉光武时人，生卒年不详。字君章。曾任长沙太守。

[2]董子张：致恽友，生卒年不详。

[3]及：等到。

[4]垂：将，将要。

[5]殁：音末。死。

[6]歔欷：音需西。悲泣，抽噎。

[7]雠：音愁。仇恨，冤仇。

[8]手：名词活用为动词。出手，动手。

[9]即：便，就。

[10]将：带领，率领。

[11]遮：拦，拦住。

## 【译文】

致恽的好友董子张，父亲早先被乡里人所杀害。等到子张病重，快不行的时候，致恽去伺候他。子张就要停止呼吸的时候，看着致恽，抽噎着嘴里说不出话来。致恽说："我知道你不是悲叹老天爷对你不公，而是痛心仇恨没有报啊。你活着，我有所担心而无法动手；你死了，我要动手就没有什么担忧的了。"子张只是用目光回应他而已。致恽马上站起身，带领手下的几个门客朋友去把子张的仇敌在路上拦住了，把他的脑袋拿回来带给子张看。子张看见了随即停止了呼吸。

# 胶漆之交

## 【原文】

义[1]归，举茂才[2]，让于陈重[3]，刺史不听，义遂阳[4]狂被[5]发走[6]，不应命。乡里为之语曰："胶漆自谓坚，不如雷与陈。"（南朝·宋·范晔《后汉书·雷义传》）

## 【注释】

[1]义：即雷义，东汉顺帝时人，生卒年不详。字仲公。豫章鄱阳（今江西省南昌市）人。品德高尚，为世人称颂。

[2]茂才：即秀才，亦称茂材。东汉时为避讳光武帝刘秀之名，将"秀才"改为"茂才"。

[3]陈重:东汉名士,与雷义交善。

[4]阳:通"佯"。假装,装作。

[5]被:通"披"。披着,披散。

[6]走:跑,奔跑。

**【译文】**

雷义回到乡里又被举荐为秀才,他要把这功名让给好友陈重,刺史不批准。雷义就假装发狂,披头散发在街上替陈重奔走呼号,坚决不去应命就职。因此整个乡里都传颂他们两人的事迹,说道:"胶和漆自认为融为一体,坚不可摧,还不如雷义与陈重那样生死相依。"

## 并交平正

**【原文】**

及[1]其[2]在位,廉方自守,所交皆舍短取长,好成人之美。时,颍川荀爽[3]、贾彪[4],虽俱[5]知名而不相能[6],燮并交二子,情无适莫[7],世称其平正。(南朝·宋·范晔《后汉书·李燮传》)

**【注释】**

[1]及:等到。

[2]其:他,这里指李燮。生于公元134年,卒年不详。字德公。后汉谏臣李固之子。

[3]荀爽:生于公元128年,卒于公元190年。字慈明。颍川颍阴(今河南省许昌市)人。东汉末年著名经学家,其兄弟八人俱有才名,被时人称为"荀氏八龙"。

[4]贾彪:东汉名士,生卒年不详。字伟节。颍川定陵(今河南省漯河市舞阳县)人。

[5]俱:皆,都。

[6]相能:交情好,和睦亲善。

[7]适莫:指用情的亲疏厚薄。

**【译文】**

等到李燮做官时,廉洁方正保持操守,他与人交往时都是舍弃对方的缺点而看重对方的优点,喜好成全别人的好事。当时,颍川有两个名士荀爽和贾彪,虽然都很有名但是这两个人却不能建立友情和睦相处,李燮同时和这两个人交往,感情没有亲疏厚薄之分,世人都称赞他公平严正。

# 身代友命

【原文】

荀巨伯[1]远[2]看友人疾,值[3]胡[4]贼攻郡[5]。友人语[6]巨伯曰:"吾今死矣,子可去[7]!"巨伯曰:"远来相视,子[8]令吾去,败[9]义以求生,岂荀巨伯所行邪[10]!"贼既至,谓巨伯曰:"大军至,一郡尽空,汝何男子,而敢独止?"巨伯曰:"友人有疾,不忍委[11]之,宁以我身代友人命。"贼相谓曰:"我辈[12]无义之人,而入有义之国。"遂班军[13]而还,一郡并获全。(南朝·宋·刘义庆《世说新语·德行》)

【注释】

[1]荀巨伯:东汉桓帝时颍川(今河南省许昌市)人,生平不详,因重视友谊而闻名。

[2]远:名词活用为动词。从远方来。

[3]值:恰逢,赶上。

[4]胡:古代我国西部、北部少数民族统称为胡。

[5]郡:这里指城。

[6]语:音玉。对……说。

[7]去:离开。

[8]子:对对方的尊称,相当于"您"。

[9]败:败坏,毁坏。

[10]邪:疑问语气词。相当于现代汉语的"吗"、"呢"。这个意义后来写作"耶"。

[11]委:舍弃,抛弃。

[12]辈:指某一类别的人。

[13]班军:即班师,出征的军队调回去。

【译文】

荀巨伯从远方来探望朋友的病情,恰逢胡族敌寇攻城。荀巨伯的朋友对荀巨伯说:"我如今要死去了,你赶快离开吧!"荀巨伯说:"我从远方来探望你,你却让我离开,败坏道义去苟且偷生,这难道是我荀巨伯的所作所为吗?"敌寇到了,对荀巨伯说："大军到了，整个城的人都空了，你为什么作为一个成年男子，竟敢独自留在城中？"荀巨伯说："我的朋友身患重病，我不忍心舍弃他，我宁愿用我的性命来代替朋友的性命。"敌寇听了，相互看着说："我们这些不懂道义的人，却侵入了这么有仁义的国家！"于是就把军队撤回，整个城都因此获救。

# 割席分坐

【原文】

管宁[1]、华歆[2]共[3]园中锄菜，见地有片金，管挥锄与瓦石不异，华捉[4]而掷[5]去之。又尝[6]同席读书，有乘轩冕[7]过门者，宁读如故[8]，歆废[9]书出看。宁割席[10]分坐，曰："子非吾友也！"（南朝·宋·刘义庆《世说新语·德行》）

【注释】

[1]管宁：生于公元158年，卒于公元231年。字幼安。汉末北海郡（今山东省潍坊市）人。不仕而终。只谈经典，不问世事，时人敬重之。与华歆、邴原并称为"一龙"，歆为龙头，原为龙腹，宁为龙尾。

[2]华歆：生于公元157年，卒于公元232年。字子鱼。汉末平原高唐（今山东省德州市禹城县）人。东汉灵帝时入仕，曾任尚书郎。入魏后官至司徒，封博平侯，依附曹操父子。与管宁、邴原并称为"一龙"，歆为龙头。

[3]共：一起，一同。

[4]捉：握，拿。

[5]掷：扔，抛。

[6]尝：副词。曾，曾经。

[7]轩冕：偏义复词，"冕"字无义。指古代士大夫所乘的华贵车辆。轩：古代的一种有围棚的车。冕：古代地位在大夫以上的官戴的帽子。

[8]如故：像原来一样。如：像。

[9]废：废弃，停止，这里指放下。

[10]席：坐具，古代人常铺席于地，坐在席子上面。

【译文】

管宁和华歆同在园中锄菜，看见地上有一片金，管宁仍挥动着锄头劳作不停，把它和看到的瓦片石头等看成一样没有区别，华歆高兴地拾起金片而后看到了管宁的神色之后又扔了它。后来,他们同坐在同一张席子上读书,有个坐着华贵车辆带着官帽的人刚好从门前经过,管宁还像原来一样读书,华歆却放下书出去观看。管宁割断席子和华歆分开坐,说:"你不是我的好朋友啊!"

# 于何闻过

**【原文】**

始,岱[1]亲近吴郡徐原[2],慷慨有才志,岱知其可成,赐巾褠[3],与共言论,后遂荐拔,官至侍御史。原性忠壮,好直言,岱时有得失,原辄[4]谏争,又公论之。人或[5]以告岱,岱叹曰:"是[6]我所以贵[7]德渊者也!"及[8]原死,岱哭之甚哀,曰:"徐德渊,吕岱之益友,今不幸[9],岱复于何闻过!"谈者美[10]之。(西晋·陈寿《三国志·吴书·吕岱传》)

**【注释】**

[1]岱:即吕岱,生于公元161年,卒于公元256年。字定公。东汉末年至三国时期吴国人。一生戮力奉公,为孙吴立下赫赫战功,官至大将军、大司马。

[2]徐原:生卒年不详。字德渊。三国时吴人,性忠诚耿直。

[3]褠:音沟。单衣。

[4]辄:就,总是。

[5]或:肯定性无定代词。有人,有的人。

[6]是:指示代词。这。

[7]贵:形容词的意动用法。看重。

[8]及:等到。

[9]不幸:这里指死。

[10]美:形容词活用为动词。称赞,赞美。

**【译文】**

当初,吕岱的亲随吴郡人徐原,正义豪爽,有才略和志向,吕岱知道他能够成器,便赠送给他头巾和衣服,常与他一起谈论,后来还举荐提拔他,使得徐原的官做到了侍御史。徐原秉性忠诚豪爽,喜欢有话直说。吕岱有时犯了过错,徐原往往直言规劝,还公开评论。有人把这事告诉吕岱,吕岱赞叹说:"这正是我器重徐德渊的缘故啊!"后来徐原死了,吕岱哭得很伤心,他说:"徐德渊是我吕岱有益的朋友,现在不幸去世,我还能再从哪里听到人家谈论我的过错啊!"谈论这件事的人都赞美他们。

## 去隙存友

**【原文】**

将军张辽[1]与其护军武周[2]有隙[3]。辽见刺史温恢[4]求请质[5],质辞以疾。辽出谓质曰:"仆[6]委意[7]於君,何以相辜[8]如此?"质曰:"古人之交也,取多知其不贪,奔北[9]知其不怯,闻流言而不信,故可终也。武伯南[10]身为雅士,往者将军称之不容於口,今以睚眦[11]之恨,乃成嫌隙。况质才薄,岂能终好?是以不愿也。"辽感言,复[12]与周平[13]。(西晋·陈寿《三国志·魏书·胡质传》)

**【注释】**

[1] 张辽:生于公元169年,卒于公元222年。字文远。雁门马邑(今山西省朔州市)人。三国时期曹魏著名将领。曾从属丁原、董卓、吕布。下邳之战后,归顺曹操,战功累累。后世将其与乐进、于禁、张郃、徐晃并称为曹魏"五子良将"。

[2] 武周:生卒年不详。字伯南。沛国竹邑(今安徽省宿州市)人。曾为张辽护军,后为魏文帝侍御史,位至光禄大夫,封南昌侯。

[3] 隙:空隙,隔阂。

[4] 温恢:生于公元178年,卒于公元223年。字曼基。太原祁县(今山西省祁县)人。三国时曹魏大臣,任扬州刺史,后迁凉州刺史。

[5] 质:即胡质,生年不详,卒于公元250年。寿春(今安徽省寿县)人。三国时曹魏官员,官至荆州刺史、征东将军。为政廉明,时人所服。

[6] 仆:对自己的谦称。

[7] 委意:倾心,属意。

[8] 辜:负,负意。

[9] 北:失败,败逃。

[10] 武伯南:武周,字伯南。

[11] 睚眦:音牙字。这里指极小的仇恨。

[12] 复:又,重新。

[13] 平:平复,和好。

**【译文】**

将军张辽和他的护军武周一直有隔阂。张辽去见刺史温恢请求胡质出任幕僚,胡质以身体有病为由拒绝了。张辽出来后对胡质说:"我张辽是诚心诚意地让你到我这里做官,你为什么这样辜负我的厚意呢?"胡质说:"古代人与人之间交往,如果有一个人拿的东西多了另一个人知道他并不是很贪婪的人,战争中败逃了会理解他不是因为胆怯,听到别人说关于他的流言也不会相信那是真的,因此这样的人之间会交往一辈子。护军武周本来是高雅大度的人,以前将军您对他赞不绝口,现在因为一点小事就闹成了矛盾。那更何况我胡质才力微薄,又怎么能和您交往一辈子呢?因此我不愿意去您手下就职。"张辽有感于胡质所说的话,重新与武周建立了交情。

# 杵臼之交

**【原文】**

时公沙穆[1]来游太学,无资粮,乃变服客佣[2],为祐[3]赁舂[4]。祐与语大惊,遂共定交于杵臼[5]之闲[6]。(南朝·宋·范晔《后汉书·吴祐传》)

**【注释】**

[1]公沙穆:生卒年不详。字文义。东汉北海胶东(今山东省平度市)人。幼年家贫,立志为学,潜心攻读《韩诗》和《春秋公羊传》,致力于研究当时盛行的谶纬之学并有大成。

[2]客佣:偏义复词,义在"佣",在这里是名词活用为动词。

[3]祐:即吴祐,生卒年不详。字季英。陈留长垣(今河南省长垣县)人。先举孝廉,又以品性敦厚、质朴、逊让、节俭升任胶东侯相,为政宽仁,深得人心。后又改任齐侯国相,因刚直不阿,得罪大将军梁冀,辞官回乡,以教授经书为业,成为当时著名学者。年九十八岁,寿终正寝,葬在长垣。

[4]赁舂:音吝充。做舂米等类的杂活。

[5]杵臼:音楚就。舂米的器具。

[6]闲:空闲,闲暇时间。一说为通"间",期间。亦可。

**【译文】**

当时公沙穆来太学游学,没有钱资和粮食,就改变服装装扮成佣人,给吴祐舂米赚些生活用钱。吴祐和他谈话大为惊奇,于是就一起定下交情在舂米等杂活的空余时间。

## 推车归墓

【原文】

任末[1]字叔本,蜀郡繁人也。少习齐诗,游京师,教授[2]十余年。友人董奉德[3]于洛阳病亡,末乃躬[4]推鹿车[5],载奉德丧致[6]其墓所,由是[7]知名。(南朝·宋·范晔《后汉书·任末传》)

【注释】

[1]任末:生卒年不详。字叔本。蜀郡繁(今四川省成都市)人。东汉学者,著名经学家和教育家。自幼勤奋好学,后通晓五经,游京师,教授十年。

[2]教授:讲习授徒。

[3]董奉德:任末之友,生卒年不详。

[4]躬:亲身,亲自。

[5]鹿车:古代的一种独轮小车。

[6]致:到,到达。

[7]由是:从此。

【译文】

任末字叔本,是蜀郡繁县人。年轻时学习齐诗,后到京师游学,授徒讲学十多年。他的好朋友董奉德因病死在洛阳,任末就亲自推着鹿车,装载着董奉德的灵柩,一直到达安葬董奉德的墓地,从此任末远近闻名。

## 千里得期

【原文】

卓恕[1]为人笃信[2],言不宿诺[3]。从建业[4]还家,辞诸葛恪[5],恪问何当复来,恕对"某日"。是日,恪为主人,停不饮食,以须[6]恕至。宾客皆曰:"会稽[7]、建业相去[8]千里,岂得期?"已而[9]恕至,一[10]座尽惊。(东晋·虞预《会稽典录》)

## 【注释】

[1] 卓恕：生卒年不详。字公行。上虞（今浙江省绍兴市）人。

[2] 笃信：忠实守信。

[3] 宿诺：未及时兑现的诺言。

[4] 建业：今江苏南京。

[5] 诸葛恪：生于公元203年，卒于公元253年。字元逊。琅琊阳都（今山东省临沂市沂南县）人。三国时期东吴重臣，吴大将军诸葛瑾长子，蜀丞相诸葛亮之侄。

[6] 须：等待。

[7] 会稽：今浙江省绍兴市。

[8] 去：距离。

[9] 已而：不大一会儿，刚过不久。

[10] 一：全，满。

## 【译文】

卓恕为人非常忠实讲信用，说出的话从来没有失诺的。他从建业回老家，向诸葛恪告别，诸葛恪问他什么时候回来，卓恕说"某日"。到了这一天，诸葛恪为主人请客，自己停下来不吃不喝，就是等待卓恕的到来。客人们都说："会稽与建业相距千里之遥，怎么能按时到来呢？"刚过了不大一会儿，卓恕果真到了，满座的客人都惊讶不已。

# 千里命驾

## 【原文】

东平[1]吕安[2]服康[3]高致[4]，每一相思，辄[5]千里命驾[6]。康友[7]而善[8]之。（唐·房玄龄等《晋书·嵇康传》）

## 【注释】

[1] 东平：古地名，今山东省泰安市东平县。

[2] 吕安：生年不详，卒于公元262年。字仲悌。山东东平（今山东省泰安市东平县）人。志量开旷，超凡脱俗。

[3] 康：即嵇康，生于公元224年，卒于公元263年。字叔夜。三国时期魏国谯郡铚县（今安徽省濉溪县）人。著名文学家、玄学家，为"竹林七贤"的精神领袖。

曾任曹魏中散大夫,故世称"嵇中散"。

[4]高致:高雅的情致。

[5]辄:就。

[6]驾:车驾。

[7]友:名词活用为动词。交友。

[8]善:形容词活用为动词。相处和善。

**【译文】**

东平人吕安非常佩服嵇康高雅的情操,每当想念嵇康的时候,即使相距千里也会马上准备车驾前往。嵇康和他交成了朋友而且相处特别和善。

## 千万买邻

**【原文】**

初,宋季雅[1]罢[2]南康郡,市[3]宅居僧珍[4]宅侧,僧珍问宅价,曰:"一千一百万。"怪[5]其贵。季雅曰:"一百万买宅,千万买邻。"(唐·李延寿《南史·吕僧珍传》)

**【注释】**

[1]宋季雅:生卒年不详,南朝梁武帝时人。曾任南康郡太守,德高才重。

[2]罢:罢官,免官。

[3]市:买。

[4]僧珍:即吕僧珍,生于公元454年,卒于公元511年。字元瑜。世居广陵(今江苏省扬州市)。出身寒微,南朝齐末从萧衍,后深得重用。

[5]怪:形容词的意动用法。以……为怪。

**【译文】**

起先,宋季雅被免去南康郡的职务,在吕僧珍宅子的旁边买了住宅,吕僧珍问他宅子的价格,回答说:"一千一百万。"吕僧珍对这么昂贵的价格感到奇怪。宋季雅说:"我花一百万买宅子,一千万买邻居。"

## 欣戚不改

**【原文】**

赵洞门[1]为御史大夫,车马辐辏[2],望尘者接踵[3]于道。及罢归,出国[4]门,送者才三数人。寻[5]召还,前去者复来如初。时独吴蔺次[6]落落然[7],不以欣戚[8]改观也。赵每目送之,顾[9]谓子友沂[10]曰:"他日吾百年后,终当赖此人力。"未几[11],友沂早逝,赵亦以痛子,殁[12]于客邸[13]。两孙孤立,蔺次哀振[14]之,抚其幼者如子,字[15]以爱女。一时感叹赵为知人。(清·王晫《今世说·识鉴》)

**【注释】**

[1]赵洞门:清人,生平不详。

[2]辐辏:原指车轮的辐条集中于毂上。这里指赵洞门身边的人像车辐条聚集到中心上一样聚集在他的周围。辐:车轮的辐条,这里是名词作状语,像车轮的辐条一样。辏:本为车轮的辐条集中于毂上,泛指聚集。

[3]接踵:后面的人的脚尖接着前面的人的脚后跟,形容人多,接连不断。踵:音肿。脚后跟。

[4]国:国都,都城。

[5]寻:不久。

[6]吴蔺次:生于公元1619年,卒于公元1694年。名绮,字蔺次,一字丰南,号绮园,又号听翁。曾任兵部主事、武选司员外郎、湖州知府。以多风力、尚风节、饶风雅而被时人称为"三风太守"。蔺:音元。

[7]落落然:冷淡的样子。

[8]欣戚:指富贵或失势。

[9]顾:回头看。

[10]友沂:赵洞门儿子的名字。

[11]未几:没有多久,很快。

[12]殁:死。

[13]客邸:外地旅舍,客店。

[14]振:接济,救济。这个意义后来写作"赈"。

[15]字:女子许嫁。

**【译文】**

赵洞门出任御史大夫时,门前车马来往不绝,来拜访他的人就像车辐条聚集在车毂周围一样多。等到他被免职,出城门(离开京城)时,来送行的只有三五个人而已。不久,他被朝廷重新召回起用,以前离开的那批人又像当初那样来拜访了。当时只有吴菌次非常平淡,不因富贵或失势而改变对赵洞门的态度。赵洞门常常目送他出门,回头跟儿子友沂说:"将来我去世后,你最终要依赖这个人来办事。"没多久,友沂过早去世,赵洞门也因为失去儿子而感到万分悲痛,死于外地的旅馆。他的两个孙子无依无靠,吴菌次一边哀悼,帮助办理后事;一边救济他们,把小的那个当儿子看待,又把自己的爱女嫁给他。这一时间,人们都感叹赵洞门善于知人。

# 卖琴殓友

**【原文】**

翁仲谦[1]性孤介[2],不与俗谐[3]。家酷贫,值[4]岁俭[5]不能糊口,终日啜[6]水而已。邻近或[7]有招之食者,谢[8]不赴也。尝[9]曰:"耐饥易,耐俗子难。"惟[10]徐介白[11]、顾茂伦[12]饷[13]之方[14]受。后病卒,茂伦卖古琴殓[15]之。(清·王晫《今世说·文学》)

**【注释】**

[1]翁仲谦:清人,生卒年不详。名逊,字仲谦,一字研石。江南吴江(今江苏省苏州市)人。能诗善书画,不入格而有高趣,品格耿介正直。

[2]孤介:孤傲,耿介。

[3]谐:和谐,融洽。

[4]值:逢,赶上。

[5]俭:歉收,年成不好。

[6]啜:喝,饮。

[7]或:肯定性无定代词。有人,有的人。

[8]谢:推辞,拒绝。

[9]尝:副词。曾,曾经。

[10]惟:只,只有。

[11]徐介白:清人,生卒年不详。名白。吴江(今江苏省苏州市)人。

[12]顾茂伦:清人,生卒年不详。名有孝。吴江(今江苏省苏州市)人。志气豪迈,身长七尺有余,擅经术,为文妙绝当时。

[13]饷:音想。粮食。这里活用为动词。提供粮食,或给粮食吃。

[14]方:才。

[15]殓:音练。装殓。

【译文】

翁仲谦性格孤傲耿介,不与世俗同流合污。家庭特别贫困,遇上年成不好的时候都不能养家糊口,每天只能喝水而已。邻居及身边的人有叫他去吃饭的,他都推辞坚决不去。他曾经说:"忍耐饥饿容易,忍耐世俗的人是很难的。"只有徐介白、顾茂伦给他粮食吃他才接受。后来他因为生病而离世,顾茂伦卖掉自己的古琴把他装殓了。

# 包捷笃谊

【原文】

包惊几[1]笃[2]于友谊,与吴东湖[3]善[4]。吴卒[5],抚[6]其家甚至[7]。后方[8]嫁女,闻吴女将适[9]人,贫不能理装[10],即以其女之奁具[11]赠之,己女后一载始嫁。时论[12]称[13]之。(清·王晫《今世说》)

【注释】

[1]包惊几:清朝人,生卒年不详。名捷,字惊几。

[2]笃:淳厚,厚重。

[3]吴东湖:清朝人,生卒年不详,包惊几友。

[4]善:形容词活用为动词。友善,交情好。

[5]卒:死。

[6]抚:关心,照顾。

[7]至:周密,周到。

[8]方:将,将要。

[9]适:嫁,出嫁。

[10]理装:置办、治理嫁妆。

[11]奁具:这里指嫁妆。奁:音连。

[12]时论:当时人们的议论。

[13]称:称赞,赞颂。

**【译文】**

包惊几特别重视友谊,与吴东湖是好朋友。吴东湖死后,包惊几照料吴家特别周到。后来,当包惊几自己的女儿正要出嫁的时候,他听说吴东湖的女儿将要嫁人,但因家中贫穷不能自备嫁妆,就把自己女儿的嫁妆送给她,自己的女儿晚了一年才出嫁。当时的人们都以此赞扬他。

## 俭岁粱肉

**【原文】**

林鹿庵[1]好客,虽处忧劳况瘁[2]中,遇良友至,则大喜。尝[3]谓人曰:"友者,俭岁[4]之粱肉[5],寒年[6]之纤纩[7]也。"(清·王晫《今世说·言语》)

**【注释】**

[1]林鹿庵:生卒年不详。浙江钱塘(今浙江省杭州市)人。名璐,字鹿庵,又字玉逵。顺治时贤士,以文著称,避世不出,纵情山水田园。

[2]况瘁:失意憔悴。况:通"怳"(音谎)。失意的样子。瘁:音翠。憔悴,枯槁。

[3]尝:副词。曾,曾经。

[4]俭岁:荒年,歉收的年岁。俭:歉收,年成不好。

[5]粱肉:以粱为饭,以肉为肴。指精美的饭食。

[6]寒年:寒冷的年月。

[7]纤纩:细丝绵。纩:音况。丝绵絮。

**【译文】**

林鹿庵先生特别好客,即使身处忧愁劳顿憔悴不堪之中,赶上好朋友到来,就会特别高兴。曾经对别人说:"朋友,是歉收的年岁精美的饭食,寒冷的年月细柔的丝绵。"

# 第十 · 更过篇

　　善于更过是中华民族的传统美德。更过就是改正自己的过失或错误，这是古人非常看重的一种道德修养，属于自省和修身的重要层面。在古人看来，即便是圣贤，也难免会有过失或错误。所以古人说："人谁无过？过而能改，善莫大焉。"(《左传·宣公二年》)人有错误便要知错则改，如果有了过错却不想改正，那就是双重过错。所以孔子说："过而不改，是谓过矣。"(《论语·卫灵公》)

　　只有勇于改过，人才能不断修正自己的言行，进而完善自己的道德。更过是一个人在道德修养的过程中，克服不良习惯，树立良好品德的自觉活动，对个人的道德完善具有非常积极的作用，对整个社会的总体道德水平的提高也有促进作用。因此，历代思想家都对"改过自新"给予很高的评价。中国民间也有"浪子回头金不换"的谚语，对"改过自新"也给予了充分的肯定。

　　本篇共选文十八章。

# 师旷援琴

**【原文】**

晋平公[1]与群臣饮,饮酣[2],乃喟然[3]叹曰:"莫乐为人君[4]!惟[5]其言而莫之违[6]。"师旷[7]侍坐[8]于前,援[9]琴撞之。公被衽[10]而避,琴坏于壁。公曰:"太师[11]谁撞[12]?"师旷曰:"今者[13]有小人言于侧者,故撞之。"公曰:"寡人也。"师旷曰:"哑[14]!是[15]非君[16]人者之言也。"左右请除[17]之。公曰:"释[18]之,以为寡人戒[19]。"(战国·韩非《韩非子·难一》)

**【注释】**

[1]晋平公:姬姓,名彪。春秋时期晋国国君,晋悼公之子。公元前557年至公元前532年在位。

[2]酣:畅快,尽情。

[3]喟然:感叹的样子。

[4]莫乐为人君:没有比做人君再快乐的了。莫:否定性无定代词。没有。

[5]惟:只,只有。

[6]莫之违:即"莫违之",没有人敢违背他。莫:否定性无定代词。没有人,没有谁。

[7]师旷:名旷,字子野。春秋时期著名乐师,晋国大夫。他生而无目,故自称盲臣、瞑臣。博学多才,尤精音乐,善弹琴,辨音力极强,以"师旷之聪"闻名于后世。

[8]侍坐:在尊长近旁陪坐。

[9]援:拿,拿过来。

[10]被衽:用衣袖挡住脸。被:披在身上或穿在身上。这个意义后来写作"披"。衽:音认。衣袖。

[11]太师:古代乐官之长。

[12]谁撞:即撞谁,疑问句中代词作宾语前置。

[13]今者:现在。者:代词。用在"今"、"昔"等时间名词后面,表示"……的时候"。

[14]哑:音亚。叹词。表示不以为然的惊叹声。

[15]是:代词。这。

[16]君:名词活用为动词。统治。

[17]除:清除,去掉。

[18]释:释放,放开。

[19]戒:警告,警示。这个意义后来写作"诫"。

【译文】

晋平公和臣子们在一起喝酒,酒兴正浓时,他感叹着说:"没有比做国君更快乐的了!只有他的话没有谁敢违背!"师旷正在旁边陪坐,拿起琴朝他撞去。晋平公连忙用衣袖挡面躲让,琴撞在墙壁上撞坏了。晋平公说:"太师你撞谁呀?"师旷说:"现在有个小人在我身边说话,因此我气得要撞他。"晋平公说:"那是我啊。"师旷说:"哎呀!这不是做国君的人应说的话啊!"左右臣子认为师旷犯上,请求除掉他,晋平公说:"放了他吧,我要把这件事当作一个警示。"

## 晏婴逐属

【原文】

高缭[1]仕[2]于晏子[3],晏子逐[4]之。左右谏[5]曰:"高缭之事[6]夫子[7]三年,曾[8]无以爵位,而逐之,其义可乎?"晏子曰:"婴[9],仄陋[10]之人也,四维[11]之然后能直[12]。今此子事吾三年,未尝[13]弼[14]吾过,是以[15]逐之也。"(西汉·刘向《说苑·臣术》)

【注释】

[1]高缭:晏子属臣。

[2]仕:旧称做官为仕。

[3]晏子:即晏婴,生于公元前578年,卒于公元前500年。字仲,谥号平,后人多称"晏平仲",又称晏子。夷维(今山东省高密市)人。春秋后期著名政治家、思想家、外交家。历仕齐灵公、齐庄公、齐景公三朝,辅政长达五十余年。以生活节俭,谦恭下士著称。

[4]逐:驱逐,赶走。

[5]谏:规劝君主或尊长,使改正错误。

[6]事:侍奉,为……服务。

[7]夫子:旧时对德行高尚年老的男人的尊称。

[8]曾：音增。副词。用在否定副词前加强否定语气，可译为"甚至"、"连……都……"。

[9]婴：晏子之名。

[10]仄陋：狭窄浅薄。仄：狭窄。陋：鄙浅。

[11]维：维系，引申为辅助。

[12]直：正直，正派。

[13]尝：副词。曾，曾经。

[14]弼：纠正。

[15]是以：即"以是"，所以，因此。

【译文】

高缭在晏子手下做官，晏子要把他赶走。晏子身边的人劝阻他，说："高缭侍奉你三年了，你连个爵位都没有给他，现在又要赶走他，这么做的道义可以吗？"晏子说："我是一个狭小鄙浅的人，各方支持辅助我才能正直从而辅助国君治理国家。现在高缭在我身边工作三年，从来没有说过一句纠正我错误的话，这就是我要把他赶走的原因。"

# 简子待谏

【原文】

或[1]谓赵简子[2]曰："君何不更[3]乎？"简子曰："诺[4]。"左右曰："君未有过，何更？"君曰："吾谓是诺，未必有过也，吾将求以来谏[5]者也，今我却[6]之，是[7]却谏者，谏者必止，我过[8]无日[9]矣。"（西汉·刘向《说苑·君道》）

【注释】

[1]或：肯定性无定代词。有人，有的人。

[2]赵简子：嬴姓，赵氏，原名鞅，谥号简。时人尊称其赵孟，史书中多称之赵简子。春秋后期晋国卿大夫，六卿之一，杰出的政治家、军事家、外交家、改革家。战国时代赵国基业的开创者，郡县制社会改革的积极推动者，先秦法家思想的实践者，对春秋战国的历史发展起了推波助澜的作用，与其子赵无恤（即赵襄子）并称"简襄之烈"。

[3]更：改。

[4]诺:应答之辞,表示同意。

[5]谏:规劝君主或尊长,使改正错误。

[6]却:推辞,不接受。

[7]是:代词。这。复指前文所提之"今我却之"。

[8]过:犯错误。

[9]无日:不日,为时不久。

**【译文】**

有人对赵简子说:"你为什么不更改自己的错误呢?"赵简子说:"好。"赵简子身边的人说:"您没有什么错误,更改什么呢?"赵简子说:"我只是答应,但我不一定有错,我希望以此来让大家给我提意见,如果我现在拒绝他,这就是在拒绝所有要提意见的人,他们就会停止提意见,那我犯错误就是为时不久的事了。"

## 师经撞君

**【原文】**

师经[1]鼓琴,魏文侯[2]起舞,赋曰:"使我言而无[3]见[4]违[5]!"经援[6]琴而撞文侯,不中,中旒[7]溃[8]之。文侯谓左右曰:"为人臣而撞其君,其罪如何?"左右曰:"罪当烹[9]。"提[10]师经下堂一等[11]。师经曰:"臣可一言[12]而死乎?"文侯曰:"可。"师经曰:"昔[13]尧、舜之为君也,惟恐言而人不违。桀、纣之为君也,惟恐言而人违之。臣撞桀、纣,非撞吾君也。"文侯曰:"释[14]之!是[15]寡人之过也。悬琴于城门,以为寡人符[16]。不补旒,以为寡人戒[17]。"(西汉·刘向《说苑·君道》)

**【注释】**

[1]师经:名叫经的乐师,生卒年不详。战国时魏文侯的乐师,曾劝魏文侯改过。

[2]魏文侯:姬姓,魏氏,名斯。战国时期魏国的建立者。公元前445年即位。礼贤下士,师事儒门弟子子夏、田子方、段干木等人,任用李悝、翟璜为相,乐羊、吴起为将,使魏国大盛。

[3]无:通"毋"。不,不要。

[4]见:被。

[5]违:违背,违反。

[6]援:拿,拿过来。

[7]旒:音刘。古代帝王礼帽上前后悬垂的玉串。

[8]溃:散乱。

[9]烹:煮。

[10]提:提着,拉着。

[11]等:台阶的层级。

[12]言:一句话为一言。

[13]昔:从前,当初。

[14]释:释放,放开。

[15]是:代词。这。

[16]符:凭证。

[17]戒:警告,警示。这个意义后来写作"诫"。

【译文】

乐师经演奏古琴,魏文侯随音乐而跳舞,并依琴乐的旋律和道:"让我的话不要有人违抗。"乐师经拿过琴来撞魏文侯,没撞到,撞到了帽子上的玉串,玉串全都散乱了。魏文侯对左右的人说:"作为臣子撞他的君主,这样的人的罪是什么?"左右说:"罪该受烹煮的刑罚。"于是就拉着乐师经往堂下走了一级台阶。乐师经说:"我可以说一句话再死吗?"魏文侯说:"可以。"乐师经说:"从前尧、舜当君主的时候,唯恐自己的话别人不反对。桀、纣当君主的时候,唯恐自己的话别人违抗。我撞的是桀、纣,不是我的君主。"魏文侯说:"放了他,这是我的过错。将这把琴悬挂在城门上,用以作为我犯错误的凭证。帽子上的玉串不要修补,用来作为我的警示。"

# 何待来年

【原文】

今有人日[1]攘[2]其邻之鸡者,或[3]告之曰:"是[4]非君子之道。"曰:"请损[5]之,月攘一鸡,以待来年,然后已[6]。"如知其非义,斯[7]速[8]已矣,何待来年?(《孟子·滕文公下》)

【注释】

[1]日:时间名词作状语。每一天。

[2]攘:音壤。偷窃。

[3]或:肯定性无定代词。有人,有的人。

[4]是:代词。这。

[5]损:减少。

[6]已:停止。

[7]斯:就。

[8]速:快。

【译文】

现在有一个人天天都偷邻居家的一只鸡,身边有人劝告他说:"这不是君子的行为。"他听了说道:"好吧,请允许我减少一些,每月偷一只鸡,等到明年我就不偷了。"既然知道自己的行为不对,就应该马上停止,为什么还要等到明年呢?

## 梁上君子

【原文】

时岁荒民俭[1],有盗夜入其室,止于梁上。寔[2]阴[3]见,乃起自整拂[4],呼命子孙,正色训之曰:"夫[5]人不可不自勉。不善之人未必本恶,习以性成,遂至于此。梁上君子者是[6]矣!"盗大惊,自投[7]于地,稽颡[8]归罪。寔徐[9]譬[10]之曰:"视君状貌,不似恶人,宜[11]深克[12]己反[13]善。然此当由[14]贫困。"令遗[15]绢二匹。自是一县无复盗窃。(南朝·宋·范晔《后汉书·陈寔传》)

【注释】

[1]俭:歉收,年成不好。

[2]寔:即陈寔,生于公元104年,卒于公元187年。字仲弓。东汉颖川许(今河南省许昌市)人。做过太丘县令,以德行高尚著称于世。寔:音时。

[3]阴:暗中,暗地里。

[4]整拂:整理拂拭衣服。

[5]夫:表示议论的发语词,不译。

[6]是:指示代词。这样,这种情况。

[7]投:踣,跳。

[8]稽颡:古代一种跪拜礼,屈膝下拜,额至地,表示极度虔诚。稽:音启。叩

头。颡：音嗓。额头。

[9]徐：缓慢地，慢慢地。

[10]譬：劝说，说服。

[11]宜：应该，应当。

[12]克：克制。

[13]反：归返，返回。这个意义后来写作"返"。

[14]由：因为，由于。

[15]遗：音未。给予，馈赠。

**【译文】**

当时年成不好，民众歉收，有个小偷夜晚进入陈寔家里，躲在屋梁上。陈寔暗中发现了，就起来整顿好衣服，让子孙们都过来，严肃地训诫他们说："人不可以不自我勉励。不善良的人不一定本性是坏的，坏习惯往往是由于不注重品性修养而形成，于是才到了这样的地步。梁上君子就是这样的人！"小偷大惊，自己主动从屋梁跳到地上，跪拜在地，诚恳认罪。陈寔慢慢地劝他说："看你的长相，也不像个坏人，应该深深地克制自己，返回正道。然而你的这种行为应当是因为家里太贫困了。"让人赠送二匹绢给小偷。从此全县再没有发生盗窃行为。

# 盗牛改过

**【原文】**

王烈[1]字彦方，太原人也。少师[2]事陈寔[3]，以义行称。乡里有盗牛者，主[4]得之。盗请罪曰："刑戮是甘[5]，乞[6]不使王彦方知也。"烈闻而使人谢之，遗[7]布一端。或[8]问其故，烈曰："盗惧吾闻其过，是[9]有耻恶之心。既怀耻恶，必能改善，故以此激[10]之。"后有老父遗[11]剑于路，行道一人见而守之，至暮，老父还，寻，得剑。怪[12]而问其姓名，以事告烈。烈使推求[13]，乃先盗牛者也。（南朝·宋·范晔《后汉书·独行列传》）

**【注释】**

[1]王烈：生于公元141年，卒于公元218年。字彦方。少时师从陈寔，闻名当时。董卓作乱时避乱辽东，多次拒绝曹操的聘请。七十八岁时病死于辽东。

[2]师：名词作状语。像对待老师那样。

[3]陈寔:生于公元104年,卒于公元187年。字仲弓。东汉颍川许(今河南省许昌市)人。做过太丘县令,以德行高尚著称于世。寔:音时。

[4]主:主人,指失牛者。

[5]刑戮是甘:甘愿接受刑罚或杀戮。是:代词,复指前置宾语"刑戮"。甘:甘愿,自愿。

[6]乞:求,乞求。

[7]遗:音未。送给,给予。

[8]或:肯定性无定代词。有人,有的人。

[9]是:指示代词。这。

[10]激:鼓励,激励。

[11]遗:遗失,丢失。

[12]怪:形容词的意动用法。对……感到奇怪。

[13]推求:寻求,探索。

【译文】

王烈字彦方,太原人。青年时曾在陈寔门下学习,重义尚德而被乡人称赞。乡里有个偷牛的人被牛的主人抓住,向牛的主人认罪,说:"判刑杀头我都愿意接受,只求不要让王彦方知道这件事。"王烈听说后派人去看望他,还送给他半匹布。有的人问这是为什么。王烈说:"偷牛的人怕我知道他的过错,说明他有羞耻之心。既然心怀羞耻,必然能够改正错误,我这样做正是为了鼓励他改过。"后来有个老汉在路上丢了一把剑,一个过路人见到后就守候在剑的旁边,直到傍晚,老汉回来寻剑,得到了遗失的剑。觉得很奇怪就问他的姓名,并将这件事告诉了王烈。王烈派人查访这个人到底是谁,原来就是那个偷牛的人。

## 周处改励

【原文】

周处[1]年少时,凶强侠气[2],为乡里所患[3],又义兴水中有蛟,山中有邅迹虎[4],并皆暴犯[5]百姓,义兴人谓为三横[6],而处尤剧[7]。或[8]说[9]处杀虎斩蛟,实冀[10]三横唯余其一。处即刺杀虎,又入水击蛟。蛟或浮或没,行数十里,处与之俱[11]。经三日三夜,乡里皆谓已死,更相[12]庆。竟杀蛟而出。闻里人相庆,始知为人情所患,有自改意。乃自吴寻二陆[13],平原不在,正见清河,具[14]以情告,并云:"欲自修改,而年已蹉跎[15],终无所成。"清河曰:"古人贵[16]朝闻夕死[17],况君前途尚可。且人患志之不立,亦何忧令名不彰[18]邪!"处遂改励[19],终为忠臣孝子。(南朝·宋·刘义庆《世说新语·自新》)

**【注释】**

[1]周处:生卒年不详。字子隐。义兴郡(今江苏省宜兴县)人。青少年时胡作非为,横行乡里,后勇于改过,仕晋,任广汉太守、御史中丞。

[2]侠气:指具有英雄豪侠的气概。

[3]患:担忧,忧虑。

[4]邅迹虎:即邅足虎,跛脚老虎。邅:音詹。

[5]暴犯:欺凌,侵犯。

[6]横:残暴,这里指残暴的东西。

[7]尤剧:特别严重。尤:甚,特别。剧:严重,厉害。

[8]或:肯定性无定代词。有人,有的人。

[9]说:音睡。劝说。

[10]冀:希望。

[11]俱:都。

[12]相:相互。

[13]二陆:指陆机、陆云。兄弟齐名,号为二陆,吴人。陆机后来在晋朝曾任平原郡内史,陆云曾任清河郡内史,所以下文直呼为平原、清河。按:陆机比周处年轻二十多岁,所以周处年少时不可能寻访二陆。

[14]具:皆,都。

[15]蹉跎:时间白白地过去,虚度光阴。

[16]贵:形容词的意动用法。以……为贵,看重。

[17]朝闻夕死:这是用《论语·里仁》"朝闻道,夕死可矣"的意思,大意是早上听到了真理,就算晚上死去也不算虚度此生。

[18]彰:明显,显著。

[19]改励:改过自勉。

**【译文】**

周处年轻时,凶狠倔强,好使气力,是乡里的祸害,加上义兴郡河里有蛟龙,山上有跛脚虎,都危害百姓,义兴人把他们称作"三横",而周处危害更大。有人劝周处去杀虎斩蛟,其实是希望三横中只剩下一个。周处立刻上山刺杀了老虎,又下河去斩蛟龙。蛟龙时而浮出水面,时而潜入水底,游了几十里,周处始终和蛟龙在一起搏斗。经过三天三夜,乡亲们都认为他们已经死了,互相庆贺。没想到周处竟然杀死蛟龙,从水里出来了。他听说乡亲互相庆贺,才知道自己是人们所痛恨的人,就有意改过自新。于是到吴郡寻找陆机、陆云兄弟,平原内史陆机不在家,只见到清河内史陆云,就把情况一五一十地告诉了陆云,并且说:"自己想加强修养,改正错误,可是岁月已经虚度,恐怕终究不会有什么成就。"陆云说:"古人尚且重视朝闻夕死,何况您的前途还远大着呢。再说,一个人就怕不能立志,又何必担心美名不能显扬呢!"于是周处便改正错误,振作起来,终于成了忠臣孝子。

## 戴渊投剑

【原文】

戴渊[1]少时,游侠[2],不治行检[3],尝[4]在江、淮间攻掠[5]商旅。陆机[6]赴假还洛,辎重[7]甚盛,渊使少年掠劫。渊在岸上,据[8]胡床[9]指麾[10]左右,皆得其宜[11]。渊既神姿峰颖[12],虽处鄙事[13],神气犹[14]异。机于船屋上遥谓之曰:"卿才如此,亦[15]复作劫[16]邪[17]?"渊便泣涕,投剑归机。辞厉[18]非常,机弥[19]重之,定交,作笔荐焉。过江,仕至征西将军。(南朝·宋·刘义庆《世说新语·自新》)

【注释】

[1]戴渊:生于公元269年,卒于公元322年。江苏广陵(今江苏省扬州市)人。字若思。东晋大臣。

[2]游侠:指重信义、轻生死的人。

[3]治行检:这里指修治品行。治:修治。行检:品行。

[4]尝:副词。曾,曾经。

[5]攻掠:袭击,抢劫。

[6]陆机:生于公元261年,卒于公元303年。吴郡吴县(今江苏省苏州市)人。字士衡。西晋著名文学家、书法家,与其弟陆云合称"二陆"。曾历任平原内史、祭酒、著作郎等职,世称"陆平原"。后死于"八王之乱",被夷三族。

[7]辎重:行李。辎:音资。

[8]据:靠着。

[9]胡床:亦称交床、交椅、绳床等,古时一种可以折叠的轻便坐具。

[10]麾:通"挥"。指麾,即指挥。

[11]宜:合适,适宜。

[12]峰颖:挺拔,突出。

[13]鄙事:这里指戴渊身为强盗所行抢劫之事。

[14]犹:尚且,仍然。

[15]亦:连词。表示连接,可译为"那么"。

[16]劫:这里指作强盗。

[17]邪:疑问语气词。相当于现代汉语的"吗"、"呢"。这个意义后来写作"耶"。

[18]辞厉:指谈吐。

[19]弥:更加。

【译文】

戴渊年轻时,是个侠义的人,不注意品行,曾在长江、淮河间袭击、抢劫商人和旅客。陆机度假后回洛阳,行李很重,戴渊派一些年轻人去抢劫。他在岸上,坐在折叠椅上指挥手下的人,安排得非常合理。戴渊原本风度仪态挺拔不凡,虽然是处理抢劫这种卑劣的事,神采仍旧与众不同。陆机在船舱里远远地对他说:"你有这样的才能,也要做强盗吗?"戴渊感悟流泪,便扔掉剑投靠了陆机。他的谈吐非同一般,陆机更加看重他,和他确定交谊,并写信推荐他。戴渊拿着信过江投军,在军中作战勇敢、表现突出,一直做到征西将军。

# 修身改节

【原文】

充[1]少时,不持[2]操行,好逸游。绪[3]尝[4]请假还吴,始入西郭[5],值[6]充出猎,左手臂[7]鹰,右手牵狗。遇绪船至,便放绁[8]脱鞲[9],拜于水次[10]。绪曰:"一身两役[11],无乃劳乎[12]?"充跪对曰:"充闻三十而立,今二十九矣,请至来岁而敬易[13]之。"绪曰:"过而能改,颜氏子有焉。"及[14]明年,便修身改节[15]。学不盈[16]载,多所该[17]览,尤明《老》、《易》,能清言,与从[18]叔稷俱[19]有令誉[20]。(唐·姚思廉《梁书·张充传》)

【注释】

[1]充：即张充，生于公元449年，卒于公元514年。字延符。吴郡(今江苏省苏州市)人。年少时放荡不羁，齐末入仕为侍中，入梁后初为太常卿，屡迁至左卫将军、国子祭酒。公元511年拜副相。

[2]持：保持，遵守不变。

[3]绪：张充父张绪，字思曼。历仕宋、齐，有令名。

[4]尝：副词。曾，曾经。

[5]郭：城外围着城的墙。

[6]值：面对，遇到。

[7]臂：名词活用为动词。在手臂上架着。

[8]绁：音谢。牵牲畜的绳索。

[9]韝：音沟。古代射箭时戴的皮制袖套。

[10]水次：船只泊岸之处，码头。

[11]役：事。

[12]无乃：副词，表示推测或反问，常跟"乎"、"与"等疑问语气词呼应。可译为"恐怕"、"难道不是"等。

[13]易：改。

[14]及：等到。

[15]改节：改变节操。

[16]盈：满。

[17]该：完备。

[18]从：宗族中次于至亲的亲属。

[19]俱：副词。全，都。

[20]令誉：美好的声誉。令：善，美好。

【译文】

张充年少的时候，不秉持操守，喜欢安逸游乐。他的父亲张绪曾经请假回吴郡，刚进入西城墙，正好赶上张充外出打猎，左手手臂上架着鹰，右手牵着狗。遇上张绪的船到达，张充便放下绳索解开袖套，在水边停船的地方下拜。张绪对他说："一个人同时做两件事，不是太劳累了吗？"张充跪着回答说："我听说人到了三十岁能够在社会上立足，现在我已经二十九岁了，请父亲允许我明年就恭敬彻底地改变。"张绪说："有过错就能改正，颜氏子有这种美德。"到了第二年，张充便修养自身,改变节操。学习还不满一年,就阅览多种书籍,尤其通晓《老子》、《周易》,能够清雅地谈论玄理,和他的堂叔父张稷同时拥有好的名声。

## 废弃向学

**【原文】**

琛[1]少敏悟,闺门[2]之内,兄弟戏狎[3],不以礼法自居。颇学经史,称有刀笔[4],而形貌短陋,鲜[5]风仪。举[6]秀才。入都[7]积岁,颇以弈棋弃日,至乃[8]通夜不止。手下苍头[9]常令秉[10]烛,或[11]时睡顿[12],大加其杖,如此非一。奴后不胜[13]楚痛,乃白[14]琛曰:"郎君[15]辞父母,仕宦[16]京师。若为读书执烛,奴不敢辞罪,乃[17]以围棋,日夜不息,岂是向[18]京之意?加杖罚,不亦非理!"琛惕然[19]惭感[20],遂从许睿[21]、李彪[22]假[23]书研习,闻见[24]益[25]优。(北齐·魏收《魏书·甄琛传》)

**【注释】**

[1]琛:即甄琛,生年不详,卒于公元524年。字思伯。北魏中山毋极(今河北省无极县)人。仕北魏孝文帝元宏、宣武帝元恪、孝明帝元诩三朝,历任中书博士、谏议大夫、御史中尉、太子少保、吏部尚书等职,死后赠司徒,谥号孝穆。

[2]闺门:内室的门,这里借指家庭。

[3]狎:音霞。亲近而态度不庄重。

[4]刀笔:古代书写工具。古时用笔书写于竹简,有误则用刀削去重写。这里指善写文章,有才华。

[5]鲜:音显。少。

[6]举:这里指被举荐。

[7]都:京城。

[8]至乃:连词。表示达到某种程度,相当于"甚至"。

[9]苍头:仆役,奴仆。

[10]秉:持,手拿着。

[11]或:肯定性无定代词。有时,有时候。

[12]睡顿:倦极假寐。

[13]胜:能承担,能忍受。

[14]白：说，下对上陈述。

[15]郎君：对官吏、富家子弟的通称。

[16]仕宦：做官。

[17]乃：副词。却，竟然。

[18]向：奔向，这里指到、来。

[19]惕然：警觉醒悟的样子。惕：音替。

[20]惭感：因羞愧而激发。

[21]许睿：北魏孝文帝元宏时人，生卒年不详。

[22]李彪：生卒年不详。字道固。北魏孝文帝元宏时人。少孤，有大志，好学不倦。曾参与崔浩、高允主持的北魏《国书》的编写工作。

[23]假：借。

[24]闻见：听到和看到的，这里指学问。

[25]益：更加。

【译文】

北魏甄琛少年时特别聪明，在自己家中兄弟之间相互戏弄，不讲究礼法。他特别喜好学习经书史籍，以善写文章闻名，但身材短小，相貌丑陋，没有风度。被举荐为秀才。到达京城几年后，因为特别喜爱下围棋浪费了很多有用的时间，甚至通宵达旦都不停止。经常让仆役给他拿着蜡烛照着下棋，仆役有时困倦到了极点打瞌睡，他便用杖责打他，这种情况不止一次。仆役实在忍受不住这种痛苦，就对甄琛说："郎君辞别父母来京都进取做官，如果因为读书，让我替你拿蜡烛，我当然不敢推辞，但现在你却日夜不停下围棋，这难道是你来京都的原意吗？而现在又因为下棋总是杖责我，不是也没道理吗？"甄琛听了惭愧而有所激发，于是跟随许睿、李彪借书研习，从此学问比以前更有长进。

# 帝悔责臣

【原文】

时[1]太常少卿[2]祖孝孙[3]以教宫人声乐不称旨[4]，为太宗[5]所让[6]。珪[7]及温彦博[8]谏[9]曰："孝孙妙解音律，非不用心，但恐陛下顾问[10]不得其人，以惑陛下视听。且孝孙雅士[11]，陛下忽为教女乐而怪之，臣恐天下怪愕[12]。"太宗怒曰："卿皆我之腹心[13],当进忠献直,何乃[14]附下罔上[15],反为孝孙言也!"彦博拜谢,珪独不拜,曰:"臣本事[16]前宫[17],罪已当死。陛下矜恕[18]性命,不以不肖[19],置之枢近[20],责以忠直。今臣所言,岂[21]是为私?不意陛下忽以疑事诮[22]臣,是陛下负臣,臣不负陛下。"帝默然而罢。翌日[23],帝谓房玄龄[24]曰:"自古帝王,能纳谏者固难矣。昔[25]周武王[26]尚不用伯夷[27]、叔齐,宣王[28]贤主,杜伯[29]犹[30]以无罪见[31]杀,吾夙夜[32]庶几[33]前圣,恨不能仰及[34]古人。昨责彦博、王珪,朕甚悔之。公等勿以此而不进直言也。"(后晋·刘昫等《旧唐书·王珪传》)

**【注释】**

[1]时:当时。

[2]太常少卿:唐朝职官,为卿的副职,掌管礼乐及宗庙礼仪。

[3]祖孝孙:中国隋唐间著名乐律学家,河北范阳祖氏家族律历算数学的传人之一。

[4]称旨:符合皇上心意。

[5]太宗:唐太宗李世民。

[6]让:责备,责怪。

[7]珪:即王珪,生于公元571年,卒于公元639年。字叔玠。隋末唐初祁县(今山西省祁县)人。与房玄龄、魏徵、杜如晦并称"唐初四大名相"。

[8]温彦博:生于公元573年,卒于公元637年。字大临。隋末唐初祁县(今山西省祁县)人。唐太宗时官至宰相,为官清廉。

[9]谏:规劝君主或尊长,使改正错误。

[10]顾问:咨询,询问。

[11]雅士:品格高尚又儒雅的人。

[12]怪愕:惊愕,惊奇。

[13]腹心:腹部和心脏,比喻贤能有智谋可信赖的臣子。

[14]何乃:何故,为何。

[15]附下罔上:附和偏袒同僚或下属,欺骗君主。罔:音往。欺骗。

[16]事:侍奉,为……服务。

[17]前宫:指太子李建成。

[18]矜恕:怜悯,宽恕。矜:音今。怜悯,同情。

[19]不肖:不贤,不成材。

[20]枢近:接近皇帝的中央政权的枢要职位。

[21]岂:难道。

[22]诮：音俏。责备。

[23]翌日：次日，明日。翌：音意。明（天、年）。

[24]房玄龄：生于公元579年，卒于公元648年。名乔，字玄龄。齐州临淄（今山东省淄博市）人。唐朝开国宰相，善谋略，与杜如晦合称"房谋杜断"。

[25]昔：从前，当初。

[26]周武王：姬姓，名发，谥武。西伯侯姬昌与太姒的嫡次子，西周王朝开国君主。

[27]伯夷：商末孤竹国君长子，因嗣位与弟弟叔齐逃遁进山。商亡，西周建国，二人首阳采薇，义不食周粟，最后饿死在首阳山。

[28]周宣王：姬姓，名静。周厉王之子，西周第十一代君主。

[29]杜伯：周宣王大夫，无辜被宣王所杀。

[30]犹：尚且，还。

[31]见：被。

[32]夙夜：朝夕，日夜。夙：音速。早晨。

[33]庶几：近似，接近。

[34]及：比得上，赶得上。

【译文】

当时太常少卿祖孝孙因为教宫女声乐不符合皇帝的心意，被唐太宗责备。王珪和温彦博规劝说："祖孝孙非常精通音律，不是不用心，只恐怕陛下询问的那个人不合适，而扰乱了陛下的视听。况且祖孝孙是高尚儒雅人士，陛下忽然因为教女乐的事而责怪他，我担心天下人知道了都会感到惊讶。"太宗气愤地说："你们都是我的心腹，应当进献忠诚正直的言论，为什么竟然袒护臣子欺骗皇上，反而替祖孝孙说话！"温彦博叩拜谢罪，王珪自己不叩拜，说："我本来侍奉前东宫太子，按罪已经应当被处死。陛下体恤宽恕我的性命，不认为我没有才能，安排我担任重要的职务，以忠诚正直要求我。今天我说的，难道是为了我个人吗？没有想到陛下忽然用没有根据的事来责备我，这是陛下辜负了我，我没有辜负陛下。"唐太宗默然作罢。第二天，唐太宗对房玄龄说："自古以来的帝王，能接受劝谏本来很难。从前周武王尚且不任用伯夷、叔齐，周宣王是贤明的君主，杜伯还是在无罪的情况下被杀了，我日夜学习希望接近前朝圣贤，遗憾不能赶得上古人。昨天我责备了温彦博、王珪，我十分后悔。你们不要因此而不敢直言进谏。"

## 赵母训子

**【原文】**

赵武孟[1]初以驰骋田猎[2]为事,尝[3]获肥鲜[4]以遗[5]母,母泣曰:"汝[6]不读书而田猎,如是[7]吾无望矣!"竟不食其膳[8]。武孟感激[9]勤学,遂博通经史,举[10]进士,官至右台[11]侍御史[12]。(北宋·孔平仲《续世说》)

**【注释】**

[1]赵武孟:生卒年不详。唐代张掖(今甘肃省张掖市)人。少年辍学,不爱读书,喜好打猎,赵母泣劝,遂发奋勤学,立志读书,后来考中进士。初官任长安丞,后升为右台侍御史。

[2]田猎:打猎。田:打猎。这个意义后来写作"畋"。

[3]尝:副词。曾,曾经。

[4]肥鲜:也作鲜肥。指鱼肉之类肥嫩鲜美的食物。

[5]遗:音未。给予,赠送。

[6]汝:第二人称代词。你。

[7]如是:如此,像这样。

[8]膳:音善。饭食。

[9]感激:感奋,激发。

[10]举:古代指科举考试。

[11]台:即台院,是御史台的基本组成部分之一,执掌弹劾百官,参与大理寺的审判和审理皇帝交付的重大案件的监察机构。

[12]侍御史:古代官名,主要职责是给事殿中,或督察郡县,或奉皇命出外执行指定任务。

**【译文】**

赵武孟起初以驰射狩猎为事业,他曾经捕获肥美的动物来给母亲,他母亲哭着说:"你不读书却驰射狩猎,如果这样下去我是没有希望了!"竟然不吃他捕获的猎物。赵武孟深受感动,勤学苦读,终于他对经史了解深刻,中了进士,官拜右台侍御史。

## 扪痕思母

**【原文】**

寇莱公[1]少时不修[2]小节,颇[3]爱飞鹰走狗。太夫人[4]性严,尝[5]不胜[6]怒,举秤锤[7]投之,中足流血,由是[8]折节[9]从学。及[10]贵,母已亡,每扪[11]其痕,辄[12]哭。(北宋·司马光《涑水记闻》)

**【注释】**

[1]寇莱公:即寇准,生于公元961年,卒于公元1023年。字平仲。华州下邽(今陕西省渭南市)人。北宋著名政治家,历任同知枢密院事、参知政事。后两度入相,一任枢密使。死后谥"忠愍",复爵"莱国公",后人多称"寇忠愍"或"寇莱公"。

[2]修:整理,治理。

[3]颇:副词。非常,很。

[4]太夫人:指寇准的母亲。

[5]尝:副词。曾,曾经。

[6]胜:能承担,能承受。

[7]秤锤:即秤砣,配合秤杆称重的金属块。

[8]由是:从此。

[9]折节:改变平日的志向和行为,向好的方向发展。

[10]及:等到。

[11]扪:音门。摸。

[12]辄:音哲。副词,就。

**【译文】**

寇准年少的时候不修习小的礼节,特别喜欢玩耍飞鸟走兽。他的母亲性格非常严厉,曾经又一次难忍怒火,捡起身边的秤锤扔向寇准。砸到寇准的脚并且流了很多血。从此之后寇准改变平常行为一心读书。等到寇准富贵的时候,他的母亲已经去世了,每次摸着脚上的伤痕就会大哭起来。

## 吝于改过

**【原文】**

少与王安石[1]游,安石声誉[2]未振[3],巩[4]导[5]之于欧阳修[6],及[7]安石得志,遂[8]与之异[9]。神宗[10]尝[11]问:"安石何如[12]人?"对曰:"安石文学行义[13],不减[14]扬雄[15],以[16]吝[17]故不及[18]。"帝曰:"安石轻[19]富贵,何[20]吝也?"曰:"臣所谓吝者,谓其勇于有为,吝于改过耳。"帝然[21]之。(元·脱脱等《宋史·曾巩传》)

**【注释】**

[1]王安石:生于公元1021年,卒于公元1086年。字介甫,号半山。临川盐阜岭(今江西省抚州市)人。北宋杰出的政治家、思想家、文学家、改革家,"唐宋八大家"之一,世人又称"王荆公"。

[2]声誉:声望,名誉。

[3]振:奋起,兴起。

[4]巩:即曾巩,生于公元1019年,卒于公元1083年。字子固。建昌南丰(今江西省抚州市南丰县)人,后居临川(今江西省抚州市)。北宋著名政治家、散文家,"唐宋八大家"之一。南宋理宗时追谥为"文定",世称"南丰先生"。

[5]导:引导,推荐。

[6]欧阳修:生于公元1007年,卒于公元1072年。吉州永丰(今江西省吉安市永丰县)人。字永叔,号醉翁、六一居士。北宋最负盛名的政治家、文学家。因吉州原属庐陵郡,以"庐陵欧阳修"自居。官至翰林学士、枢密副使、参知政事,谥号文忠,世称"欧阳文忠公"。"唐宋八大家"之一,后人又将其与韩愈、柳宗元和苏轼合称为"千古文章四大家"。

[7]及:等到。

[8]遂:于是,就。

[9]异:不同,这里指看法与以前不同。

[10]神宗:宋神宗赵顼,英宗长子,北宋第六位皇帝,公元1067年至公元1085年在位。在位期间曾任用王安石推行变法,以振兴北宋王朝,史称"熙宁变法",后以失败告终。

[11] 尝：副词。曾，曾经。

[12] 何如：如何，怎么样。用于询问。

[13] 行义：品行，道义。

[14] 减：少于，次于。

[15] 扬雄：生于公元前53年，卒于公元18年。字子云。蜀郡成都（今四川省成都市）人。西汉著名文学家，长于辞赋。

[16] 以：因为。

[17] 吝：吝惜，吝啬。

[18] 及：比得上，赶得上。

[19] 轻：形容词的意动用法。轻视，看不起。

[20] 何：疑问代词。怎么，为什么。

[21] 然：形容词的意动用法。赞同，认为……正确。

【译文】

曾巩年轻时与王安石交往，王安石当时声望不大，曾巩将他引荐给欧阳修。王安石得志后，曾巩对他有了和以前不同的看法。宋神宗曾经问曾巩："王安石是个怎样的人？"曾巩回答说："王安石的文章学问和品行道义，不次于扬雄，但因为他吝啬的缘故所以赶不上扬雄。"宋神宗说："王安石轻视富贵，怎么会吝啬呢？"曾巩说："我所说的他吝啬，是说他勇于作为，但吝啬于改正自己的过错啊。"神宗赞同他的这个看法。

## 啮乳杀母

【原文】

宋宣和[1]年间，芒山[2]有盗临刑，母来与之诀[3]。盗谓母曰："愿如儿时一吮[4]母乳，死且[5]无憾。"母怜之，与之乳。不意[6]盗啮[7]断乳头，流血满地，母死。行刑者曰："尔[8]何毒耶[9]？"盗因[10]告行刑者曰："吾少也，盗一菜一薪，吾母见而喜之，以至不检[11]，遂有今日。故恨而杀之。"呜呼！异矣，夫[12]语"教子婴孩"，不虚也！（明·陈继儒《读书镜》）

【注释】

[1] 宣和：宋徽宗赵佶的年号，始于公元1119年，止于公元1125年。

[2]芒山：位于河南省永城市最北部，现有芒山镇。
[3]诀：音绝。辞别，告别。
[4]吮：音顺上声。聚拢嘴唇而吸。
[5]且：将，也要。
[6]意：意料，想料。
[7]啮：音聂。咬。
[8]尔：第二人称代词。你。
[9]耶：音爷。句末语气词，表示疑问或反问，相当于现代汉语的"吗"或"呢"。
[10]因：副词。于是，就。
[11]检：约束，收敛。
[12]夫：音浮。发语词，表示后面有所议论。

### 【译文】

北宋宣和年间，芒山镇有一个小偷要行刑，母亲来与他诀别。小偷对他的母亲说："我希望像儿时一样再次吸吮母亲的奶，死了也没有遗憾了。"母亲可怜他，露出奶头给他。没想到盗贼咬断了母亲的奶头，血流满地，母亲死了。行刑的人说："你为什么这么狠毒呢？"盗贼于是对行刑的人说："我小的时候，偷来一棵菜、一根柴，我的母亲看见了都会对我感到高兴，以至于后来不能约束自己，才有今天的下场。所以我恨她，就把她杀了。"唉！真是让人吃惊啊，俗话说"教育孩子要从幼儿开始"，这话一点也不假啊！

## 宽吏迁善

### 【原文】

林西仲[1]出理[2]徽州时，有府吏专宠稔恶[3]。林廉[4]得其迹逮至，欲杖[5]毙之。吏呼曰："小人罪固[6]当死，但以不能改过迁善，赍[7]恨[8]泉下耳[9]。"遂[10]释之。后吏以善称于时。及[11]林罢去，泣于道左曰："非[12]公之严，我竟以为恶生；非公之宽，我竟以为恶死。"闻者咸[13]异[14]其言。（清·王晫《今世说·政事》）

### 【注释】

[1]林西仲：即林云铭，生于公元1628年，卒于公元1697年。字西仲，号损斋。福建闽县林浦（今福建省福州市）人。少嗜学。每探索精思，数日不食。夏日，家

僮具汤请浴,有时便和衣入盆。里人皆呼为"书痴"。顺治十五年(公元1658年)进士。官任徽州府(今安徽省歙县)通判。

[2]理:整理,治理。

[3]稔恶:罪恶深重。稔:音忍。

[4]廉:考察,查访。

[5]杖:名词作状语。用木杖。

[6]固:副词。本来。

[7]赍:音机。携带,怀着。

[8]恨:遗憾。

[9]耳:语气词。相当于"而已"、"罢了"。

[10]遂:副词。于是,就。

[11]及:等到。

[12]非:如果不是。

[13]咸:副词。全,都。

[14]异:形容词的意动用法。认为……惊奇。

【译文】

林西仲出任徽州通判治理徽州时,有个官府的衙吏由于专宠而积恶深重。林西仲暗中查访他的踪迹把他抓到,想要用木杖打死他。这个官吏大喊道:"我犯的罪本来应当被处死,只是因为不能改过向善,只能怀着遗憾到九泉之下了。"林西仲就放了他。后来这个官吏因为品德行为高尚而被时人称颂。等到林西仲罢官离任时,他在路左边哭泣着说:"如果不是先生您的严正,我便会为恶行活着;如果不是先生您的宽慈,我便会为恶行死去。"听到的人都为他的话感到惊奇。

## 更新洗室

【原文】

郭制军[1]琇[2]令吴江[3]时,簠簋不饬[4]。抚军[5]汤文正[6]将劾[7]之,郭立誓痛改,令役担水洗县堂及内室,示民以更新。后果操行峻介[8],卒[9]称直臣[10]。(清·陈康祺《郎潜纪闻》)

【注释】

[1]制军:明清时期对总督的称谓。

[2]琇：即郭琇，生于公元1638年，卒于公元1715年。字瑞甫，号华野。山东即墨(今山东省即墨市)人。清康熙时著名的清官，为国为民，廉洁清正，不计私利，弹劾权奸，被称为"铁面御史"。

[3]吴江：地属今江苏省苏州市。

[4]簠簋不饬：古代指为官不清廉。也作"簠簋不饰"。簠(音府)、簋(音鬼)：古代祭祀盛稻粱黍稷等食物的器具。饬：音赤。清理，整治。

[5]抚军：清代巡抚的别称。亦称抚院、抚台、抚宪。

[6]汤文正：即汤斌，生于公元1627年，卒于公元1687年。字孔伯。河南睢州(今河南省商丘市睢县)人。清初名臣，著名书法家。一生清正廉明，所到之处体恤民艰，弊绝风清，政绩斐然。

[7]劾：音河。弹劾，揭发罪状。

[8]峻介：严正耿直。

[9]卒：最终，终于。

[10]直臣：直言谏诤之臣。

**【译文】**

郭总督郭琇在吴江作县令时，为官不清廉。汤斌巡抚要揭发他的罪状，郭琇发誓痛下决心改正毛病，下令衙役们担水清洗县堂和自己的内室，向百姓表明自己要改过自新。后来果然操行耿直严正，最终成为一个直言谏诤的重臣。

# 参考文献

1. (东汉)许慎撰,(宋)徐铉校定. 说文解字. 中华书局 1963 年版.
2. (清)段玉裁. 说文解字注. 上海古籍出版社 1981 年版.
3. (南朝梁)顾野王撰,(唐)孙强增字,(宋)陈彭年等重订. 玉篇. 中国书店 1983 年影印泽存堂本.
4. (唐)刘餗. 隋唐嘉话. 中华书局 1979 年版.
5. (宋)陆游. 老学庵笔记. 中华书局 1979 年版.
6. (宋)王谠. 唐语林. 古典文学出版 1957 年版.
7. (宋)陈彭年等重修. 广韵. 中国书店 1982 年影印泽存堂本.
8. (宋)丁度等撰. 集韵. 上海古籍出版社 1985 年影印述古堂本.
9. (宋)李昉等编. 太平广记. 上海古籍出版社 1990 年影印文渊阁《四库全书》本.
10. (明)程荣纂辑. 汉魏丛书. 吉林大学出版社 1999 年版.
11. (清)黄生. 字诂. 中华书局 1984 年合按本.
12. (清)刘淇. 助字辨略. 中华书局 1954 年版.
13. (清)王引之. 经传释词. 岳麓书社 1984 年版.
14. (清)吴昌莹. 经词衍释. 中华书局 1956 年版.
15. (清)阮元. 经籍籑诂. 成都古籍书店 1982 年版.
16. (清)陈康祺. 郎潜纪闻二笔. 清代史料笔记丛刊本. 中华书局 1984 年版.
17. 二十五史(百衲本). 浙江古籍出版社 1998 年版.
18. 汉语大字典编辑委员会. 汉语大字典. 四川辞书出版社,湖北辞书出版社 1989 年版.
19. 辞海编辑委员会. 辞海(文学分册). 上海辞书出版社 1981 年版.
20. 辞海编辑委员会. 辞海(语言文字分册). 上海辞书出版社 1981 年版.
21. 商务印书馆编辑部. 辞源. 商务印书馆 1979 年版.
22. 宗福邦,陈世铙,萧海波主编. 故训汇纂. 商务印书馆 2003 年版.

23. 谢纪锋. 虚词诂林. 黑龙江人民出版社 1993 年版.

24. 廖盖隆,罗竹风,范源. 中国人名大辞典(历史人物卷). 上海辞书出版社 1990 年版.

25. 徐仁甫. 广释词. 四川人民出版社 1981 年版.

26. 朱自清,叶圣陶,吕叔湘合编. 文言读本. 上海教育出版社 1980 年版.

27. 王力等. 古汉语常用字字典. 商务印书馆 2005 年版.

28. 王力等. 古代汉语(校订重排本). 中华书局 2012 年版.

29. 李淑章. 文言短文百则译解. 内蒙古人民出版社 1981 年版.

30. 许绍早,王万庄. 世说新语译著. 吉林文史出版社 1996 年版.

31. 仇春霖主编. 中国古代寓言大系(第三卷). 山西教育出版社 1994 年版.

32. 谢祥皓,刘宗贤. 中国儒学. 四川人民出版社 1998 年版.

33. 申远初选注. 元明清文选. 太白文艺出版社 2004 年版.

34. 王艳峰. 论语遴纂. 黑龙江人民出版社 2011 年版.